フレームの外へ

現代映画のメディア批判

赤坂太輔

森話社

［凡例］

・書籍、雑誌名は『　』、美術作品、音楽作品は《　》、論文などは「　」で括った。
・映画作品は『　』で括り、各章の初出に製作年を付した。また、日本未公開の作品や邦題の定まっていない作品については、適宜イタリック体で原題を併記した。
・引用文中の註記は〔　〕で括り、略は〔……〕で示した。
・特に記載ないの場合、引用文の翻訳は筆者によるものである。
・本文中の註記は▽で示し、人名などの解説は＊で示した。

「外」の発見に向かって

現代は映像イメージが世界を動かす時代であり、時には人々の生死をも左右する力を持つ。かつて映画館の中にしかなかった動画イメージは、テレビが世界的に普及した一九六〇年代に一般生活の中に拡散され、さらに一九八〇年代に普及したビデオデッキによって個人的な録画再生操作が可能となった。ＤＶＤプレーヤーが普及したのは二〇〇〇年前後であり、インターネット動画の普及はその後である。音と映像は生活に欠かせないツールとなり、もはや一部の人々が不特定多数の大衆に向けて作る娯楽や芸術ではない。

ソ連時代に出版された複数の書物の中で抜粋され改竄された可能性もあるが、一九二三年に「人民が文盲のままだったら映画とサーカスが最も重要な芸術だ」[1]と語ったレーニンが大衆教育手段、つまり人民を操る手段として映画の使用を唱え、そして古典映画が全盛期を迎えた第二次世界大戦時においては、ヒトラーの依頼で作られたレニ・リーフェンシュタールによるナチス・

ドイツの党大会映画『意志の勝利』（一九三四）や、アメリカ合衆国の参戦を煽ったフランク・キャプラの『我々はなぜ戦うのか』（一九四二―一九四五）のように、戦争プロパガンダ映画が世界各国で製作された。戦後は各家庭に映像と音を送り込んだテレビがその役割を受け継ぎ、冷戦時代を経て、ソ連崩壊後の世界新秩序を求めたブッシュ父子大統領時代の湾岸・イラク戦争以後、再び戦争への煽動メディアとして機能し始める。それに準じるネット映像が拡散され、道ゆく人々がスマートフォン上で覗き込んでいる現在に対して、動画イメージの中で最も高度で複雑な発展を遂げてきた映画、とりわけ煽動に使われてきた映像の古典的文体に抗って観客／視聴者の解体・批判能力を養うはずの「現代映画」は、その緊急的な重要性にもかかわらず、なぜ一般には顧みられていないのか。

一九九一年のソ連崩壊以来、湾岸戦争、ユーゴスラビア紛争、イラク戦争、アラブの春、北朝鮮……と、映像メディアは世界と並走し、あらゆる政治的事態に加担し続けている。不動産業者でリアリティ・テレビ司会者から二〇一七年にアメリカ合衆国大統領となったドナルド・トランプが選挙運動中に「すべてはテレビだ」と宣言したように、同時中継で一方通行のメディアであるテレビが人民を操作する最高の手段だと判明し、それに従うにしろ抗うにしろ人々は何より一応は双方向メディアとされるインターネットを参照する。さらに当選後のトランプはツイッターを一方向文字情報メディアとして使い、マスメディアを操ることになるが、それに対し第二次世界大戦までプロパガンダの中心であったものの、一九八〇年以降は常に現実の大幅な後追いとなっていった映画は、主要メディアとしてもはやお払い箱であり、ジャン＝リュック・ゴダール言うところの元二枚目、マーシャル・マクルーハン言うところの「芸術」に落ちぶれた存在を受け入れ、せいぜいテレビショーとしてのアカデミー賞や国際映画祭の表彰式の記念映像にでも身をやつしていればよいのか――。答えはもちろん否である。

まず我々をとりまく身近な映像と音の現状を見ると、映画館のスクリーン→テレビ→スマートフォンへと小さくなるフレームに従って、映像コンテンツは、次第に文字情報へと他のすべての要素を従属させている。テレビのニュースやバラエティ番組がいい例だろう。カメラは話している人物を捉える。四角いフレームの四隅に番組名、局名、進行、目玉情報と文字が点在し、言葉が叫ばれるたびにテロップが掲示され、さらに吹き出しや擬音も入れるなら画面の余地などない。商品名のないCM、解説のないスポーツ中継はありえず、それらに比べれば画面上の文字が比較的少ないドラマでさえ、放送中に同時中継を模倣するようなネット上のツイッターによるコメントの量を競う時代になっている。テレビやインターネットから文字情報を得られないと、人はかえって事故か天災かとの不安に囚われるはずだ。

その反対に、「元二枚目」で「芸術」に落ちぶれたはずの映画は、しかし現在支配的な映像メディアと異なり、文字情報に依存しない画面と持続の瞬間を、過去から現代に至るまで、数多く作り出している。もちろん現在は大半の作品がテレビやDVDのマーケットで資金を回収しようとするために文字情報に依存してはいるが、しかし、少なくとも優れた「現代映画」は、文字情

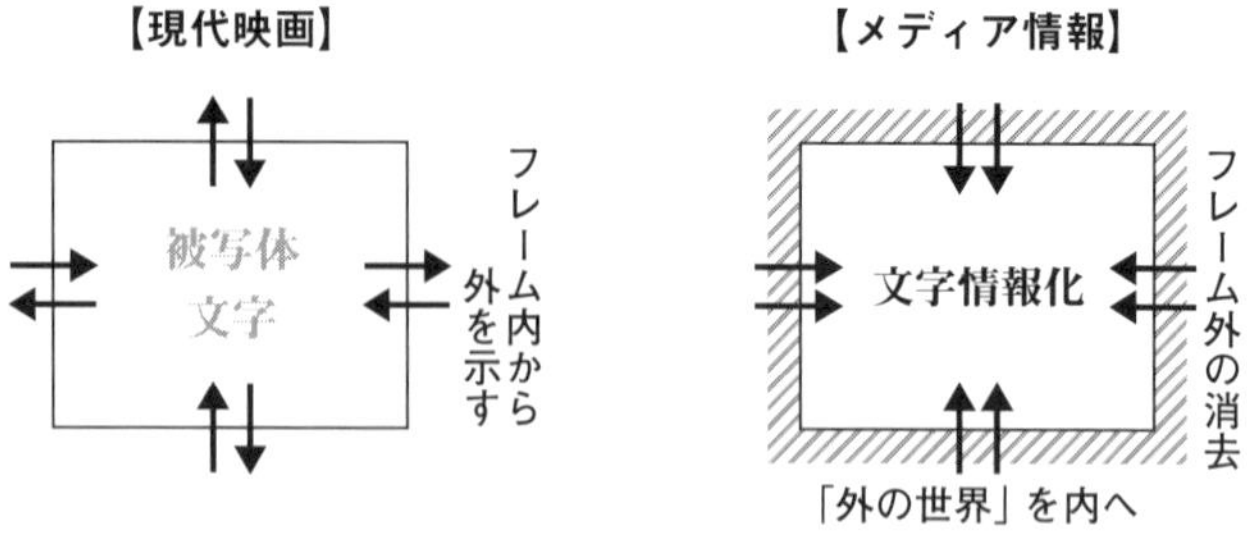

現代映画とメディアの見るもの／聴くものへのはたらき（グレーの文字は解体作用を指す）

報に還元されえない時間と空間と音を、観客が認知するならば、別に隠蔽することもなく差し出している。いやむしろ、それを認知せず、作品の多様性を隠してしまう文字情報にしがみついているのは、観客や批評家の方なのである。彼らが述べる「難解」「よくわからない」という感想は、作品が文字情報へ容易に翻訳・還元されることを拒む抗いを認知・分析すること、つまり「見るという仕事」（ペーター・ネストラー）を回避し、観客や批評家自身をメディアの操り人形に変えることに貢献してしまう。

　本文を戦後「現代映画」の出発点であるロベルト・ロッセリーニとロベール・ブレッソンについての章からはじめるのは、彼らの映画が、フレームの外に見えない部分を作り出し、映像と音の新しい見方＝聴き方を観客に要請したからである。ロッセリーニのフレームに捉えられた被写体の未分化な変化の時間、ブレッソンの人物がフレームを出て行った後（あるいはフレームに入ってくる前）に足音が聞こえてくる時間は、文字情報に翻訳されることを拒む決定的な「メディア批判の時間」である。

また、おそらく現在最も積極的に文字情報と戯れることで批判をおこない、近作に『さらば、愛の言葉よ』(二〇一四)というタイトルをつけているゴダールが、作品の中で多言を要するのは、やはり文字情報をくぐり抜けながら、それが届かない場所に行き着くためでもある。しかし、最新作の『イメージの本』(二〇一八)を出品したカンヌ映画祭の記者会見で、中継用の小さなスマートフォンのフレームに顔を枠取られながら、ゴダールは「テレビの音を消して見る」と語ったが、しかし一方では、アラブの春の混迷について放送局アルジャジーラを使って人民を煽動したカタールを批判したと伝えられた。▽2 ゴダール映画の字幕による言語のズラし、破壊、再構成を見れば、彼が依然としてテレビに対して最も鋭敏な批判をおこなうことができる映画作家であることは間違いない。しかし、その彼でさえ、『映画史』(一九八八―一九九八)以後はフレーム内を「読まれる」作家になってしまっている現状がある。

メディアは観客をフレーム内に閉じ込め、優れた「現代映画」は観客をフレーム外に解放する。例えばテレビは音源を特定できない音声を排除し、フレーム外空間を消去する。古典映画とそれを引き継ぐ疑似古典映画やテレビドラマが大音量の音楽で背景音を覆い隠していたように、今はまたVRが直接耳を被覆する装置としてそれを引き継いでいる。メディアは目前の映像に書かれ聞かれる文字情報へと目と耳を誘導し、フレームやアングルはそれらに奉仕するために定められ、距離や時間それ自体は忘れ去られる。ただここで思い出すべきなのは、もちろん古典映画時代の作品のフレーム外空間もフレーム内に従属してはいたが、絵画や写真が描けなかった、軌跡のないフレームアウト／インを描いていたリュミエール兄弟の『猫の食事』*Le déjeuner du chat*（一八九五）と『少女と猫』*Le petite fille et son chat*（一八九九）をはじめ、デヴィッド・ウォーク・グリフィスの『迷惑帽子』*Those Awful Hats*（一九〇九）、それにエルンスト・ルビッチ、フリッツ・ラング、アラン・ドワン……といった優れた映画作家たちの作品は、時には荒唐無稽で、しかし厳しく論理的な演出や画面のつなぎによって、観客の思いもかけない時にフレーム外空間を出現させていたということである。現代映画を通過した観客は、そのことを再発見できるはずである。

今日のデジタルカメラの軽量化は、現在のメディア映像の作り手に全てを可視化・現前化できると思い込ませる。移動やパンが容易でリモートコントロールのクレーンやドローンなどの多くのカメラが使えるなら、目前の画面の脇にある空間は視聴者の意識に上らなくなり、視聴者は操作されたフレーム内に安心して視線を集中することができる。あたかも監視カメラですべてを見ることができると思い込むように、である。しかしそこには、例えば「ある一つのアングル＝角度から撮られた運動は別のアングルから撮られた同じ運動と異なる」という思考は存在しない。この思考を最も強力な形で実現していたのは後述のように古典アメリカ映画であり、それを受け継ぐ現代の作家たち、ストローブ＝ユイレのような人々は、それぞれのアングルがそれぞれのフレーム外を持つことで「唯一の出会い」とでも呼ぶべき思考へと発展させている。

おそらく当時まだアフレコ音響に可能性を見出していたミシェル・シオンの影響下で、生の背景音と声の出会いを録音するストローブ＝ユイレと、整音されたスタジオ録音のマルグリット・

デュラスやハンス＝ユルゲン・ジーバーベルクを一緒に扱ってしまったことで、今日の状況と合わなくなってしまっているのだが、ジル・ドゥルーズは『シネマ＝時間』で、「視覚的イメージと音声的イメージの間の非合理的切断」がトーキーの第二段階を定義し、「これを可能としたのはテレビなのだ。ただし、テレビは自分の様々な創造的可能性の大半を放棄してしまった」のであり、それを実現したのは映画なのだと述べていた。▽3 しかし、現在ではインターネットがプラットフォームとなり、テレビの可能性は、ネット上にアップされる映像に受け継がれたと言えるだろう。一九八〇年代にドゥルーズがセルジュ・ダネーとともに皮肉を込めて「テレビは完全無欠」と語ったのは、前述したように、映像メディアがフレーム外を排除しフレーム内を文字情報に従属させ、視聴者の目と耳を閉じ込めて完全にコントロールした状態である。視野を極度に狭められた現代の我々にロングショットは縁遠いものになってしまったが（その意味で遠景の達人ジョン・フォードの映画は、今日ますます参照すべきものになっている）、現在のスマートフォンのフレームに閉じ込められた画面をただ拡大してもそこから出られるわけではない。それ以上に、我々はまずフレームの限界とその外があることを認識し、フレームの外をなきものにする操作から自らの目と耳を解放する必要があり、そのために優れた作家・作品が提出するシステムを参照しなければならない。

ジョイスの小説『フィネガンズ・ウェイク』からタイトルを取った短編『The Burning Would』（一九七〇）をジェイン・ジェイコブズと共同制作して映像と音声の分離を自ら実践した

マクルーハンは別にしても、メディア映像を論じる人々は往々にしてポピュラーな映画ばかり取り上げるために、それらが剽窃した傑作やその傑作が創造したメカニズムには言及していない。例えばフレームの外など見出さないスラヴォイ・ジジェクがその典型であり、彼がロッセリーニの映画は失敗の記念碑であり、「彼の映画の「モダン」な点は、「操作」と素材との緊張を芸術的努力の一部として認めているところ」[4]だと言った時、彼は意図せずに、アメリカ映画がテレビのように（誘導装置として）完全無欠で依然アメリカ人は映像の古典時代にいると言っていたのであり、「すべてがテレビだ」と宣言したトランプ大統領の登場を予告していたとも言える。フリードリヒ・キットラー（彼自身は一九九二年にハルーン・ファロッキの『カメラとリアリティ』*Kamera und Wirklichkeit* に参加しているため、映像制作の素人というわけでもない）は、『グラモフォン・フィルム・タイプライター』（一九八六）の中で、映画にはリアルタイムでの視覚的なシグナル・プロセッシングなどは夢物語にすぎず、カットは動きの永続性と連続性をファンタスムとして再生産するだけだと喝破している。[5] しかし、デジタル映像全盛時代の今では、むしろフィルム時代の限界の中でそのファンタスムに執着したエリッヒ・フォン・シュトロハイムをはじめとする作家たち、あるいはラオール・ウォルシュのようにリアルタイムなど全く信じていなかった作家たちと、個別の試みに言及することが求められよう。[6] またレジス・ドブレは『イメージの生と死』（一九九二）の中で、テレビについて「現実領域をフィクション化し、フィクションを具体化し、ドラマと実話ドラマ、実際の事故とリアリティ・ショーを混同する」決定不能な揺らぎこそが究極の真理だと結論するが、同時にそこで、自らがフレーム内の囚われ人になってしまっているように思われる。それはドブレが「映画はおのれの流れとリズムとを課してくる」と書き、オーディオヴィジュアルでは聴覚が覇権を握る傾向があると述べながらも、「まなざしには革命があるが、あらゆる点から考えて、聴覚にはそれに匹敵するようなものはありえない」[▽7]という、視覚上位で聴覚がそれに従属するとの考えを依然として堅持しているからだ。もちろんいずれもドゥルーズやダネーと同様にインターネット普及以前の古い書物になってしまったが、フレーム内からの脱出方法は、彼らが「周縁的」とみなして言及しなかった映画がすでに提出していたはずなのである。

操り人形にならないためには、少し速くあるいはゆっくり歩いたりしながら、辺りを見回したり遠くから見たりして、ことの成り立ちを見出す必要がある。画一化し、平板化しながらいつの間にか「自然」になっている文字情報のフレームに閉じ込められていることに気づかせてくれるのは、いつ何処とも知らぬ場所から来た誰とも知れない他人の作った映画かも知れないのだ。世界中で進行中の個人的な映像制作は、デジタル時代にそうした考えをますます必要とするだろう。

▽1 Светлана Кузнецова, Отделение цирка от государства, Коммерсантъ Власть № 30, 31.07.2006, С. 52 (Svetlana Kuznetsova, "Department of Circus from the State," *Vlast Magazine*, No. 30, July 31, 2006, p. 52). この言葉は一九二三年二月のレーニンの言葉としてスターリン政権下で初代教育人民委員だったアナトリー・ルナチャルスキーの手紙の中で書かれたものとされる。なお一九二三年のレーニンは既に病状が深刻であったとされ会話は不可能だったとも言われている。晩年のレーニンを描いたアレクサンドル・ソクーロフ監督『牡牛座：レーニンの肖像』（二〇〇一）の時代設定は一九二二年。

▽2 『イッティハード』（アラブ首長国連邦）二〇一八年五月二九日付、アハメド・アル・ホサーニによる記事。

▽3 ジル・ドゥルーズ『シネマ2 ＊時間イメージ』宇野邦一・江澤健一郎・岡村民夫・石原陽一郎・大原理志訳、法政大学出版局、二〇〇六年、三四七頁。

▽4 スラヴォイ・ジジェク『汝の症候を楽しめ――ハリウッドvsラカン』鈴木晶訳、筑摩書房、二〇〇一年、一〇五頁。

▽5 フリードリヒ・キットラー『グラモフォン・フィルム・タイプライター』上巻、石光泰夫・石光輝子訳、ちくま学芸文庫、二〇〇六年、二八六頁。『カメラとリアリティ』は、日本でも上映された「ルーマニア革命ビデオグラム」（一九九二）でも使われた一九八九年のルーマニア革命のテレビ中継、アマチュアによるビデオ、ルーマニア国営映画スタジオによるドキュメンタリーフィルムからなる映像と音、それについてディスカッションをおこなうキットラー、マンフレード・シュナイダー、アンドレイ・プレス、ペーター・M・スパンゲンベルグらのコメントからなる作品。

▽6　シュトロハイムが最後の監督作品『ハロー・シスター！』*Hello Sister!*（一九三三）を降板し、その後を引き受けた一人がラオール・ウォルシュである。
▽7　レジス・ドブレ『イメージの生と死』西垣通監修、嶋崎正樹訳、ＮＴＴ出版、二〇〇二年、三三七―三三八頁。

1　現代映画の出発点

まずロベルト・ロッセリーニとロベール・ブレッソンから出発しよう。カメラのフレームの中に一人かまたは二、三人の人を置いた実景で動画を作ろうとしているなら、彼らの映画を見ておかなければならない。YouTube にある無数の動画の大半が忘却されるのは（もちろんそれを良しとしている場合は別にして）、彼らの映画を参照していないからとさえ言える。それらの動画が忘却されるのは、フレームがないからである。フレームを決めるとは、ただ枠取るということではない。それはあるものを見える場所に置き、他のものを見えないようにすることである。人はフレームを作る時、必ずその選択をおこなっている。画面から見えなくなったものもフレームの外で存在しているのだが、人はしばしばそれを忘れてしまったり、なかったものにさえしてしまうことがある。古典映画とその継承者たちは、例外的な場合を別として、人々がフレームを忘れることを良しとしてきたのだが、その反対に、ロッセリーニとブレッソンは、観客にフレームを忘れることを咎め、責めるような映画＝戦後現代映画の口火を切った人々なのである。

二人の映画が、初めて動画を撮ろうとする人々や僅かな費用で映像を作ろうとする人々の模範になってきたという事実は、ロッセリーニの『イタリア旅行』（一九五四）についての「カップルと車があれば映画が撮れる」というジャン＝リュック・ゴダールの言葉や、ブレッソンの影響を受けたジャン＝クロード・ルソーがたった一人で撮ってしまった傑作『彼の部屋から』（二〇〇七）によっても裏付けられるだろう。二一世紀においても、依然としてロッセリーニとブレッソンの映画が重要なのは、まず最小限の人物と背景と音から途方もない豊かさを生み出す見かけ上のシンプルさによって、スマートフォンのように小型化したカメラで個人的な映像を作ろうとする人々にとっても、いまだプロトタイプ的な存在となりえているからである。そしてそれ以上に、ロッセリーニとブレッソンの、とりわけ彼らが作風を大きく進化させた一九五〇年代以降の作品におけるフレームの内と外での被写体と音との関係が、映画によるメディア批判の出発点となったからである。それはまた、戦争プロパガンダからヴァーチャル・リアリティを駆使した拷問に至るまで、古典映画からテレビそしてインターネット上の映像が、今も犯し続けている全人類的な罪を償うための「自己批判としての現代映画」の出発点となったのである。

後にふれるが、もちろん彼ら以前にサイレント映画時代から活躍したエリッヒ・フォン・シュトロハイムやカール・テホ・ドライヤー、小津安二郎といった人々の作品の中に、さらに最初期のリュミエール兄弟の作品の中にさえ、すでに現代映画の萌芽を見出し得るのは確かである。しかし、あえてここでロッセリーニとブレッソンを「現代映画の出発点」と名指すとしたら、第二次世界大戦後に大きく変容した彼らの映画を見る／聴くことで、観客自身が古典的な映像に対して受け身＝操作されるがままだったその目と耳に対して、自己批判的な意識を持つことを促す映画だったからである。実際に、彼らのすぐ後に登場したフランス・ヌーヴェルヴァーグの映画作家であるエリック・ロメールは、ロッセリーニの『ストロンボリ／神の土地』（一九五〇）の上映中に実存主義文学から改心し[▽1]、一方では、当時の作家映画に関わるすべてのことがブレッソン的な面を持っていたと言っている。[▽2]またもう一人、「ロッセリーニについての手紙」という文章で「この若い血を輸血すること以外に、私たちの哀れなフランス映画を救済するチャンスはない」[▽3]と書いたジャック・リヴェットは、ブレッソンの『ブローニュの森の貴婦人たち』（一九四五）を、ゴダール、トリュフォー、ジャック・ドゥミら自分たちの世代の鍵になる映画だと位置づけている。[▽4]リヴェットが一九五〇年に映画の革命をはじめた映画作家として、『ゲームの規則』（一九三九）のジャン・ルノワール、『市民ケーン』（一九四一）のオーソン・ウェルズとともにロッセリーニとブレッソンを挙げているように[▽5]、ネオレアリスモの旗手と『シネマトグラフ覚書』の著者は、すでに当時の後続世代の映像の作り手たちにとって参照すべき規範だったことは間違いない。それから七〇年以上が経ち、スマートフォンと自宅のPCで日常的に映像を扱う時代になった今、彼らの映画は、映画の専門家のみならず誰もがごく普通に参照すべきものになっているといっていいのである。では、それはいかなる点でだろうか?

2　フレーム内を見続けよ

例えばロッセリーニの『イタリア旅行』のラスト近く、ほとんど別離を決意したかに見えるジョージ・サンダースとイングリッド・バーグマン演じる夫婦が乗った車がナポリの祭りの群衆に行く手を遮られて立ち往生するシーンがある。群衆の中で車を降りて佇む二人の台詞と表情は、別れを結論とすべきかどうかで揺れ動いていることが見てとれる。そこで突然「奇跡だ!」と叫び走り出した群衆の流れによって妻が押し流され、夫がそれに追いつこうとして、却って二人はしっかりと抱き合うこととなり、お互いが謝罪と再生の言葉を口にすることができるのである。

しかしここで重要なのは、その「奇跡」とは本当に何なのかが、はっきりと視覚的に確認できないということなのだ。二人の顔の画面に続いて「奇跡だ!」と叫んで走り出す群衆が確かに映し出されはするが、その奇跡とは何かが最後までフレーム内には捉えられず、観客には認知できない。あるいは単なる祭りのかけ声だったのかも知れないが、それも判断不可能なのである。これは映画中盤でバーグマン演じる妻が車を運転し夫の不満を呟きながら何気に街頭風景に魅了されていくシーンで、車窓の風景と交互に映し出されるバーグマンの表情の変化にもかかわらず、彼女がいったい何に魅了されたのか観客には正確に認知できないというシーンと同様に、驚くべき演出である。これらのシーンで、ロッセリーニは、登場人物がいったい何に反応しているのかを示す画面の情報を、わざわざ不明瞭なものにしている。つまり何に反応するかを指し示して文字情報に還元するメディアと反対のことをおこなっているのである。そして八章で詳述する、影やハンディカメラの揺れによって被写体を見えづらくする技法とは異なり、これは観客に「奇跡とは何かではなく、この夫婦がどうなるのか」を見続けさせるためになされた画面の選択と編集による操作である。ロッセリーニはかつて「目の前の事物を操作する必要はない」と言っていたが、この場合は被写体を操作せずに、何が奇跡なのか判別不能な距離から撮った画面を夫婦の画面の間に挿入することで、そもそもイタリア語「C'é un miracolo!」が「奇跡だ！」を意味するとは知らないイギリス人夫婦が、叫び声に反応する群衆に押し流されそうになって必死で抱き合うというプロセスにおいて、どのように変化するのかを見せているのである。

ロッセリーニ自身、よくカメラを顕微鏡に例えているが、その通り彼の映画で最も重要なのは、被写体を追っていく距離とそれとともに経過する時間である。だから科学の実験であれば顕微鏡上のプレパラートでスポイトから落とされる液体にあたる、フレーム内の被写体を反応させる要因は、フレーム外の音声のみで示されるか、できる限り不明瞭なものなのである。『アモーレ』（一九四八）前半に登場するジャン・コクトーの戯曲の映像化である『人間の声』におけるアンナ・マニャーニ演じる女性や、『不安』（一九五四）でバーグマン演じる妻が語りかける電話の相手の声は聞こえないし、『アモーレ』後半の『奇跡』のラストで暗がりに横たわるマニャーニとともに泣き声が聞こえてくる赤子の姿は示されない。『ストロンボリ』でバーグマン演じる妻が一人さまよう路地に聞こえてくる赤子の泣き声は特定できない（出会った子供は泣いたことを否定する）［図1－4］。『ストロンボリ』のマグロ漁や『ヨーロッパ一九五一年』（一九五二）の工場のように、バーグマン演じる女性が出会ったことのない光景に出会う時の反応のように明確に示されている時もあるが、その光景の何に衝撃を受けたのかについては不明瞭なままであり、それらの光景が差し挟まれるバーグマンの表情の推移こそがシーンにおける真の被写体だと示されている。

さらに『人間の声』と対をなし、五章で詳述する「上演の映画」として「劇映画とはカメラ前

図1–4　ロベルト・ロッセリーニ『ストロンボリ／神の土地』（1950）

の演劇上演のドキュメンタリーではないか」と観客に問いかけた『火刑台上のジャンヌ・ダルク』（一九五四）において、ロッセリーニはすでに二一世紀の人々の思考に到達していたと言える。イングリッド・バーグマンがヴィクター・フレミングのハリウッド映画でジャンヌ・ダルクを演じたことなどほとんどの人が覚えていなくとも、このポール・クローデル原作、アルチュール・オネゲルによるオラトリオ上演の書割の舞台装置の中での『火刑台上のジャンヌ・ダルク』のバーグマンが「演じている身体」を覚えていられるのは、それがロッセリーニの顕微鏡的カメラ・アイによって捉えられ続けているからである。

ジャンヌが天国で出会ったドミニク修道士と過去を回想するこのオラトリオでは、舞台がバーグマンの身体を主にローアングルの遠景とバストショットの組み合わせで観察するための背景であり、豚の裁判や王たちのゲームや少女時代の村の光景は、すべてジャンヌの見た目の光景とされ、フレーム外から彼女を責め立て喜ばせるコーラスの声にリアクションするバーグマンの上半身の画面を差し挟んでいる。この遠景と上半身に設定された距離から見つめられ続ける時間が、ラストの火刑シーンでコーラスとともに鎖から解き放たれて天上に帰っていくジャンヌの姿を感動的なものにする。

『火刑台上のジャンヌ・ダルク』は、イタリアでは後のカルメロ・ベーネによる一連の舞台映像化作品を、クローデル戯曲の映像化としてはマノエル・ド・オリヴェイラの『繻子の靴』（一九八五）を、それぞれ予告する作品であり、ロッセリーニ自身にとってはイングリッド・バーグマンとのコンビ作でそれまで一貫した「さまよう身体」から「演じる身体」へと移行する作品となった。その後のロッセリーニ作品、主に歴史映画では『ルイ十四世の権力奪取』*Le Prise de pouvoir par Louis XIV*（一九六六）の父王の死のシーンや『パスカル』*Blaise Pascal*（一九七二）のパスカルの死のシーン、そしてフレームの動きが止まることのない動く絵画を生むような、晩年のドキュメンタリーにつながる特徴を持ち、その意味で最も完成された作品と言える『コシモ・ディ・メディチの時代』*L'età di Cosimo de Medici*（一九七二）の冒頭における葬儀シーンのように、物事を待機する人々の行動の一部始終を捉える時間こそが重要なのである。

つまり一定の距離と時間においてフレームの中にある被写体をただ見続けること、フレーム外の音声をフレーム内の被写体への刺激として使い、その音源を映さないか、映したとしても特定できないものにすることで、ロッセリーニは観客に「ただフレーム内を見続けよ」と要請し、被写体の推移を文字情報に変えてしまうメディアを批判しているのだ。そもそも人は、それが愛している人だったとしても、他人を一時間半の間、見続けている機会があるだろうか？（ロッセリーニがアンディ・ウォーホルに興味を示した理由はおそらくそこにある）そして一人の人物を見続けるための的確な距離とは何か？　今日ますます断片化してゆく映像や、文字情報に従属しているメディアが答えることはできない代わりに、ロッセリーニの映画は、その問いに答えているのである。

3　リレー、まなざし、距離

ロベール・ブレッソンの映画を公開当時に見ていた人々は、一九五〇年代の『田舎司祭の日記』（一九五〇）、『抵抗』（一九五六）、とりわけ『スリ』（一九五九）の進化についていけたのだろうか？　興行的に不入りとなったのは『ジャンヌ・ダルク裁判』（一九六二）であり、『抵抗』『スリ』は、例え作者が否定していたとしても観客が犯罪映画のジャンルとして捉えたためかヒットしたことは知られている。しかしおそらく観客を最も戸惑わせ、それまでの作品との距離を感じさせた作品は、『スリ』ではないだろうか。この作品でブレッソンは、一つの画面を見ている観客が次の画面を追うための仕掛けに気づくことで彼らを能動的にさせるような演出をおこなっている。つまりメディアである映像自体が、観客を操作するシステムに対してより敏感になるようサインを発信しているのである。

まずこの映画では、人物がフレームイン／アウトする時、インする前やアウトした後の誰もいない画面に足音だけが響く時、観客は聴覚から視覚またはその逆に、知覚のリレーをおこなわなければならないという演出になっている。以前の作品では、誰もいない画面が映るのはいずれも連続したアクションの間にカメラが捉えた空間から人物が消えてしまうという理由から起こるものだった。例えば『ブローニュの森の貴婦人たち』で車に乗ってアニエス（エリナ・ラブールデッド）を追いかけようとするジャン（ポール・ベルナール）にエレーヌ（マリア・カザレス）が、それまでのことはすべて自分の仕掛けた罠だと明かすシーンで、運転席に据えられたカメラは、発車しようとポールがハンドルを切り続けると、エレーヌの顔が窓／フレームから一旦消えては現れつつもその度話しかけてくる姿を捉える。また『田舎司祭の日記』では教会の床に落ちていた手帳（または聖書？）を見つけた司祭（クロード・レデュ）が持ち主を確認しようと席に置いてフレームアウトすると、足音が聞こえてきてシャンタル（ニコル・ラドミラル）がフレームに入ってくる。また『抵抗』の冒頭シーンでドイツ軍の車から主人公フォンテーヌ（フランソワ・ルテリエ）が逃走しようとして連れ戻される場面では、後部座席を捉えたカメラが人物を追わず、銃声と音だけが聞こえてくる。これは脱獄の場面で、守衛殺人を足音と鉄道の音のみで表現し、視覚的に見せない演出と同様に、大袈裟な演技のスペクタクルを見せないための視覚から聴覚へのリレーとして説明できた。しかし『スリ』で最初の競馬場のスリが証拠不十分で釈放された主人公ミシェル（マルタン・ラサール）が、警察を出て歩き去った後の足音が響く空の画面、また誰もいない階段に足音が聞こえてから彼がフレームインする画面が続くと、その後観客はしばしば人物が去って足音に置き換えられる度に［図5―8］、ただ人が歩いて行くというだけのシーンでさえ、目から耳へまたはその逆の「知覚のリレー」を余儀なくされることになる。つまり観客はそれまでの視覚に頼った見方では、被写体が時に視線の先から消え追いつけない感覚を頻繁に味わうことになってしまう。マーシャル・マクルーハンは、一九六四年に「われわれ文字文化的人間は、カメラの目が人物を追ったり、それを視野から消したりする動きを難なく受け入れるが、それは映画を見ているアフリカ人には受け入れ難いことである。もし、誰かが画面の端から姿を消せば、アフリカ人はその人物の身に何が起こったかを知りたがる。しかし、文字文化型の観客なら、線条性の論理を疑うことなく、印刷された像を一行一行追って行くことに慣れているので、フィルムの連続性を何の抵抗もなく受け入れるであろう」[▽6]と書いていたが、実際には、ブレッソンの演出をその「文字文化型の観客」が受け入れることができたとは、決して言えないだろう。

　それに加えて『スリ』における登場人物の会話シーンは、台詞を言う人物の画面から向かい合う相手の画面につなげられる、いわゆる「切り返し」の編集が、視線を交わし合ったままの会話

図5-8　ロベール・ブレッソン『スリ』(1959)

ではない。一方の視線が相手を見つめる瞬間に次の画面に切り替わると、相手はその瞬間見ていないか、または瞼が上げられていてもすぐ下を向くといった、視線を上下させるアクションでつなげられている〔図9―12〕。それは相手の視線を拒否し、「見つめ合う」という連続性を一旦切断するアクションであり、それまでブレッソン作品を見て来た者をも動揺させたはずだ。例えば『田舎司祭の日記』で主人公が上司の司祭の叱責を受けるシーンでは、上司の台詞が続く間に聞き手となる主人公の反応が映し出されるという点で、むしろロッセリーニの映画に近い編集がなされており、時には苦悩の表情を浮かべる主人公の顔にカメラが前進移動撮影で近づくカットが随所に見られている。続く『抵抗』では刑務所の脱獄準備中の囚人という状況から、外の音に脅

図9−12　同前

えることや中庭で視線を合わせられないことの理由があり、そして同房となるジョスト（シャルル・ルクランシュ）との会話シーンはむしろ一言毎に話者を映す通常の切り返しに近い。つまりナレーションを使うことと同様に、観客にとってフォンテーヌの状況に自分を同一化することは容易なのである。それに対して『スリ』の会話シーンの編集は、クローズアップより相手の背中越しに撮られたミドルサイズの画面の交替からなる場合が多く、話す相手とともにいる画面であるにもかかわらず、その相手から投げかけられた視線を切断する瞼の動きは、先に述べた人物のいない足音の響くフレーム同様の視覚的切断とともに、それ自体が映画の基調となる連続性を作り上げる。この「切断のアクションによる連続性」から作り上げられるリズムが、『スリ』の驚くべき高度な現代性である。なぜなら会話シーンで画面が切り替わると相手が目を合わせておらず、人物がフレームアウトするとカメラが追ってくれないその瞬間さえもが映画を作り上げるということを、現在に至るまでブレッソンのこの映画だけが示しているからである。

続く『ジャンヌ・ダルク裁判』で、ブレッソンはフレームアウト後の時間を切り詰め、視線の上下による編集をおこなっていない。映画の大半を占めるのは、裁判記録に基づく尋問と答えの台詞を、モノトーンの速い口調で話すジャンヌと司教の視線を合わせた徹底的な切り返し画面の連続である。しかしこの映画が最も妥協なきインパクトを与えてくるのは、最初から最後まで変わらない、ジャンヌ（フロランス・ドゥレ）の上半身を五〇ミリレンズで捉えたフレームの厳格な距離感である。それは映画監督になる以前に画家を志したブレッソンらしい肖像画的なフレームだと言える。鎖に繋がれながらも背筋を伸ばし、司教の尋問や占領者であるイギリス人の英語による暴力的なヤジに屈せず速射的に応答するジャンヌの様子が、映画の進行につれて、しだいに疲弊し下を向き応答も僅かに遅くなると感じ取れるのは、彼女（とともに尋問者たち）を捉えるフレームサイズとその距離が厳密に定められているからである。それは固定画面であるため、先述したロベルト・ロッセリーニ以上に顕微鏡的な変化を観客に感じ取らせることができる。そして判決シーンで有罪宣告と火刑の脅しを受けると、涙ぐみ下を向き卒倒しそうにさえ見えるジャンヌを捉えた画面にフレーム外からの罵声がいっそう大きく聞こえてくる。ブレッソンはそれ以前の作品のようにジャンヌにカメラを近づけることはなく、まして罵声を浴びせる人々の顔を映すことなどしない。ここでジャンヌの苦悶をこれ以上ない強度で伝えるのは、揺るぎないフレームによるこの距離なのである。

4　方法＝映画

顕微鏡的に小さな、だが最も強力で感動的な変化を捉えること。そのために、プロの俳優に直前まで台詞を渡さず不安定な状態に置くロッセリーニと、素人を雇い自分の望むように機械的なリズムの身振りと口調を言えるまで長期間訓練するブレッソンの姿勢は正反対だが、ここでは両者ともにフレーム内の被写体を見つめる距離の重要性を観客に向けて提起している。そしてこのことは畢竟、映画にしか不可能なことなのである。なぜなら全ての観客がその変化に気づくかどうかはわからず、文字情報へと変換できない微妙な推移を捉えるための距離の設定を、メディアは必要としていないからである。メディアはより単純な文字情報に変換可能な事象を好む。そしてより少数の人々に向かう問題提起は、映画自体が大衆《マス》娯楽または芸術であることをやめることへとつながってしまうだろう。多くの観客を獲得できないなら、ベースとなるシステムの経済基盤を自ら破壊する結果となるからだ。こうして映画作家として制作のピークとなった一九五〇年代を境に、ロッセリーニとブレッソンは制作と観客数の獲得が困難な時代へと向かっていった。ロッセリーニはフランスのヌーヴェルヴァーグの人々に後継者を見出す一方で、ヴィットリオ・デ・シーカを主演に起用した『ロベレ将軍』（一九五九）やガリバルディが主人公の『イタリア万歳』*Viva L'Italia*（一九六一）、ヴィットリオ・ガスマン主演のヌーヴェルヴァーグへの返歌である『黒い魂』*Anima Nera*（一九六二）のようにイタリア人にとってポピュラーな人やテーマの作品で一時的に注目を集めるが、同時代には理解されず、前述した黎明期のＲＡＩ（イタリア国営放送）の歴史・教育テレビ映画と後にふれるドキュメンタリーへと向かう。ブレッソンは寡作を余儀なくされるが、彼の後継者となったのはヌーヴェルヴァーグではなく（ロメールは「例え我々全員がブレッソンを賞賛しているとしても、皆彼に背を向けているのです▽7」と言っている）、ストローブ＝ユイレ、ジャン・ユスターシュらポスト・ヌーヴェルヴァーグの人々であり、その影響下にある作家は、ジム・ジャームッシュやアレクサンドル・ソクーロフやペドロ・コスタのように一九八〇年代以降にデビューした世界各国の映画作家の中に探すとすれば、今ではロッセリーニよりも多いだろう。

それはまた二人のすぐ後に登場したミケランジェロ・アントニオーニが、明らかに二人を参照しながら、▽8『情事』(一九六〇)以降の作品で、彼らが観客に強いる体験の緊張、つまりロッセリーニにおいてはフレーム外の刺激を聴きながら画面内の人物を見続けさせること、ブレッソンにおいては人物がフレームを出入りする瞬間に視覚から聴覚へのリレーをおこなわせることのそれぞれから解放してしまったことと関係する。アントニオーニは、会話シーンでカップルを同じフレームに収める時に、片方を正面に、もう片方はカメラに背を向ける配置で撮ったのである。つまりロッセリーニが一人だけをフレームに入れるのに対して、アントニオーニはそのヴァリエーションとして二人をフレームに入れておいて、一人を突然モノに変える＝「オブジェ化する瞬間」を作り出すのである。その時、観客は背中を向いている人物の表情を、もう一人の反応を通じて想像するが、それはやはり観客自身にとって非決定的で、不気味なままである。正面を向いて陽気だったモニカ・ヴィッティを、不意に背中から撮ることで、次の瞬間に謎めいた女に変えてしまえること。これは確かに、ブレッソンが無表情でモノトーンの台詞を言えるように長期間かけて素人を鍛えることに比べれば人物の存在をフィジカルなモノにするための容易な方法だろうが、しかし同時に、依然としてそれが視覚的なレベルにのみ留まっていることに気づかされる。つまりアントニオーニはこの点で、ロッセリーニとブレッソンが開発したフレームの内と外の関係を、安易に「わかりやすく」覆い隠してしまったとも言えるのだ。ゴダールが「アントニオーニはおそらく最も悪い影響を与えた映画作家だ」[9]と言っているのも、この安易さと無関係ではないのだろう。もちろんこれはアントニオーニについて、『椿なきシニョーラ』（一九五三）のワンシーン＝ワンショットがテオ・アンゲロプロスに与えた影響や、『ある女の存在証明』（一九八二）のセックスシーンでのフレームに入ってくるアクションと音楽のコンビネーションの相互運動、またアントニオーニの『中国』*Chung Kuo Cina*（一九七二）がジャ・ジャンクーやワン・ビンら現在の中国映画にどれほど影響を与えたかなど[10]、語られるべきことがあるのを承知しての批判である。

そして劇場用映画を離れてテレビ用の作品を撮った晩年のロッセリーニはどこに行き着いたのか。遺作となったフランス国営放送制作のドキュメンタリー、『ポンピドゥー・センター』*Beaubourg, centre d'art et de culture Georges Pompidou*（一九七七）は、一見、開館したばかりの巨大文化センターのプロパガンダとなるように見える。しかし、ロメールやフランソワ・トリュフォーの撮影監督としても知られるネストル・アルメンドロスに操作されるカメラが、パンとズームと移動撮影を駆使してセンターの外から中へと一定のリズムで自在に動き回っていくと、ナレーションではなく、無数のマイクで録音されたという観客たちの話し声やざわめきが外の工事の音や鐘の音と入り交じって聞こえては遠ざかり（だからそれは必ずしも画面とシンクロしているわけではない）、画面を見る観客に、まるでジャック・タチの完璧な演出のもとでつけられた『プレイタイム』（一九六七）の音声と似たような音の聴き方を求めていることに気づいて驚愕させられる。カメラがセザンヌやマチス、ピカソといった絵画を捉え、さらにその各々の絵画のフレームと展示空間が作る線、館内を見て回る人々の緩やかな歩みが作り出す線を追いかけて結びつけ、新たな時空間からなる「作品」を作り出すといった、驚異的な映画なのである。この作品より一〇年前のシチリア島を撮った『ある島の観念』*Idea di un'isola*（一九六七）にも言えることだが、それらの被写体はもはや事物やその情報には還元できない、対象が作り出す線を追いかける自らのフレームこそが創出する時空間であり、それ以外のものではないという、当時すでに支配的な映像メディアとなったテレビに対する、ロッセリーニの批判的遺言なのである。

一方、ロベール・ブレッソンが『ジャンヌ・ダルク裁判』で提示した、被写体の変容を見てとる厳密なフレームと距離は、ジャン＝マリー・ストローブが「戦後ドイツ最大のドキュメンタリー映画作家」と呼んだペーター・ネストラーに、まったく違った形で受け継がれている。例えばSWF（南ドイツ放送）で制作したネストラーの『北の冠』（一九九一）は、ラップランドの緑茂った自然豊かな山頂近くに住むトナカイの群を捉えた遠景画面が、灰色の山腹付近の採掘現場の施設やショベルカーの前を通りかかる数頭のトナカイを、さらには撮影当時ソ連の原子力潜水艦が発着していたムルマンスク近郊の町で、汚染に苦しむ人々と、カモメ飛び交う町のごみ捨て場を、同じ遠距離から捉える。その時に気づかせられるのは、歴然とした文明による自然破壊の進行を暴き出すフレームの力となるのはこの距離だということである。しかも、それはブレッソンがやらなかった、ロングショットの距離である。ネストラーは自らの声でコメンタリーを読んでおり、時々ハンディカメラを交えた固定画面とともに、緩やかなリズムで語っていく。コメンタリーのほとんどはブレッソンと同じくモノトーンで落ち着いた調子ではあるのだが、穏やかな風景や人々の映像、写真に対して述べられるのは、ほとんどが悲惨な出来事の歴史である。そして、これまた驚かされるのは、その画面が次の画面へとつながれる背景音の切断＝次の背景音への接続の瞬間が、コメンタリーや画面の長さとともに奏でる音楽性である。川の激しい流れが緩やかな広がりを持った流れと接続され、そして不意に人々の古い集合写真を映し出すときの背景は沈黙へ、そしてネストラーの低く太い声が聴こえてくるという風に。

そしてこの『北の冠』は、ロッセリーニの『ポンピドゥー・センター』と同様に、被写体は存在するにもかかわらず――前者はラップランドの風景と山を下るにつれて見えてくる機械化され汚染されてゆく人々の生活、後者はポンピドゥー・センターである――実のところ、その方法自体が真の被写体となる作品なのである。全てを情報に還元し伝えるメディアが自らの姿を隠蔽するのに対して、自己言及的な手法を用いているわけではないが、映像と音が現れ、つながれ、消えるという運動それ自体によって、情報に還元しえない世界が生起し消滅すると観客に言明している映画。それこそが現在の観客／視聴者が自ら映像イメージを使う時代の最も高度なメディア批判なのである。

▽1　エリック・ロメール『美の味わい』梅本洋一・武田潔訳、勁草書房、一九八八年、一〇頁。

▽2　Antoine de Baecque, Thierry Jousse, Serge Toubiana, "Entretien avec Eric Rohmer," *Cahiers du Cinéma*, n. 430, avril 1990, p. 30.

▽3　『カイエ・デュ・シネマ・ジャポン』一七号、彦江智弘訳、勁草書房、一九九六年、一二〇頁。

▽4　Frederic Bonnaud, "Entretien avec Jacques Rivette," *Les Inrockuptibles*, March 25, 1998; Sence of Cinema, 2011（http://sensesofcinema.com/2001/jacques-rivette/rivette-2/）.

▽5　エレーヌ・フラッパによるインタビュー「ジャック・リヴェットとの対話2――秘密と法」松井宏訳、『NOBODY』二七号、二〇〇九年、七〇頁。

▽6　マーシャル・マクルーハン『メディア論』栗原裕・河本仲聖訳、みすず書房、一九八七年、二九四頁。

▽7　アミナ・ダントン、ローレンス・ジャヴァリーニ、カミーユ・タブレー「エリック・ロメール インタビュー」荒尾信子訳『カイエ・デュ・シネマ・ジャポン』六号、フィルムアート社、一九九二年、一六二頁。

▽8　カルロ・ディ・カルロ、ジョルジョ・ティナッツィ編『アントニオーニ 存在の証明――映画作家が自身を語る』西村安弘訳、フィルムアート社、一九九九年、二八―三一頁。

▽9　Serge Kaganski, "Jean-Luc Godard: "c'est notre musique, c'est notre ADN, c'est nous"," *Les Inrockuptibles*, Mai 5, 2004.（https://www.lesinrocks.com/2004/05/05/cinema/actualite-cinema/jean-luc-godard-cest-notre-musique-cest-notre-adn-cest-nous-1184924/）.

▽10　アントニオーニの『中国』は、当の中国では上映禁止処分になった。ベルナルド・ベルトルッチは「若い世代は見たことがないし、大人たちは禁止した当の役人たちだよ」（『ベルトルッチ、クライマック

スシーン』竹山博英訳、筑摩書房、一九八九年）と述べているが、一九九〇年代後半以降の海賊版DVDが視聴可能になった世代にとって、中国当局のメディア操作を受けていない映像と音によって自らの国を捉えた初の「外国人の「個人的な」視点による」固有の時間と空間を持った作品として発見されただろう。

FRAME-2 リアルというフレームの行方——「リアリズム」の流れを読む

1 画質とリアル

映画における「リアル」は高画質を必要としない。３ＤやＩＭＡＸやＭＸ４Ｄなどの大掛かりな装置のアトラクション化はむしろ、中継メディア映像の体感化としてシアター存続の理由から必要とされ、個人には疑似体験用にＶＲゴーグルが普及し、ゲーム・教育から拷問・洗脳に至るまで直接目と耳を被覆操作する映像機器として使われつつある。映像ソフトもまたそれに特化したコンテンツ制作が主流である。では、すでに歴史的産物として完全に、映画における「リアル」は役目を終えたといっていいのだろうか。確かに娯楽、あるいは芸術としてもそう言っていい状況は整いつつある。画質ひとつ取ってみても、制作におけるフィルムの時代がほぼ終わった今、その向上理由と主要マーケット規模からみて、デジタル映像の鮮明化を必要とし、またリードするのは医療・軍事産業だろう。一方は人命を助け、一方は奪うという皮肉にも対照的な二つの産業は、例えば手術用スコープや衛星画像のように、より鮮明な画質を求める理由がある。しかし映画は、もはやハイパーリアル化した鮮明な画質を必要としてはいない。というより、あらゆる画像がひたすら解像度を高めていくという方角に向かうのに対して、映画は、ほとんど唯一、不鮮明な画質を志向することができる可能性のあるジャンルであろう。むろん現実には、映画のジャンルの中でも、体感性を求めるスペクタクルやポルノグラフィーの映像は鮮明化とともに進行中ではある。しかし今画面を見つめている観客の視線に対して批評的であり得る映画の作り手たちは、テクノロジーに与えられるリアルな感覚が一過性のもの、「歴史的なもの」であることを知っている。

　例えば一九八〇年代から一九九〇年代にかけて、エリック・ロメールとジャン＝リュック・ゴダールは画質の鮮明化について正反対の立場を取っていた。ロメールはフィルムからデジタル高画質化の時代に逆らって一六ミリフィルムを擁護した。彼は、一六ミリの解像度は低く、粒子のせいで鬱陶しいと言う観客に対して「フィルムのコントラストは好きではありません。被写体がハッとするほどの鮮明さで浮かび上がってくる、その超写実的な面は、時として顔に一層適しています。三五ミリは、すべてを、きつくしてしまいます。〔……〕一六ミリフィルムはより絵画的で、コントラストが弱く、色の調和を重視している〔……〕正確に言えば、よりリアル」で、「一六ミリの露光時間調節で得られる肌のピンク色が登場人物に生命力を与える」▽1と述べている。これに対し、ゴダールは「八ミリカメラのように小さく、三五ミリの鮮明な映像を得られるカメラ」を求めてアトン社長ジャン＝ピエール・ボヴィアラとアトン35カメラの開発にも携わり、自然光を使った「低感度のフィルムを最も高感度の部分で使う」あるいは「特性曲線のより低い」メーカーも知らない部分を使って、美しい映像を得ることによって、[2]当時の三五ミリ映画の「臨界点」を示そうとした。おそらくゴダール作品の撮影が同時代の映画におよぼした影響のほうが圧倒的に大きかっただろうが、二人の対照的な道は、ロメールがスーパー一六ミリで撮った『我が至上の愛：アストレとセラドン』（二〇〇六）と、二〇一〇年の彼の死によって一応の終わりを迎えた。

しかし今振り返るなら、それら両方ともにフィルムという歴史的な媒体を使い、しかも低予算製作の限界を自ら露呈するアメリカB級映画の美学（これまた歴史的なものであり、一般劇場での公開を前提としない美術系映像作品にはない）を継承しながら、各々の「リアル」を追求した記録なのだ。ゴダールはその後、『映画史特別編・選ばれた瞬間』（二〇〇四）でボロボロに傷つき不鮮明になった映像をわざわざ用いて「媒体の物質的な死」を語っているし、『さらば、愛の言葉よ』（二〇一四）での3D使用は、画質の鮮明化を超えて未来の「リアリティを与える方式」を目指したものではなく、むしろ一過性の「リアリティ」を観客に与えていずれ死ぬであろう3Dという方式をクリエイティブに活用した記録としての作品なのではないだろうか。

2 シュトロハイムと包括的な時間

一九四八年に、フランスの映画批評家アンドレ・バザンは、映画はリアリズムを目指しており、論理的必然性と技術的限界の折り合いをつけながら、「完全な現実の錯覚」を観客に与えようとしていると述べていた。▽3 では例えば遡って、無声映画時代における「リアリズム」映画の代表的な存在として名前を挙げられるエリッヒ・フォン・シュトロハイムは、果たして本当に、その「リアル」を媒体としてのフィルムに求めていたのだろうか。シュトロハイムの長編第一作『アルプス颪』（一九一九）の中で、自分より先に眠ってしまったベッドの夫を見やり、若かった時期の自分たちを思い出す妻（フランシア・ビリングトン）の姿と動作は、その時代ゆえ当然ながら画面を編集でつなげられながらも、その連続性を維持している。ベッドで寝ている夫と鏡台前で髪をとかす妻のロングショットに始まり、妻がブラシを床に落としてみる画面、それに夫は気づかないという画面が続く。そしてブラシを拾い夫の寝姿が映る鏡を覗く妻のクローズアップで、ピントが妻から夫に前後して若き日の夫妻の姿がオーヴァーラップする画面が続く。同軸上にカメラが引かれ、宙を見上げてもうこんな状態は耐えられないと言いたげな艶かしい妻の顔から、直ちにがっくりと絶望的に下を向きそのまましばし鏡の自分を見つめる画面に、次いで振り返って鏡台前に佇む横からの全身画面、そしてベッドに近づく画面から寄って眠る夫にキスするところでフェードアウトである。この一連の画面でシュトロハイムは動作の連続性を維持し続けながら、徐々に微細な動きへと観客の視線を移行させる。そしてこの視線の微細さへの移行は、カット割り以上に、動作にかける時間の長さに起因しているように見える。

バザンは、自身が一度しか見ていないシュトロハイムの『グリード』（一九二四）の最も記憶に残るシーンとして挙げている、歯科医マック（ギブソン・ゴーランド）が患者トリナ（ザス・ピッツ）の治療中に欲情するシーンについて、「われわれがこの場面を見て、苦闘や吐き気にいたるまで共鳴するとしたら、それはひとえに、肉体というこれほどはっきりとした証から発散してくる官能の魔術による」のであり、「彼の演出の原理は簡単で、それは、この世界がその残酷さと醜さを遂に露呈するに至るまで、それに充分な近さから、またそれに充分な執拗さで、この世界を見つめるということだ」[▽4]と述べている。つまりこの場合の「リアル」とは、画質などの素材によるものではなく、近さ＝「距離」と執拗さ＝「時間」にかかっているということである。またバザンは「彼が我々の前に再現してみせようとするものは、あきらかに、空間において同時に生じているできごとの存在、そうしたできごとの、（モンタージュの場合のように）すじみちのたった依存関係ではなく、身体的、肉体的あるいは物質的な依存関係である」[▽5]とも書いている。そこでバザンは、無声映画時代のシュトロハイムがトーキーの編集となる、連続性をすでに発見していたが、そこには彼が「音」としか書いていないものの、おそらく背景音が必要であり、それがないので隙間が空いているように見えると述べている。それは、聴き手を音に対してミクロレベルにさせるような同録の音である。

『愚かなる妻』（一九二二）でシュトロハイム演じるカラムジンが、豪雨を避けた老婆の家で眠るヘレン（パティ・デュポン）を襲おうとするまさにその時に僧侶が入ってくるシーンで、カラムジンは不満顔でしばしベッドに居座り僧侶を睨むが何もできず、結局ベッドを離れて窓辺に足を組み外を眺めるぐらいしかないといった一連の動作の間に、僧侶と梟とカエルと雷光の画面が挟み込まれる［図1-4］。バザンはそこに、雨や稲妻や動物たちの声といったサウンド上の運動＝音が必要だと感じたのかもしれない。

しかし今シュトロハイムの映画を見るなら、逆に、そこに音がないからこそ、カラムジンの一連の動作を見つめる時間の長さ、つまり「包括的な時間」とでも言うべきものの重要性が見えてくるのではないだろうか。それは「リアルタイム＝実時間」という「時間のフレーム」である。

バザンはシュトロハイムが技術的限界によって、例えば当時の連続撮影／現像可能なフィルム分数が僅かだったこと（とはいえ『結婚行進曲』（一九二八）のカメラオペレーターだったハル・モーアは、ディゾルヴを挟んで一〇分の連続撮影をおこなったと証言している）などの理由から、後のジャン・ルノワールやオーソン・ウェルズのパン・フォーカスが実現した演出をおこなうことができなかったと述べている。しかし、そこで見落とされているのは、いくら現代のスマートフォンのようにカメラが手軽になり、自由に持ち運んで何十時間でも撮影可能になったとしても、ワンカットで撮るなら、その間のフレーム内に何をいつ収めるのか、そしてフレーム外に出すのか出さないのかという段取り＝演出に限界づけられることになるということだ。つまり逆に、遠く隔たった人や事物や運動の連続性を示すなら、古典的なカット割りにおいて、シュトロハイムが示す連続性への執拗な意志は「リアル」な感覚において今も生きていると言えるのではないか。

そのシュトロハイムと同様に連続性への意志を持ちながら、反対に空間の位置感覚の消去を実現したのがカール・テホ・ドライヤーの『裁かるるジャンヌ』（一九二八）である。ドライヤーは、クローズアップの仰角と白い背景で裁判所のセット空間全体を観客に見せることはなく、ジャンヌ（ルネ・ファルコネッティ）と神父たちの距離を同じフレームに入ってくる画面以外では非決定のままにし、視線の動きが方向を想像させるのみで、それぞれの人物の像だけが強烈に浮かび上

図1-4　エリッヒ・フォン・シュトロハイム『愚かなる妻』（1922）

がってくる超現実性を達成した。ジャン・コクトーはこの映画のカメラを望遠鏡に例えていたが、[7]ジャンヌの証言する顔の動きの間に字幕と神父らの顔が挿入される形で構成される編集は、トーキー時代であればジャンヌの顔の長いワンカットで撮られていたのではないかと想像させる。後に一九七〇年代のイタリアでジル・ドゥルーズとの著作『重合』（江口修訳、法政大学出版局、一九九六年）で知られるカルメロ・ベーネが、五台のカメラとエイゼンシュテイン的高速モンタージュを使った『サロメ』*Salome*（一九七二）、『マイナスのハムレット』*Un Amleto di meno*（一九七三）を撮った時、おそらくベーネは空間の位置感覚を喪失させつつ連続性を保持する方法を、エイゼンシュテインではなく、ドライヤーのこの映画から学んだのだろう。そこでは七〇分で四二〇〇カットにおよぶ絶え間ないカメラと俳優の動きが、光と色彩と皮膚の運動へと還元され、遂にはベーネ自身の台詞を読み上げる声とも分離する新たな究極の連続体へと進化していった。また『裁かるるジャンヌ』の連続性と位置関係の非決定性は、続くトーキー第一作『吸血鬼』（一九三二）の、人物を追っていると突然離れて一人歩きを始めたり逆方向に動き出したりする不気味な移動撮影に変貌したが、それを受け継いだのはオムニバス映画『愛と怒り』（一九六八）の一編でリヴィング・シアターと組んだ「臨終」や、『暗殺のオペラ』（一九七〇）、『ラストタンゴ・イン・パリ』（一九七二）を撮ったベルナルド・ベルトルッチであり、これについては後の章で述べることとしよう。

3　ベッケル／ロッセリーニ

また、シュトロハイムが示す連続性は、二三年後の一九四七年にジャック・ベッケルをして『グリード』は今もまだ全く新しい」▽8と言わしめ、そのベッケルの映画に力を与えたのではないだろうか。同年に撮られた『幸福の設計』（一九四七）では、同じインタビューでベッケルに「今のハリウッドで最高の監督」と言わせたアルフレッド・ヒッチコック的な、当たった宝くじを別のくじと取り違える描写をはじめとするクローズアップの使用が目立つ。しかし、夕食をとる夫婦のうち夫のアントワーヌ（ロジエ・ピゴ）がラジオアンテナを修理するシーンで、窓から屋根に上っていく夫と入れ替わって窓から入り込み妻のアントワネットを自分のボクシング試合に誘う隣人リトン（ピエール・ツラボー）が戻ってきた夫に追い出されるまでは、連続した一つの動きとして演出・編集されている。また『エストラパード街』（一九五三）で恋人でレーサーのアンリ（ルイ・ジュールダン）に会うため工場にやって来る妻のフランソワーズ（アンヌ・ヴェルノン）が、浮気相手の女がいるのかと疑いながら、同乗の車で声をかける友人ドニーズに追われつつバーに入ると、先回りしたレーサー仲間のロランに工場に戻るよう言われるが、その間に夫は浮気相手を帰して鉢合わせを回避するという、いかにもハワード・ホークスのコメディ的なシチュエーションだが、遠く隔たった人や事物の運動の連続性を示す、滑稽で必死の追跡が途切れることのないアクションつなぎで具現化されてゆく。ベッケル作品の名シーンとしてよく例に挙げられる、『肉体の冠』（一九五二）の警察署でマンダ（セルジュ・レジアニ）がルカ（クロード・ドーファン）を射殺するシーンや、『現金に手を出すな』（一九五四）でマックス（ジャン・ギャバン）がジョジイ（ジャンヌ・モロー）らを平手打ちするシーンも、意を決して歩いてくるセルジュ・レジアニやジャン・ギャバンが姿を見せる前に、そのシーンが始まる瞬間から「遠く隔たった人や事物の運動」を連続させる演出と編集の結果の暴力であるからこそいっそう衝撃的で「リアル」なのである。

例えば夫婦の危機を描いた『エドワールとキャロリーヌ』（一九五一）と、前章で述べたロッセリーニの『イタリア旅行』を比較してみると、夫婦二人ともが同じ部屋にいるシーンでさえ、前者は絶えず二人の動きをつなぎ、さらには電話という手段で離れた場所にいる人物をつないで一つの時間にしようとしているのに対して、後者は一人あるいは遺跡をさまよい歩く二人の有名なシーンのように、一人または二人の人物の動きをつないで彼らの身体のより顕微鏡的な動きに注視させるような包括的な時間を作り上げているのである。ベッケルの映画では電話が離れた場所の人物たちの運動を結びつける重要な小道具となっているが、ロッセリーニは人物が話している間の顕微鏡的変化をじっと見つめるために電話を使う。二人ともシュトロハイムの「包括的な時間」の継承者ではあるが、ベッケルはより鋭い炸裂（前述の銃撃や平手打ち、あるいは『穴』（一九六〇）の作業音とラスト）や叫び声（『エドワールとキャロリーヌ』のハッピーエンド前の妻の声）

といった一瞬を準備して「リアル」にするために運動の連鎖のフレームを構築するのであり、ロッセリーニはより微小かつそれが何かはっきりとわからないほど未分化な変化の推移を追っていくための時間＝連続性のフレームを構築するのである。ロッセリーニの顕微鏡性は、後述のようにジャック・リヴェットら「上演の映画」の、例えカット割りをしていても一幕のリアルタイムを再構築するワンシーン＝ワンアクトに受け継がれていくが、ベッケルの運動による連続性が受け継がれなかったのは、おそらくその連続性を維持するためのセット空間の拡張に予算が必要だったからだろうか。

4　ルノワール

これらの人々に対すると、ジャン・ルノワールは一見、連続性というものを信じていないように思える。ルノワールの「リアル」とは、まさに動きが現れる瞬間、そしてその切断にこそあるように見えるからだ。『浜辺の女』（一九四七）の、暖炉の前で盲目の画家と暮らすペギー（ジョーン・ベネット）と撃沈された船の乗組員だったスコット（ロバート・ライアン）が薪をくべながら会話するシーンで、二人は互いが幽霊＝オブセッションに取り憑かれている者同士であると確認しあうのだが、編集は互いの顔のクローズアップにもかかわらず、一つの独立した短い画面の中で、互いの台詞を聞き、反応し、答えるまでの変化の過程が捉えられている。また『黄金の馬車』（一九五二）の終盤、黄金の馬車を持ち帰ったカミーラ（アンナ・マニャーニ）の部屋にラモン（リッカルド・リオリ）、フェリペ（ポール・キャンベル）、総督（ダンカン・ラモント）の順に男たちがやってくる各々のシーンで、男たちが三者三様に求愛する台詞を受けとめて反応を返すカミーラ＝マニャーニのクローズアップの画面は、それぞれが絶えず新しい動きを生成し消滅する変転としての切り返しである。

『河』（一九五一）でハリエット（パトリシア・ウォルターズ）が裸足でいるところをナン（スプロバ・ムカージー）に咎められるシーンで、玄関のナンに走り寄ってくるハリエットのロングショットから同軸上に近づくクローズアップは編集でジャンプし、言い返すハリエットの動作が終わらぬうちにナンが「〔友人の〕エリザベスのようにきちんとしなさい」とたしなめるバストショットが、さらにそれが終わらないうちにハリエットが「彼女はいい子だから」と返すのだが、いずれも動きの途中で切断され、続いて相手の話す動作がまさに発生した瞬間から現れる＝接続されている。ルノワールの弟、名手クロード・ルノワールによるスタンダード画面のフレームも僅かな動きを観客に見出させるほど厳密だが、それ以上に、一つのフレーム／画面から次の画面につなぐ瞬間さえも生成／消滅の運動と見なすルノワール独自の思考が、テレビやメディア化した映画なら台詞の文字情報を伝えるだけの切り返しの技法を、目も眩むほど新しいものに変えてしまう。この切り返しの一画面を俳優の変化の瞬間のドキュメントとして使う手法は、ジャン・ルーシュのシネマ・ヴェリテを介してヌーヴェルヴァーグの作家たち、特にエリック・ロメールとジャン＝リュック・ゴダールという、この章の冒頭でも比較した二人の作家の核と言える部分をなす手法として受け継がれたのである。

ルノワールは「この百五十年来、フランス人にとってのきわめて手ごろな着想の源となってきたもののひとつに、われわれがリアリズムと呼ぶことに決めているものがあります。でもこれは実際は、リアリズムなんかじゃ少しもありません。このリアリズムなるものは、ただ単に、自然を翻訳する別のやり方にすぎないのです[9]」と述べている。「現実は夢幻的なものだ」と語り『水の娘』（一九二五）をフォンテーヌブローの森で撮影した折、ブナの木が海底に沈んだ難破船のマストに見えたと述べたように[10]、ルノワールは、初期の無声映画時代にトリック撮影を数多くおこない、マン・レイやアベル・ガンスらに共感していた。ところがそうしたフィルム素材への愛から一転、トーキーになると彼は、『坊やに下剤を』（一九三一）での同時録音、そして『ボヴァリー夫人』（一九三三）のフィルム感度がかすかに表情を捉え得る夕暮れの薄暗さの撮影や、『トニ』（一九三五）の刻々変わってしまいマッチングが困難な南仏の強烈な自然光の撮影へと、自伝でも「正反対」と述べている方向に向かったように見える。

しかし、実はどの時代にあっても通低している姿勢がある。それは制作当時の素材や技術の限界をドキュメントし、露わにして見せる演出であり、それこそがルノワールにとって映画がなし得る「リアリズム」だったのではないだろうか。各々の限界もまた切断と同様に、それ自体が連続性を形成する現実であり、時間が経ってみると、観客に歴史的思考を与えるものだからである。

限界をわざわざ露呈させてみせることは、完璧さよりもむしろ意図的に失敗に近くあろうとするものである。それは、個々の観客の許容度を試し、時に賛と否に分断する「冒険的な現実」であり、後の世代に対しては歴史的限界に挑むことの驚くほどの豊饒さを伝えてくれるのである。それはまた後年のゴダール以後の現代映画に見られるようになる、つなぎ間違いや反復、スタッフや機材の写り込みなど「制作物である現実を見せる」ブレヒト的な手法へと発展していった方法の先駆なのである。[▽11] 実際、同時録音による一つの画面＝一塊のサウンドとして編集切断面の露呈を実践している第一人者は、ルノワールを賞賛しているストローブ＝ユイレとペーター・ネストラーである。

すべてを運動の生成と切断／接続と見なすとすると、ルノワール映画の微細な運動は、前述したクローズアップされた顔に相当し、そして大きな運動はロングショットで捉えられた集団の右往左往に相当する。『のらくら兵』（一九二八）の森林でガスマスクをつけた兵たちが思うように動けず転げ回る抱腹絶倒のギャグ、『十字路の夜』（一九三二）の冒頭で警官と村人たちがガレージで車の座席に座った死体を発見するまでを交互の画面で描くシーン、『ゲームの規則』（一九三九）の廊下で就寝前の人々がギャグや挨拶で交錯するシーンや、もちろん『黄金の馬車』『恋多き女』にまで続く恋人たちの追っかけとドタバタ……それらはかつてアンドレ・バザンによってパンフォーカス空間における人物の運動として評価されたものだが、それ以上に、輪郭を超えた光と影、色彩、さまざまな形と速さ、リズムによる四方八方への粒子の運動でもあるのだ。

ルノワールはジェリコーの絵画《メデューザ号の筏》について「実際これは素晴しい絵である。が、この絵が偉大であるのは、色彩と形が奏でる、調和に満ちた交響楽の故であることは、限られた少数の人にしか理解されない。絵の意味するところは、二義的な重要性しか持たない」▽12と述べている。この「調和に満ちた交響楽」との形容に相応しいシーンが『河』の冒頭にある。フレームは、川に浮かぶ小舟の舳先に浅黒い肌の漁師が上半身裸で網を棒に巻き付けながら歌っている姿を映し出す。次いで歌の緩やかなリズムにつれてカメラが後方に引いていくと、舟は遠ざかり、漁師の手前に子供を、舟の後にはより大きく屈強な男たちが、やはりリズムに合わせて漕いでいる船がもう一艘現れてくる。子供は伸びをし、男たちは一斉に漕ぐ。小さな一つの運動から始まり、大きなアンサンブルの音楽へ。それはおそらくストローブ＝ユイレの『アンナ・マグダレーナ・バッハの年代記』（一九六八）冒頭の《ブランデンブルク協奏曲》の後退移動撮影に影響を与えただろうカメラワークである。しかしここではそれぞれのリズムは川の流れも含めて異なり、かつフレーム内に包括的な流れ＝運動がある。すでに『ゲームの規則』の廊下のシーンの同時多発ギャグがそうだったが、ルノワールは異なるハーモニー、メロディー、リズムを包括するユニゾンとしてのフレームを実現する。それは後に、ジャック・タチが『プレイタイム』（一九六七）のレストランのシーンで一度におこなった膨大な数のギャグによって拡大したフレームである。主人公＝主調音というものはなく、皆が各々の運動を奏で、一つの空間を作り上げるのである。それが映像で可能なのは支配的な情報へと還元するメディアではなく、映画なのである。

5　ヴィスコンティ vs ルーシュ

ゴダールは、ヌーヴェルヴァーグがドキュメンタリーとフィクションを区別しなかった例として、よくルキノ・ヴィスコンティの『揺れる大地』(一九四九)と、ジャン・ルーシュの『私は黒人』*Moi, un noir*(一九五九)の二本を挙げている。最初は前者が「計算ずくで自然発生的」だが後者は「自然発生的で野心的」という文脈でジャン・ルーシュを賞賛するために使った比較であった。[13] いつしかゴダール自身の記憶の中で両者とも擁護したことになってしまったようだが、この二本が公開当時、以後の映画のリアリズムにとって決定的だったのは確かである。ドキュメンタリーとフィクションを区別しなかった例と言いながら、どちらも現在は劇映画のカテゴリーに入れられている二作品だが、それらはテレビ普及以前の、動く映像が映画館にしかなかった一九五九年の段階で、素人がカメラを向けられることが稀だった時代の指針であり、ある部分で現在を予告するような映画だったのである。

まず『揺れる大地』は、ロケ地シチリア島の村を舞台にしてその漁村の人々にフィクションを演じさせた劇映画であり、当時アンドレ・バザンによって「リアリズムの両極」と論じられた。「ジョルジュ・ルーキエの『ファルビーク』(一九四六)の被写体のリアリズムとオーソン・ウェルズの『市民ケーン』(一九四一)の表象の仕組みのリアリティをわがものにしている」とされ、またルーキエがモンタージュに頼った素人俳優の使い方をしているのに対して「『揺れる大地』では、しばしば、数分間も続くショットの始めから終わりまで、俳優は画面の枠の中に留まり、会話をし、居場所を変え、ごく自然に、そして時には、思いもかけない優雅な様子で振る舞っている。〔……〕自然らしさの次元を超えた動作の様式化に演技の到達点があると、俳優に伝えることができたのだろうか」、そして「キリスト教にまったく関心を持たずとも、素晴しい宗教画をやすやすと描くことができた、あのルネッサンス時代の大画家たちのことが頭に浮かんでくる」▽14と評されている。例えば真夜中の暗がりで展開する妹ルチア（アニェーゼ・ジャンモーナ）と警察所長の関係を咎めた姉マーラ（ネルッチア・ジャンモーナ）とのつかみ合い、そしてテーブルが倒れ壁沿いによろめき歩きながら出て行くルチアをカメラが追いかけて見送り、そのまま机に伏して泣くマーラに近づいて行く長い画面は、一七世紀ナポリの画家たちの絵画の如くである。玄関のフレーム越しに去るルチアの後ろ姿から机に伏すマーラの背へと移行する二人の対比と実際の姉妹である女性たちの身振りは演劇的でありいかにも悲劇的である。

『揺れる大地』はそれまでヴィスコンティに共感を示さなかったロッセリーニも賞賛し、素人の起用、その人々が実際に話す言語（方言）の尊重、時に宗教画に近くなる画面構成の点で、パゾリーニの『アッカトーネ』（一九六一）や『奇跡の丘』（一九六四）、あるいはヴェルナー・シュレーターの『ナポリ王国』（一九七八）に何がしかの影響をおよぼさなかったとは考え難い（パゾリーニ自身はヴィスコンティの最高作は『揺れる大地』ではなく『夏の嵐』（一九六四）だと述べているが[15]）。

またこの映画は、当時大映からイタリアに留学していた増村保造にとっても理想とする映画となった。しかしそれが、却ってシステム崩壊後も増村を撮影所映画のフレームに留まらせることになってしまったのかもしれないが。

というのも『揺れる大地』が資金的には製作元のウニヴェルサリア社とイタリア共産党の出資では不足し、ヴィスコンティ家の財産からも出資しなければならない大作となったのは、現実の漁村をチネチッタ撮影所のセットのように変えてしまったからである。バザンに、「本物の漁師たちをオペラや悲劇の王子のように歩かせ、ボロボロの服にルネッサンス時代の錦のような高貴さを与える[16]」と書かせたヴィスコンティの演出は、確かに後年の貴族社会を描く『ルートヴィヒ』（一九七二）や『イノセント』（一九七六）の所作と、フレーム内を埋める絵画的美学による映画を予告している。それらは専門家や経験者しか知らない知識をディテールやほんの僅かな身振りが示すという意味で、ナチスを描くフリッツ・ラングからヤクザを描く北野武にまで至る、古典映画のリアリズムの流れにある。しかしヴィスコンティがカメラ前の現実をセット化して意のままに設える方法は、現在のテレビ局や国際映画祭が求める「貧困社会を描くために大金をかけるリアリズム映画」という矛盾した笑えないモデルの源流となってしまったとも言えるのだ[17]。晩年のテオ・アンゲロプロスさえが陥ってしまったこの矛盾は、今では映画作家が望み通りの画面を作るために必要な大量の資金は、その回収目的でソフト市場が強いる妥協のために、結局は作家自身を、望み通りにはならない画面を作ってしまう操り人形にしてしまうからである。

一方ジャン・ルーシュの『私は黒人』は、現コートジボワールのアビジャン近郊のトレイシュヴィルに出稼ぎのために滞在するニジェールの若者たちを一六ミリ、サイレントで撮影し、テープレコーダーで別に録音された音は、後に通りで録られた音と混合されて背景音として使われ、その後アフレコでコメンタリーがつけられている。ルーシュ自身が肩に担いだ手持ちカメラの映像とジャンプカット編集がゴダールの『勝手にしやがれ』（一九五九）に大きな影響を与えたのは周知のこと、また『人間ピラミッド』（一九六一）はエリック・ロメール『緑の光線』（一九八六）に、『少しずつ』*Petit à petit*（一九七〇）はジャック・リヴェット『アウト・ワン』（一九七一）にそれぞれインスピレーションを与え、リヴェットには「過去一〇年のフランス映画の原動力であり、模範的な存在」で、「その進化の中でルーシュはゴダールよりも重要だ▽18」と言われ、ヌーヴェルヴァーグら後の低予算映画のリアリズムにとって、ルーシュの「シネマ・ヴェリテ」は大きな拠り所となった。とりわけ植民地の独立と戦争の時代に、人種間友情をテーマとした映画の製作プロセスを導入部とした「演じる人々のドキュメンタリー」である点を明確に示した『人間ピラミッド』は、当時の若い映画作家にとって最も進んだモデルの一つであっただろう。

しかし『私は黒人』を今初めて見る人々にとってその映像は、湾岸戦争以後急速に小型軽量化し、戦場中継の映像を模倣してカメラ酔いを起こさせるハリウッド映画のハンディカメラやドローン撮影、スマートフォンの高画質に同録で撮ることができる現在と比較すれば、ひどく不自由でみすぼらしく感じてしまうのかも知れない。だが逆に、夜景に一六ミリフィルムの不鮮明な画質の光に浮かび上がる、映画中でドロシー・ラムールと呼ばれているガンビの裸体と同様の美しさを、今の高画質映像で目にすることはできない。またアフレコでニジェール訛りの変則的なリズムのコメンタリーが画面と並走しつつ逸脱する（ここにも包括的な運動がある）という、ルイ・アームストロングのジャズからの影響を大いに受けていると語っていたルーシュ自身の映像とサウンドのユニゾン性に観客が敏感なら、歴史的に限界のある手段こそが実現する自由（それは前述したように、かつてのアメリカB級映画からヌーヴェルヴァーグの人々が受け継いだものでもある）が、スマートフォン時代の今も重要であることを理解できるはずである。

『ジャガー』*Jaguar*（一九六七）のジャンプカット編集とコメンタリーのユニゾンはまるでヒップホップ時代以前のラップの如く今でもラディカルだが、現在のYouTuberがそれをコピーすることはないだろう。というのもデジタル時代を生きる彼らにはルーシュの一六ミリが持っていた限界と「リアル」との接点がないからだ。限界を見せることができない映像は後世に参照されることなく忘れ去られる。しかしそんな困難な時代においても、デヴィッド・ヨンがアルジェリア内戦後の夜をさすらう若者と子供を撮った『夜と子供』*La Nuit et l'enfant*（二〇一五）が、デジタルの闇から戦闘の爆発や稲妻の光の中で浮かび上がる人々の一瞬に賭けているように、新しい時代の限界と「リアル」の接点を見出そうと挑む映画が現れてくるのかも知れない。

▽1 アントワーヌ・ド・ベック、ティエリー・ジュス「エリック・ロメール インタビュー『木と市長と文化会館』をめぐって」小林雅明訳『カイエ・デュ・シネマ・ジャポン』一一号、フィルムアート社、一九九四年、一七六頁。

▽2 セルジュ・トゥビアナ編、ジャン＝ポール・ボヴィアラ、ロマン・グーピル、レナート・ベルタ、ジャン＝ベルナール・ムヌー、ヴァンサン・ブランシェとの対話「あるカメラの創生」『ゴダール全評論・全発言Ⅱ』奥村昭夫訳、筑摩書房、一九九八年、五〇九頁。

▽3 アンドレ・バザン「映画におけるリアリズムとイタリア派」『映画とは何か』下巻、野崎歓・大原宣久・谷本道昭訳、岩波文庫、二〇一五年、九四頁。

▽4 アンドレ・バザン「エーリッヒ・フォン・シュトロハイム」『残酷の映画の源流』佐藤東洋麿・西村幸子訳、新樹社、二〇〇三年、二七頁。

▽5 同前、二八頁。

▽6 Leonard Martin, "Interview with Har Mohr," *The Art of Cinematographer*, The Dover Publications, 1971, n.p.

▽7 ジャン・コクトー「裁かるるジャンヌ」『映画について』梁木靖弘訳、フィルムアート社、一九八一年、一一八頁。

▽8 "Dialogue avec Jacques Becker et Jean Queval," L'ecran Français〔12 Juin 1945〕(http://www.la-belle-equipe.fr/2017/04/14/textes-de-jacques-becker-entretien-lecran-francais-1945-1947/).

▽9 ジャック・リヴェット、フランソワ・トリュフォーによるインタビュー「ジャン・ルノワールに聞く」『作家主義――映画の父たちに聞く』奥村昭夫訳、リブロポート、一九八五年、一九頁。

▽10 『ジャン・ルノワール自伝』西本晃二訳、みすず書房、一九七七年、六五頁。

▽11 ルノワールは、ブレヒトが現在は短縮版しかない『ボヴァリー夫人』の完全版に魅惑されていたと証言している（前掲「ジャン・ルノワールに聞く」五九頁）。また、ロラン・バルト『第三の意味──映像と演劇と音楽と』（沢崎浩平訳、みすず書房、一九八四年）所収の「ディドロ、ブレヒト、エイゼンシュテイン」の最後で、バルトはブレヒトが演劇の実験と研究の場として「ディドロ協会」を構想し、そのパンフレットをピスカートル、ルノワール、エイゼンシュテインに送ろうとしていたと書いている（一五四頁）。

▽12 『ジャン・ルノワール自伝』、六六頁。

▽13 ジャン＝リュック・ゴダール「アフリカがあなたに目的と手段を語る」（『ゴダール全発言・全評論Ⅰ』奥村昭夫訳　筑摩書房、一九九八年、四〇二頁。

▽14 アンドレ・バザン「揺れる大地」前掲『映画とは何か』下巻、一三〇－一三四頁。

▽15 “Lettera aperta di Pier Paolo Pasolini a Luchino Visconti,” *Tempo* , n. 47, XXXI , 22 11 novembre, 1969.

▽16 アンドレ・バザン『映画とは何か』Ⅲ、小海永二訳、美術出版社、一九七三年、八四頁。

▽17 例えば、ジャン＝マリー・ストローブは『揺れる大地』と植民地主義的だと批判していた。“conversación con Jean-Marie Straub y Daniéle Huillet, par Valentin Gómez y Ramón Herrero,” *Arc Voltaic*, verano 1977, p. 6.

▽18 Jacques Aumont, Jean-Louis Comolli, Jean Narboni, Sylvie Pierre, “Le temps déborde entretien avec Jacques Rivette,” *Cahiers du Cinéma*, n. 204, septembre 1968; Order of the Exile（http://www.dvdbeaver.com/rivette/ok/TXTINT-time.html）, english translation by Amy Gateff.

フレームを閉じることと開くこと

1 「切り返し」は誘導ツールにすぎないのか

メディアが映像と音を文字情報に従属させ続ける限り、対話を見せるために向かい合う人物を交互に見せる技法＝「切り返し（shot/countershot）」は、これからも劇映画からネットのトーク番組までの大半を占拠し続けることになるのだろうか。フィルム時代の移動撮影が、ワンシーン＝ワンショットにまで発展していった限界への試みは、可能ならいくらでも長く撮り続けられるデジタル時代における限界の希薄化によって姿を消しつつある。一方、切り返しの方はというと、前述のルノワールやブレッソン、小津安二郎のようにそれを刷新する映画作家が現れても、常に例外としてスルーされ、コンテンツ＝会話内容を伝達し聞き手を誘導するツールとして、複数軽量化著しいデジタルカメラ時代の今に至るまで、安易かつ過剰に酷使され続けてきた技法なのだ。

では、かつての例外的な映画作家たちの実践を支えた撮影所システムや、製作に充分な予算に欠けた現在、切り返しの技法はひたすら自らを消去しながら誘導ツールとしての役目を果たしていくだけなのか。

そもそも切り返しという技法を使うか否かという以前に、会話を使って映画または映像作品を作ろうとするとき、第二次世界大戦前後のハワード・ホークスによる『特急二十世紀』(一九三四)、『無限の青空』(一九三六)、『赤ちゃん教育』(一九三八)、『ヒズガール・フライデー』(一九四〇)、『遊星よりの物体X』(一九五一、監督記載はクリスチャン・ナイビーだが実際は製作のホークスが監督)のモノローグ、ダイアローグ、マルチプル・ダイアローグを参照すれば、早口で話すことは身体的なアクションであり、会話シーンとは声のフィジカルな力を見せるものであったと認識できる。ホークスは全体の声を加速させ、重ね、同時多発的にして当時の聴取限界を超えることで現代映画の視覚と聴覚の分離への先駆となった。

しかし、戦争プロパガンダに加担した戦前的なるものからの解放、ネオレアリスモとヌーヴェルヴァーグの通過、加えてテレビの普及により「様式化されていない」「自然な」「演じていないように見える」人物/俳優の全盛時代に至り、ホークスの発明を真に再発見して使うには、ストローブ＝ユイレの『オトン』(一九七〇)のように、映像自らがカメラ前の「上演行為」であると観客に示さなければならなかったはずである(ストローブが『和解せず』のタイトルに引用したベルトルト・ブレヒトの言葉「即興の印象を与えたいと思う代わりに、俳優は本当に何をしているのかを見せるべきだ、つまり台詞を読んでいるということを」が思い出される)。あらゆる様式を包括的な時空間に置いて記録することで、観客に「劇映画とは何か」を示すだけでなく、演劇の延命にも寄与することになるだろう「上演の映画」については五章で再び取り上げよう。

その前にここでは、イングマール・ベルイマンとエリック・ロメールを取り上げたい。それは、彼らがともに会話のシーン=切り返しを作品の中心に置いていたとしても、互いに見る者を対照的な方向に導き、テレビが主要メディアとなった時代の低予算劇映画の模範としても見ることができるからである。実際に彼らは多くの国で、数人の登場人物と会話で成立するインディペンデント映画やテレビドラマに影響を与えている。しかし一方で、後続とされる人々との違いも明確なものである。

2 ベルイマンの場合

例えば一つの部屋にいる男女が会話しているあいだに、一人が相手に接近してゆくというシーンは、ベルイマンの映画にもロメールの映画にも存在する。まずベルイマンの『ある結婚の風景』(一九七三)で、半年会っていなかったヨハン(エルランド・ヨセフソン)とマリアン(リヴ・ウルマン)夫婦が、妻の家で久しぶりに夕食をとるシーンを取り上げてみよう。目立つ色や柄を使わない、ベルイマンの映画ではお馴染みの抽象的なセットの部屋で、食事をとり部屋を移して珈琲を飲みながら近況を語り合う二人のうち、ヨハンがマリアンの座るソファに移る時、画面がほぼ顔で占められるクローズアップに変わると、不意にヨハンの声が近づいたように感じる［図1-4］。背景音＝反響が聞こえなくなると同時に空間は密なもののように感じられ、台詞は長くなってゆき、ダイアローグはモノローグに、そしてつぶやきに近いものとなる。濁音や破裂音が快く聴こえるまでに人物のモノローグを音楽の域に高めるシーンは、このように観客の視聴覚を狭めてゆく演出のプロセスによって支えられている。弁護士であるマリアンが女性記者の取材を受けるシーン、あるいは依頼人から相談を受けるシーンは、いずれもマリアンと会話相手の女性が共に座るツーショットから始まり、その部屋のいずれもが中間色の壁と本棚が背景として設えられているセットでの片方のバストショット、ついで片方の話を相手が聞くという切り返しの編集に移行する。そして前者はマリアンの結婚観、後者は依頼人の結婚の破綻の過程を語るところで、背景が見えなくなるほどの顔の輪郭にフレームを合わせたクローズアップでのモノローグの間に、聞き手の顔を挿入する形で編集され、やはり超クローズアップになると声も近くから聞こえてくる。まるで観客はフレームの外を消去されたかのように操作され、耳と目をフレームの内側に集中させられる。

すでにベルイマンは初期の映画、例えば『インド行きの船』（一九四七）のラスト近く、求愛するヨハンネス（ビルイィェル・マルムステーン）から逃れようとサリー（イェートルド・フリード）が行き止まりの部屋に駆け込むシーンで、前述のように小さな空間に追いつめる演出を使っていたが、おそらくヌーヴェルヴァーグの人々が絶賛した『夏の遊び』（一九五一）の中の、ヒロインのマリー（マイ・ブリット・ニルソン）がボートの上で岸辺から飛び込みを繰り返すヘンリック（ビルイェル・マルムステーン）に出会うシーンと、ヘンリックの死後マリーが現在の恋人ダヴィッド（アルフ・ケリン）と話すバレエ控え室のシーン（現在と過去の恋人を混同するマリーの正面からのクローズアップの台詞は、ダイアローグからモノローグに変化する後のベルイマン作品を予告しているとも言える）が岐路になったのではないだろうか。ボート上のマリーが岸辺のヘンリックと話すシーンでは、揺れるマリーの主観で捉えられたヘンリックと彼の連れた犬のショットと、船着き場を手でつたうマリーのショットの切り返しの連続になっていた。それは一見フォトジェニ

図1-4　イングマール・ベルイマン『ある結婚の風景』（1973）

ックで外景ショットが多いものの全てがコントロールされた『不良少女モニカ』(一九五三)にはもう見られない不安定な画面で、『夏の遊び』の中でもバレエ控え室で鏡に向かうマリーが涙するシーンの計算された照明とは対照的なものだ。そしてこの不安定さこそがヌーヴェルヴァーグの人々の歩んだ道であり、それに背を向けて以降のベルイマンが『この女たちのすべてを語らないために』(一九六四)や『仮面/ペルソナ』(一九六六)のように、いくら劇の「外側」を示唆しようとも、彼の映画において観客をフレームの中に閉ざしてしまう契機となったのではないだろうか。

一九五七年四月にスウェーデンのテレビ局が放送を開始し、初期のテレビに魅了されていたベルイマンは当時、自身の劇団であったマルモ・アンサンブルを率いてテレビ放映用にヤルマール・ベルイマンの一幕もの戯曲『スリーマン氏がやってくる』*Herr Sleeman Kommer* を演出した。翌年には一六世紀イタリアの作者不詳のコンメディア・デラルテを翻案した『ヴェネツィアの女たち』*Venetianskan* を演出している。それらはテレビスタジオ内のセットでカメラを複数台使ってライブ放送されたもので、前述したベルイマンの映画作品のように、より狭い空間に向かって台詞が長くなっていく特徴が現れている。さらに『ヴェネツィアの女たち』ではカメラに向かって登場人物が歌いかけ語りかけるスタイルが見られる。もちろんこれは舞台であれば客席に向かっての芝居であり、後のテレビ放映用の翻案であるストリンドベリの『夢の劇』*Ett drömspel*(一九六三)も同様だが、おそらく当時のテレビとしては実験的な試みであっても、台詞を言う人物を常にカメラが捉えるという演劇の実況中継の原則はいささかも外してはいない。つまり文字情報を伝達するという、メディアとしてのテレビの特性に添ったものである。そこにベルイマンが産院の妊婦たちを描いた『女はそれを待っている』（一九五八）や、見知らぬ国に逗留する姉妹を描く『沈黙』（一九六三）までの少人数室内劇を撮っていき、『仮面／ペルソナ』で「二人でありながら一人」の登場人物を描くに至った理由があるのだろう。

もちろんそれに先立つ『沈黙』がすでに二人の女でありながら実質一人の女の二面性を描いた作品であり、姉妹の会話シーンでは一人の傍らにいるはずのないもう一人が佇むシーンが繰り返されている。不意に現れた姉（イングリッド・チューリン）に対して妹（グンネル・リンドブロム）は映画館で拾った男とのセックスを告白すると、姉はベッドに歩いてゆき横たわる。すると今度は起き上がる彼女の傍らに妹が佇んでいるが、姉の懇願に聞く耳を持たない。片方がもう一方のモノローグに無反応なのは、もう一人が存在していないからであり、つまりもう一人も「別の自分」だからである。『仮面／ペルソナ』はこのテーマを発展させたものである。この作品は最初に映画館で上映されるフィルムであることが示され、看護士のアルマ（ビビ・アンデション）が失語症の女優エリザベート（リヴ・ウルマン）を担当するというシーンから物語が始まる。ベルイマンは静止するエリザベートの顔に当たる照明が次第に暗くなってゆくシーンや、アルマの就寝するシーンの黒画面、または二人がカメラに向かってポーズをとるシーンで、作者による時間の操作性＝虚構性を示し、ついには上映中のフィルムが燃えて切れてしまう。観客は後半の避暑地で起こるエリザベートとアルマの人格の入れ替わりは眠っていたアルマの夢であり、それは上映中のフィルムというフレームの中に閉じ込められると説明されれば納得するのかも知れない。しかし、重要なのは避暑地でアルマが沸騰した鍋を振り上げた時以外はエリザベートが一言も話さず、二人の切り返しで示されるシーンが実質アルマのモノローグになっているという点である。それは二人でいるにもかかわらず会話ではない、フレーム内に閉じ込められ完結したモノローグとなっているのである。

ベルイマンの映画は形而上学的主題を扱いながら、次第に閉所へ向かうに従って長台詞となり、モノローグへと向かう空間と台詞の相関的なコンポジションがフレーム内に観客を引き込み、留らせるのである。さらにベルイマンに影響を受けたアメリカやフランスの低予算映画、あるいはラース・フォン・トリアーやミヒャエル・ハネケといった現代の代表的な作家たちは、とりわけセックスや暴力の可視性に囚われており、フレームに閉じ込められて文字情報に奉仕するクローズアップやその切り返しを、観客／視聴者操作の優劣を競うために使ってしまっている。ゴダールや、条件付きでリヴェットさえもが賞賛したように、▽1トリアーの『イディオッツ』（一九九八）で精神障害者を演じるストーファ（イエンス・アルビヌス）がプールのシャワーで女性に体を洗われ勃起した性器を見せるシーンや、ポルノ専門の俳優が代役し性器の押入が見える乱交シーンは、日本の古臭い刑法のフレームを超えていて現在もスクリーン上映は不可能となっている。あるいはジョセフィーヌ（ルイーズ・ミエリッツ）とジェペ（ニコライ・リー・カース）のラブシーンや家族のもとに帰ったカレン（ボディル・ヨルゲンステルン）が受け入れられない光景を見たスザンヌ（アンヌ＝ルイーズ・ハシング）が「行こう」と促すラストは、若い俳優たちの初々しい身体の反応を捉えたジャンプカット編集で感動的なシーンになっている。しかし以後の『ダンサー・イン・ザ・ダーク』（二〇〇〇）や、とりわけ書割舞台にハンディカメラを用いて演劇ドキュメンタリーを装った『ドッグヴィル』（二〇〇三）といった作品が『イディオッツ』と同様の感動をもたらさなかったのは、例えば『ダンサー・イン・ザ・ダーク』のミュージカルシーンで一〇〇台のカメラを使おうとも、フレームに閉じ込めたスター俳優たちの身体にコントロールできない点＝限界を見出すことができなかったからである。そこでトリアーは「上演の映画」ではなく演劇ドキュメンタリーのダイジェスト映像に近づいてしまうのである。

後に『タイム・オブ・ザ・ウルフ』（二〇〇三）でベルイマンの『恥』（一九六八）の焼き直しをおこなったハネケの『ファニーゲーム』（一九九七）において、確かに息子や主人はブレッソンの『ラルジャン』（一九八三）のようにフレーム外で殺害されるが、食材を漁る犯人の画面とテレビのレース中継の騒音の中で響く銃声によって、あるいは放心した血だらけの妻の顔のクローズアップに延々と続く拷問の大袈裟な叫び声によって、フレーム外空間を聴こうとする観客の耳を抹殺し、逆にフレーム内に観客を閉じ込める。息子殺害後に犯人たちが去った後の夫婦を捉えた固定画面は監視カメラに偽装した位置に置かれ、銃を手に取った妻の反撃は「これは作り物の映像ですよ」と巻き戻される。それは操作する作り手の立場の誇示が、作品を安易な道具としてしまっていることを示すだけなのである。その安易さゆえに、彼らは、例えば一九九〇年にヒル・アンド・ノウルトン社が湾岸戦争開始のキャンペーンに使用した「ナイラ証言」▽2や、イスラム国による人質処刑映像を生み出してしまう悪循環から抜け出すことはできない。それらは意図せずしてテレビ的であり、観客／視聴者を閉じ込める映像の操り人形にしてしまうのだ。

3 ロメールの場合

一方エリック・ロメールは、自分は「言うのではなく、見せる」、つまり「行動し、話をする人々を見せる」▽3のだと語っている。例えば『モード家の一夜』（一九六九）で、語り手の男（ジャン＝ルイ・トランティニャン）がモード（フランソワーズ・ファビアン）と二人きりの部屋で会話するシーンで［図5―8］、モードがベッドに入っている一方で語り手は椅子からベッドの上へと移動して座る。そしてモードにカメラが接近する語り手の肩越しショットから繋いだ同軸上のクローズアップで（ロメールには珍しいジャンプカット）、ベルイマンのように閉ざされる空間に移行してゆくかと思いきや、その後最も近づいたクローズアップで過去の恋人の死を語ったモードのフレーム外への視線と音によって、語り手が離れたことが察せられる。窓辺に降る雪を見るためである。そう、ロメールは切り返しを決してベルイマンのように閉ざされたものにしない。しかしそれは彼が私淑するアルフレッド・ヒッチコックのようにフレーム外の運動を追わせるための視線の運動ではない。それは会話をおこなう人物を、フレーム外にいる相手の言葉を聞くことから考え反応すること、さらに話すことを一連のセットとして一つの画面で捉えること、それによって常にフレーム外が存在し、次の画面が待ち受けていることを示すことである。

もちろんこれは一つの独立した短い画面の中で、互いの台詞を聞き、反応し、答えるまでの変化の過程を捉えるという、前章で述べたジャン・ルノワールからの継承だが、もう一つはロメールが、ジャン・ルーシュがいなかったら『緑の光線』（一九八六）はありえないと語っていたように、ルーシュのシネマ・ヴェリテ、とりわけ『ある夏の記録』（一九六一）に代表されるインタビューの手法を経由するものだろう。つまり一人の人物のもう一人へのインタビューとして切

図5-8　エリック・ロメール『モード家の一夜』（1969）

り返しの画面を撮ることによって、聞く（考える）ことから話すことへの変化を撮る時は、演じる人の「無意識のしぐさ」が捉えられやすいことを、ロメールは知っていた。彼はあるインタビューで言っている。

わたしにとって興味深いもの、それは俳優の無意識のしぐさです。それによってわたしの映画が独自のスタイルを持つのです。さらに気づいてほしいのは、ヌーヴェルヴァーグのわたしの同世代の人たちの作品の大半で、この演技法を見出せます。演劇的すぎるものの対極にあって、人が実際に出会うものです。わたしの俳優が、例えばリヴェットやゴダールのものと極端に違った方法で演じているとは思いません。われわれの世界にはほとんど共通点がないというのにです。[▽4]

ここでロメールは、様式化された「記号言語」になっている演技に対して、無意識のしぐさは「演技のきしみ」であり、役者自身が見えてくるものだと語っている。おそらく一九八〇年代において、「喜劇と格言劇」シリーズのロメールは、切り返しをほとんど使わなかったゴダールとともに、会話シーンにおける聞く（考える）から話すの移行を捉える画面の作業を最も押し進めた映画作家だと言えるだろうが、方法論的にはそれ以前の「六つの教訓劇」シリーズですでに完成されていたのである。『モード家の一夜』に続く『クレールの膝』（一九七〇）の終盤でジェローム（ジャン＝クロード・ブリアリ）がクレール（ローランス・ドゥ・モナガン）の膝を撫で回す有名なシーン［図9］で、ロメールはカメラに対して女を正面、男は背を向けて座るように配置する。これは一章で述べたように、アントニオーニが男女のカップルを撮っていた構図である。そこでは例えば一章で述べたブレッソンの『ブローニュの森の貴婦人たち』（一九四五）の車窓から見えたり消えたりする女の顔の画面にインスパイアされていると思われる『情事』（一九六〇）のレア・マッサリとガブリエレ・フェレゼッティのベッドシーン［図10］のように、人物は硬直した姿勢によってオブジェ化されていた。しかしロメールはその構図を破壊し、膝を撫でる手へとズームアップで接近してゆく。そしてジェロームとクレールの上半身の画面の切り返しへと続き、二人はともに写っていないフレーム外の膝と手の動きに向かって視線を下ろす。ここでもフレーム内に閉じ込められることを拒み、しかも大雨の音でサウンドは覆われているが、ここではほとんど無声映画的な、外へと向かう視線とその動きが完成しているのである。ここでは台詞はなく、とりわけ微妙

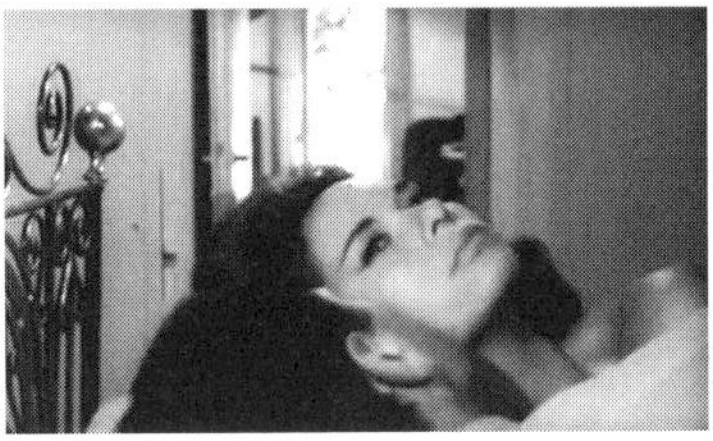

上：図9　エリック・ロメール『クレールの膝』（1970）
下：図10　ミケランジェロ・アントニオーニ『情事』（1960）

に推移するクレールの表情からは、ヒッチコックの映画におけるような、明確な文字情報を読みとることはできない。例え次のシーンでジェロームがクレールと恋人は別れるという勝手な解釈を付け加えていても、実際は彼らの間に何の問題も起きないという物語的なオチが最後に加えられるにしてもである。膝を撫で回す動きと二人の視線の動き、大雨の音という動きの三つが続く数分間は、アントニオーニがオブジェ化した人物を、ロッセリーニの顕微鏡的な動きへと回帰させる。ロメールはしばしばアントニオーニの「実存主義」を否定する立場を語っているが、『クレールの膝』のこのシーンは、アントニオーニの構図を使いながら、アントニオーニが覆い隠したロッセリーニ的な文字情報に回収されない微細な運動を、映画に蘇生させるという意味で見事なアントニオーニ批判なのである。

そしてこの運動が『緑の光線』の太陽が水平線に消えてゆく輝きとそれを見つめるカップル（マリー・リヴィエール、ヴァンサン・ゴーティエ）の切り返しへと繋がっている。ロメールはこの緑の光線の一瞬に「手を加えた」ことを後悔していたというが、▽5このシーンで重要なのはそれを見つめるカップルのほうである。ロメールはここでもロッセリーニ的に、カップルがその時を待ち受けているフルショットからズームしてのバストショットのあいだに海へ沈みゆく太陽を挿入してゆく。そしてついにその瞬間を迎え、望遠鏡的なカメラが捉えた沈む太陽の直線的な動きのあいだに、カメラに向かって並んで座った男女の肩を寄せ合い抱き合う揺らぎの多様な動き（ジャン＝ルイ・ヴァァレロ／ロメールの弦楽曲はその揺らぎに添ったものだ）が現れ、このシーンの美しさを作り上げているのである。

4　その他のフランス人作家たち

ベルイマンの影響下にあった映画作家やその同時代の作家たちは、ベルイマンのフレームに閉じ込める運動からいかに逃れるかで自己を確立したかに見える。「ベルイマンは私の映画作家としての人生にきわめて大きな影響を及ぼしていて、例えば『恋人のいる時間』（一九六四）にはそのいくつかの痕跡を見てとることができます」[6]と語っているジャン＝リュック・ゴダールは、しかしその『恋人のいる時間』でベルイマンとは正反対に、ヒロインのマーシャ・メリルの身体のパーツを写してフレーム外からの声やキャラクターへのインタビューを使い、一人が絶えずフレーム外のもう一人に話しかけ、また登場人物全員がフレーム内にいるときでさえフレーム外からのノイズを響かせ、フレーム外の空間を徹底的に観客に意識させる。また『彼女について私が知っている二、三の事柄』（一九六七）の、人妻売春をおこなうジュリエット（マリナ・ブラディ）が客を待つカフェのシーンでは、コーヒーカップがクローズアップで捉えられ、その時に背景のノイズが消えてフレーム外からゴダール自身がサルトルの「聖ジュネ」を基にした文章をささやき声で朗読している。そしてさらに画面はコーヒーの泡立ちが見えるほどのクローズアップに変わる。つまりそこでゴダールは、ベルイマンのような背景音の消去とささやき声を使いながら、

「泡の形と動きが、さまざまなものを想像させてくれた」[7] コーヒーの泡という、人為的にコントロールされていないカットとテクストの組み合わせによって、映像が文字情報に回収されてしまうことを免れる。この時期のインタビューで、ゴダール自身はロッセリーニに「アントニオーニ的過失すれすれのところにいる」と言われたと述べているが、[8]『彼女について私が知っている二、三の事柄』のゴダールは、このコーヒーのクローズアップによって、液体を見つめながらその流動的な動きを観客／視聴者に発見させることによって、アントニオーニ的な閉鎖状況をも逃れているのである。これはエイゼンシュテインの『全線』（一九二九）の牛乳の流れや、ドヴジェンコの『大地』（一九三〇）の果実から落ちる雨のしずくなどを思い起こさせる。当時すでにヌーヴェルヴァーグの中でほとんど一人だけソ連映画に関心を持ち続け、ユーリア・ソーンツェワの作品をカイエ・デュ・シネマ誌年間ベストテンに入れていたゴダールにのみ可能だったことだろう。

ジガ・ヴェルトフ集団を経て一九七〇年代にアンヌ＝マリー・ミエヴィルとともに撮ったテレビシリーズ『6×2』（一九七六）、『二人の子供のフランス漫遊記』（一九七七）は、ゴダール自身が求職中の人々、農夫や時計職人、科学者ルネ・トムや子供らさまざまな人々にインタビューしてその反応を見るパートが大半を占めているが、例え映像と音が分離していても「切り返し」はなく、時としてフレームの外を示すように映り込む質問者の手を除いては、質問される人物のみが画面に登場する。特に『二人の子供のフランス漫遊記』のインタビュー部分は、質問の論理性が子供たちを追い詰めて動揺させるという点で、不思議にも、パフラヴィー朝時代にアントニオーニの影響下にあったイラン映画の流れから突然変異的に現れた、アッバス・キアロスタミによる『ホームワーク』（一九八九）の先駆的存在と言っても言い過ぎではない。それらのテレビ番組はゴダール流のシネマ・ヴェリテを進化させる試みとなり、その後一九八〇年代の作品には、人物をフレーム内に置き、フレーム外をもう一人または複数の人物が動いてフレーム内の人物の反応を見るという、ロッセリーニ的な画面の連続で切り返しの会話を組み立てる演出と編集が散見される。例えば『カルメンという名の女』（一九八三）のジョー（ジャック・ボナフェ）とクレール（ミリアム・ルーセル）の法廷後の会話シーンや、『ゴダールの探偵』（一九八五）のジム（ジョニー・アリディ）とフランソワーズ（ナタリー・バイ）のシーンの美しさはそこに由来する。

ポスト・ヌーヴェルヴァーグの人々の中で、ジャック・ドワイヨンは最もベルイマンの影響を受けながら、しかし、フレームに閉じ込められることに抵抗した映画作家でもある。特に彼の一九八〇年代の作品、『ラ・ピラート』（一九八四）、『イザベルの誘惑』（一九八五）、『ふたりだけの舞台』（一九八七）の登場人物たちは、互いの肉体をぶつけあいながら部屋から部屋へと激しく移動してゆき、次第に追いつめられるほど台詞も激しく長くなっていく。『イザベルの誘惑』では主役を演じるジャック・ボナフェが「閉じ込められないぞ」と叫びながら部屋から部屋へ走り回るシーンがあり、それを追うウィリアム・リュプシャンスキーのカメラが大きく振られながらも懸命に捉える一瞬が、肉体と声とカメラの動きの三位一体となり、言葉の意味を振り切ってゆく。後年の『ポネット』(一九九六)の子供たちの劇、『ラジャ』(二〇〇三)のモロッコ訛りのフランス語、『ラブバトル』(二〇一三)の男女の格闘もまた、言葉のコンテンツを超えて「語る」という身体の行為を見せることで、文字情報に閉じ込められ安住する作り手たちへの批判として捉えられるのである。

しかし何と言ってもこの世代の傑作はジャン・ユスターシュの『ママと娼婦』(一九七三)だろう。本作の前に作られた『ナンバー・ゼロ』(一九七一)では祖母オデット・ロベールのインタビューを撮影のプロセスも含めて作品化し、後年のフィクション/ノンフィクションの二部作『不愉快な話』(一九七七)では、フィクションをリアルタイムに組み立てることでドキュメンタリー性を露呈させ、ドキュメンタリーを切り返しで撮ることでフィクション化する映像の両面性を主題とし、『アリックスの写真』(一九八〇)では音と映像のズレが観客を非決定性に追いやる地点でのメディア批判にまで到達したユスターシュは、もしかすると『ママと娼婦』の時点では会話シーンでの切り返しという形式を尊重しつつも、この技法そのものを終わらせる野心で、あえてカタログめいた映画を作ったのかも知れない。途中カメラに向かい正面からのモノローグかと思うカフェでのジャン=ピエール・レオーの長い台詞から、ラスト近くのフランソワーズ・ルブランの永遠に続くように感じる泣きながらの有名な長台詞まで、三時間半のあいだに、肩越し、聞き手のみ、語りの間に相手を挿入するなど、切り返しという技法のあらゆるパターンを極めるような映画だが、ユスターシュは決して長い台詞をモノローグという閉じたものにしない。例えば泣きながらいつ終わるともなく台詞を語り続けるルブランの上半身の画面は、両側にいるはずのレオーとベルナデット・ラフォンが映ることがなくとも、両隣に向かって首を振りながら語ることで閉じることを拒みながら、ダイアローグであることを観客に意識させ続けるのである。

ジャック・ドワイヨンの映画は本来ジャック・リヴェットやストローブ＝ユイレのように、それが「上演の映画」だと観客が納得していなければ受け入れるのが難しい作品であり、にもかかわらず日本で公開された一九八〇年代にはそのことの重要性が曖昧にされてしまった。おそらく二〇一六年に代表的な作品が広島国際映画祭を皮切りに東京・京都でも上映された「ディアゴナール」の作家たち、ポール・ヴェッキアリの『カフェ・ド・ジュール』*Le Café des jules*（一九八八）や、ジャン＝クロード・ビエットの『物質の演劇』（一九七七）、ジャック・ダヴィラの『シセロンの田舎』*La Campagne de Cicéron*（一九九〇）といった作品にとっても、製作された同時代に日本で紹介されるためには、おそらく「上演の映画」という概念を観客が通過することが必要だったろう。

一方でユスターシュは、ジャン＝クロード・ルソーや、『彼女は陽光の下で長い時間を過ごした』（一九八五）までのフィリップ・ガレルのようにアメリカ実験映画の影響下にあった人々を除くと、作品制作のプロセスをも被写体とすることに最も意識的な、ゴダール以後のフランス最後の自己批判的＝メディア批判的な作家だった。しかしその側面が理解されなかったのは、公開当時の映画批評が多メディア時代を予想し、対応できなかったからである。以後のゴダール的な自己批判的＝解体的な映画は、ストローブ＝ユイレを経由して、ドイツのハルーン・ファロッキやハルトムート・ビトムスキーらに受け継がれたと言えるだろう。

5　カサヴェテスとアルトマン

さらに同時代のアメリカ映画については、ジョン・カサヴェテスとロバート・アルトマンが、ベルイマンの影響を受けながらも、前述したフランスの作家たちと同様に、閉じ込められることを逃れる動きによって自己を確立したのは周知だろう。カサヴェテスの場合は、例えば『オープニング・ナイト』（一九七七）で女優マートル（ジーナ・ローランズ）が事故で死んだファンの娘の姿を楽屋で見るシーンのように、例え会話シーンが切り返しで撮られていたとしても、次第に台詞を話していない人物のディテールが大きく迫ってくる。そして『フェイシズ』（一九六八）の自殺未遂を発見され介抱されるマリア（リン・カーリン）や、『こわれゆく女』（一九七四）で狂気の発作に陥るメイベル（ジーナ・ローランズ）のシーンのように、リアルタイムの再構成で捉えられたパフォーマンスの、これも台詞を言っていない時の身体の微妙な動きがスクリーン上でクローズアップされる時、文字情報は超えられるのである。またアルトマンには『イメージズ』（一九七二）、『三人の女』（一九七七）という、映画作家本人がベルイマンからの直接的影響を語っている二作があるものの、その後の演劇の映像化作品である『わが心のジミー・ディーン』

（一九九二）から『軍事法廷／駆逐艦ケイン号の叛乱』（一九八八）において、ベルイマンのテレビ用演劇とは反対に、やはり台詞を話していない時の人物に向かってのズームアップが、俳優たちの身体の微妙な動きを捉えている。それは『名誉ある撤退：ニクソンの夜』（一九八四）のフィリップ・ベイカー・ホールの一人芝居であっても、演技者本人もコントロールしえないだろう台詞を言う身体の細部を突然見せるのである。例外はおそらく『軍事法廷／駆逐艦ケイン号の叛乱』のラスト近くのパーティーで、騒音の中でエリック・ボゴシアン演じる弁護士が被告人ジェフ・ダニエルズを糾弾するシーンである。そこではボゴシアンがダニエルズの後を追いかけ回して長台詞の速射砲を浴びせるところをズームアップの連続で追いかける運動が、フレーム内に閉じ込められまいとする戦いを具現化している。同時にそれは、次章で述べる一九七〇年代以降のアメリカ映画の追跡シーンにおける不自由と、フレーム外に人物が出てしまうブレッソン的な運動を、当時の（そして現在も）アメリカ映画／テレビが許容することはなかったという証明でもある。

そしてカサヴェテスやアルトマン以後、アメリカの大半のインディペンデント作家たちからはこのフレームに閉じ込められまいとする戦いを見てとることができず、観客を操り人形とすることに加担してしまっているのである。もしも例外的な作家が出現するとしたら、かつてのモンテ・ヘルマンやロバート・クレイマー、あるいはロブ・トレジェンザのように、アメリカで映画を撮ることが困難となってしまうだろう。実際にトレジェンザは最新作『Gavagai』（二〇一六）

をノルウェーで撮っている。ドナルド・トランプが二〇一六年の大統領選挙運動中に「我々はリアリティ・テレビが全ての世界にいる」と宣言できたのは、アメリカがフレームの外を創造する／想像させる映像の作り手を追い出してしまったからである。トランプがすべての情報を嘘／フェイクと宣言することで自らの権力を安定化させることができたのは、アメリカの、そしておそらくフランスや日本も含めた国の情報を発信するメディアが自らの「フレーム外」を創造することができないためである。フレーム外を創造する／想像させるのは、現代映画に担わされた仕事なのである。

▽1 ゴダールについてはエマニュエル・ビュルドー、シャルル・テッソンによるインタビュー「映画の複数の前途」（廣瀬純訳『カイエ・デュ・シネマ・ジャポン』三一号、勁草書房、二〇〇一年、一二三〇―一二三一頁）、リヴェットについてはエレーヌ・フラッパによるインタビュー「ジャック・リヴェットとの対話2――秘密と法」（松井宏訳『NOBODY』二七号、二〇〇九年、七二―七三頁）を参照。

▽2 「ナイラ証言」とは、「ナイラ」なる当時一五歳の女性が一九九〇年一〇月一〇日に非政府組織トム・ラントス人権委員会（英語版）にておこなった証言。イラクによるクウェート侵攻後、「イラク軍兵士

がクウェートの病院から保育器に入った新生児を取り出して放置し、死に至らしめた」と証言し、その経緯を涙ながらに語った事で知られる。これをきっかけに国際的な反イラク感情とイラクへの批判が高まり、それまで無関係に近かったアメリカを中心にイラクへの攻撃支持の世論が喚起された。この「証言」は裏付けの取れたものと国際的に認識されていたが、クウェート解放以後マスコミが同国内に入り取材の結果、虚偽の「証言」であった事が発覚した。

▽3 エリック・ロメール「ある批評家への手紙――「教訓話」シリーズについて」『美の味わい』梅本洋一・武田潔訳、勁草書房、一九八八年、一〇三頁。

▽4 アントワーヌ・ド・ベック、ティエリー・ジュス「エリック・ロメール インタビュー『木と市長と文化会館』をめぐって」小林雅明訳『カイエ・デュ・シネマ・ジャポン』一一号、フィルムアート社、一九九四年、一七五頁。しかし彼らヌーヴェルヴァーグの人々にとって誤算があったとしたら、俳優たち自身の「無意識のしぐさ」やリズムをも、メディアとりわけテレビによって、すでに画一化されていたのではないかということであろう。実際にフランスの映画において、一九六〇年代に活躍した俳優たちに比べて一九八〇年代の俳優たちが現在ではほとんど残っていないことが、そのことを示唆しているると言えるのではないか。

▽5 実際にカナリア諸島まで行って緑の光線を撮影したフィリップ・ドマールによると、一六ミリフィルムで撮られた光があまりにも短かったので拡大してスローモーションによって引き伸ばしたとのこと。Philippe Demard, "La vraie histoire du « Rayon vert»," *Liberation*, 14 mars, 1998.

▽6 『ゴダール映画史（全）』奥村昭夫訳、ちくま学芸文庫、二〇一二年、二〇六―二六一頁。

▽7 同前。

▽8　ジャン・コレ、ミシェル・ドラエ、ジャン＝アンドレ・フィエスキ、アンドレ・S・ラバルト、ベルトラン・タヴェルニエによるインタビュー「ジャン＝リュック・ゴダールに聞く――初期の四本の映画がつくられたあとで」『ゴダール全評論・全発言I』奥村昭夫訳、筑摩書房、一九九八年、五二二頁。

想像力は消えた──アメリカ映画史における追跡と撃ち合い

1　ウォルシュの「追いつけない」追跡

　ラオール・ウォルシュ監督『恐怖の背景』 *Background to Danger*（一九四三）は、ウォルシュ自身と『バワリイ（阿修羅街）』（一九三三）の川にダイブするシーンで病気になって以来仲が悪かったらしいジョージ・ラフトとの五度目の作品である。トルコを舞台にした対独プロパガンダ・スパイ映画の一本で、『カサブランカ』（一九四二）同様この種のジャンルの常連シドニー・グリーンストリートとペーター・ローレがナチスとロシア人を演じている。エロール・フリンが当初は主役を演じる予定だったがラフトに交代し、ただのビジネスマンという設定だったのがラフトの主張で合衆国諜報員に変更されたという。クライマックスでグリーンストリートにペーター・ローレを撃つように強要されたジョージ・ラフトが引き出しの拳銃コルトに手を伸ばすのだが、フルショットになるとそれが突然ルガーに変わってしまうという、いかにも作品の再生はおろか見直されることさえ考えもしなかっただろう時代の編集があるにもかかわらず、この映画が感動的なのは、同じくウォルシュと何度もコンビを組んだエロール・フリンのような俊敏な身のこなしは望めないラフトを主演に、ウォルシュがいかにして止まらないアクションや追跡シーンを作り上げたのかということにある。追手から逃れるために列車から飛び降りるジョージ・ラフトと、それを追いかけるドイツ兵たちとの距離が急に開くように見えるシーンは、敵の屋敷から脱出して追手とのカーチェイスの末に振り切るシーンと同じく、この時代からのウォルシュの活劇に見られる特徴である。

イスタンブールに向かう列車に乗車したジョージ・ラフトは自分がマークされていると悟り、走行中に窓を壊して外にぶら下がり（無論セット、列車の外側はミニチュアである）、手下がハンドブレーキを引くといち早く飛び降りる。続いて兵士二人も飛び降りる画面に続きラフトが走り去る画面が続き、次いでトンネルをくぐり抜ける画面、後を追う兵士たちの画面の後に、初めてトンネル内で追われる者と追う者たちが同一画面に捉えられる。その後斜面を駆け上がるラフトの画面、同じ道を駆け上がる兵士たちが続くが［図1―8］、そこで見ている視線が追いつけないように感じるのは、一つにはまさに被写体が画面中央を走り抜けた瞬間、つまり観客にとって最も捉え難い正面の一瞬を超えた辺りで画面が切断され、次の動く画面へと繋がれるからである。

もう一つは追われる者と追う者とが別々の画面で見せられているためだ。その間の距離はフレ

図1-8　ラオール・ウォルシュ『恐怖の背景』(1943)

ーム外＝観客の想像上にあり、追う者と追われる者を同一画面でいつどのように示すのかが演出にとって決定的なのである。追う兵士たちが斜面を駆け上がった瞬間に、続く画面は追われるラフトをロングショットで見せることで、急に両者の距離が離れたように感じるのだ。後のカーチェイスシーンでも、追われるラフトとブレンダ・マーシャルが運転する車と追手たちの車が同じフレームに入るのはほんの一瞬であり、後はこれでもかと言わんばかりの急カーブの連続を、追われる車と追う車がそれぞれ別の画面で捉えられる。「カーブを走る車」とは、観客の正面に車が向かってくる運動と左右に移動する運動の「速さの頂点」を見せる運動であり、認知することが最も難しいこの「速さの頂点」で動きを繋ぐという編集が、観客の視線に「追いつけない」という感覚をもたらすことをラオール・ウォルシュは知っていたかのようだ。そしてこれは後にマーティン・スコセッシと編集のセルマ・スクーンメイカーが『グッドフェローズ』（一九九〇）、『カジノ』（一九九五）の時期に、おそらくファスビンダーの影響による垂れ流しのサウンドトラックとナレーションによって目指した速さでは実現できなかったものなのだ。

一九四〇年代からのウォルシュ作品の追跡シーンは、『ハイ・シェラ』（一九四一）や『戦場を駆ける男』（一九四二）、『遠い太鼓』（一九五一）や『世界を彼の腕に』（一九五二）等々、思いつくまま挙げればきりがないが、その「追いつけない」という感覚は、一方で実際に我々の視線が運動に追いつかないことから来るのである。例えば『戦場を駆ける男』でドイツ爆撃のために集合命令を受けたロナルド・レーガンが着替えているエロール・フリンをからかうシーンで、会話は切り返しのショットだが、双方が早口の上に語り終わる前に相手へと切り替わったり、画面上の語り出しがカットされ声がズリ上がって先に出たりするために、観客は会話のカットに追いつくことができない。ウォルシュはその時、追跡シーン同様に「追いつけない運動」として会話シーンを創造しているのである。

2 古典映画の追跡と撃ち合い

追う者と追われる者が別の画面で示され、それぞれの運動は視線が最も捉え難い瞬間に、時には不在の瞬間を介して繋がれる。このハリウッド古典アクションにおける最も速い映画は、その後どうなったのか。実質的に主要メディアが映画からテレビに取って代わった一九七〇年代とは、アメリカ映画がこの「追いつけない運動」を支えた不在の距離や瞬間を喪失してしまった時期に当たるだろう。

例えば特機部や編集としてウォルシュの七本の作品に参加したドン・シーゲルは、とりわけ車の走行シーンにおけるウォルシュ作品の速さの感覚を、一九四〇年代から受け継いでいたように見える。『仮面の報酬』（一九四九）でのカーチェイスは、それまでの一本道でのジョーン（ジェーン・グラハム）とデューク（ロバート・ミッチャム）の呑気な会話から一変し、急カーブ／急ブレーキ音の連続となる。『ボディ・スナッチャー：恐怖の街』（一九五六）の主人公マイルズ（ケヴィン・マッカーシー）とベッキー（ダナ・ウィンター）が宇宙植物に体を乗っ取られてしまった町の住人たちに追われ走って逃げるシーンに車の走行はないが、奥から手前にそして時に大きく手前を横切って走る二人と町の住人たちがシネマスコープの画面に交互に示される。そしてマイルズがベッキーと離れて一人で敵の様子を見に行くことが文字通り二人の運命を分かつことになる。カメラがマイルズを映している間にベッキーは「別人」になってしまうのだが、それが判明するのは別々に映されていた二人が再び一つになって地面に倒れ込みキスを交わすまさにその瞬間なのである。

『殺し屋ネルソン』（一九五七）で、スー（キャロリン・ジョーンズ）の助けを借りて護送中に警官を拉致して脱走したネルソン（ミッキー・ルーニー）が車内で手錠を外すと、続く画面でいきなりカメラに向かってきた車がカーブを曲がると同時に扉から警官が投げ落とされてくる。この『殺し屋ネルソン』のラストの追跡からネルソンの死、あるいは『殺人捜査線』（一九五八）のマクレーン（リチャード・ジャッケル）が運転する犯人たちの車と警官隊のカーチェイスもまた、カーブの多用、追う者と追われる者の分離がなされて息つく暇もないほどだ。『マンハッタン無宿』（一九六八）の保安官助手クーガン（クリント・イーストウッド）と犯人リンガーマン（ドン・ストラウド）のバイクによる追跡シーンは、二人がワンフレーム内に捉えられているショットが多いが、それは後半で一人になったリンガーマンの不意をつくクーガンの攻撃の伏線になるからである。一九七三年の『突破口！』のラストでは、チャーリー（ウォルター・マッソー）のセスナ機をモリー（ジョー・ドン・ベイカー）の車が追いかけるシーンがあり、至近距離の追跡ゆえにセスナと車の双方の部分が当然一つのフレームに入ってしまうところを、顔や運転する手足、タイヤや尾翼のクローズアップを挿入することで、追う者と追われる者の距離を観客に容易に測られることを妨げているように見える。つまりそこでも、何としても追う者と追われる者を分離せんとするシーゲルの意志が見えてくるのである。

古典映画の追跡シーンでは、別々に示されていた追う者と追われる者が一つのフレーム内に捉えられる時、それは二人の間の距離が観客に示されるだけでなく、両者にとって決定的な何かを示す瞬間である。シーゲルの『ダーティハリー』（一九七一）のラストの刑事と犯人の対決もそうだが、特にアメリカ映画の場合、追跡から銃による撃ち合いへと発展する、いわゆる決闘シーンもまたそのヴァリエーションとみなされるだろう。古典映画作家たちは、観客に対して両者の間の距離をいつどのように示すかという、速さと凝縮した演出の瞬間で己の技量を示してきたのである。

ハワード・ホークスの『赤い河』（一九四八）でダンソン（ジョン・ウェイン）が後を追って声をかけるヴァレンス（ジョン・アイアランド）を振り向きざまに撃つ後退移動撮影のワンショットが典型であるが、この点についてジョン・フォードの映画は他者の追随を許さないだろう。『三悪人』（一九二六）のブル（トム・サンチ）が銃弾を浴びながら妹の仇であるハンター（ルー・テリジェン）を引き寄せて仕留めるシーン、『悪に咲く華』（一九三〇）の至近距離からの撃ち合いの瞬間を暗闇と白昼の両方で見せる二つのシーン、『駅馬車』（一九三九）の疾走とモニュメント・ヴァレーの真っ白な背景が距離感を消去する追跡と、距離がつまる前にリンゴ（ジョン・ウェイン）が身を投げ出して銃声だけが聞こえる夜間の決闘シーン、『幌馬車』（一九五〇）のトラヴィス（ベン・ジョンソン）とサンデー（ハリー・ケリー・Jr）が撃ちまくる画面の後、同じフレームでトラヴィスが二挺拳銃を相手に撃ち込むところで誰が誰を撃っているのか判明するシーン……、そして『荒野の決闘』（一九四六）のワイアット・アープ（ヘンリー・フォンダ）やドク・ホリデイ（ビクター・マチュア）がクラントン（ウォルター・ブレナン）一家と対決しようと歩いてゆくプロセスにおいて、やはり両者の距離は容易に示されず、両者が同じフレームに入って撃ち合いが始まるまさにその瞬間に、その場所を通りかかった汽車の煙が視界を覆いつくすのである。さらに後年の『リバティ・バランスを射った男』（一九六二）では、ランス（ジェームズ・スチュワート）がリバティ・バランス（リー・マーヴィン）に向かって歩いて行くプロセスを同じフレーム内のワンシーン＝ワンアクト＝リアルタイムの一幕として構築する。それは次章で取り上げる西部劇の「上演の映画」として、そのシーンを、バランスを背後から撃ったトム（ジョン・ウェイン）の角度から反復構築するための厳密な演出だったのである。

またフォードと同じく無声映画時代から活躍した巨匠たち、アラン・ドワンやヘンリー・キングは、西部劇において撃ち合う者たちを同一フレームで示さないなら、生き残らせる人間に後で銃を抜かせる方がよいと考えていたかのようにシーンを作っている。ドワンの『バファロウ平原』（一九五四）でヒロインのシェラ（バーバラ・スタンウィック）は先に銃で撃たれるが、続く画面ですぐさま何もなかったかのように相手を撃ち殺す。キングの『拳銃王』（一九五〇）でエディ（リチャード・ジャッケル）に相対するリンゴオ（グレゴリー・ペック）が拳銃を抜く姿は見られない。リンゴオが抜くのを観客が見ることができるのは、彼自身が撃たれて死んでゆく時だけである。ドワンとキングはそれぞれ至近距離の対決シーンを撮っていて、ドワンの『逮捕命令』（一九五四）では教会の鐘を挟んで立ったダン（ジョン・ペイン）があわやの危機に陥るもマッカーシー（ダン・デュリエ）の銃弾をその鐘で跳ね返すし、『拳銃王』とともにワンシーンをワンアクト＝リアルタイムの一幕として構築しているキングの『無頼の群』（一九五八）では、何と銃を抜くモーションを起こしたジム（グレゴリー・ペック）と相手を別アングルで途中からジャンプカットでつなぐという荒技で驚かせる。それらは同一画面に戦う二人が捉えられてなお、もちろん前述したウォルシュ同様に再生装置の普及など考えもしなかった時代の産物と一笑に付されてしまうかもしれないが、しかし一過性の瞬間に賭けた演出の試みの凄みは、時代の限界に刻みつけられた記録として残るのである。

『西部魂』（一九四一）のフリッツ・ラングもまた、リチャード（ロバート・ヤング）の拳銃が弾切れになったのを見せた後で撃たれた相手が倒れ込むのを見せるが、本来ラングの厳格なフレームと論理的な展開は、フレーム外からの思いがけない決定的な一瞬の動きを呼び込むためのものである。『死刑執行人もまた死す』（一九四三）の拳銃を構えたグリューバー警部（アレクサンダー・グラナック）とフランツ（ブライアン・ドンレヴィ）ら二人の対決が第三者の介入で終わる結末、『マン・ハント』（一九四一）のキーヴ＝スミスや『ムーンフリート』（一九五五）のアシュウッド卿（どちらも演じているのはジョージ・サンダース）が両作品の主人公に放つ一撃（『ムーンフリート』の場合はフレーム外ではないが同軸上で剣を抜くバストショットが挿入される）、『怪人マブゼ博士』（一九六〇）の銃撃戦でミステルツヴァイク刑事（ウェルナー・ペータース）の銃が弾切れになる瞬間にヘンリー（ペーター・フォン・アイク）が援護射撃の銃弾を放つシーンなど、フレームがより厳格かつ論理的で出口がなく閉じられていると思われるほど、その外からの一撃は、思考の閉域＝フィクションを破る現代性を帯びているのである。

3　ウェルズとアルドリッチ

ところで、第二次世界大戦中から戦後にかけて映画作家になったアメリカ人たちの中で、ハリウッドのシステムからドロップアウトしたオーソン・ウェルズやニコラス・レイのような人々は、観客を映像に無知なままにしておき操作するための戦争プロパガンダに転用可能で、文字情報へと容易に還元可能な古典的映像の世界に抵抗し、そこから抜け出すためには、映画を自己批判的／多義的なものにするしかないことを知っていたのだろう。しかし一九六〇年代以降の映画が娯楽メディアの頂点からは転げ落ちても、いまだ巨大産業であり続けるアメリカでは、そうした抵抗は自主製作かヨーロッパに渡るかワークショップの形で実現するしか道がない。ウェルズがヨーロッパに渡って撮った『審判』(一九六二)で、K(アンソニー・パーキンス)が子供たちに追われて光と影の迷路を駆け抜ける時、追われるKと、編集で動きや声を速められたにもかかわらず追いつかない子供たちが同一フレームに入るのは途中の一画面と、眩い光が差す横穴から手を出す子供たちの側をKが走り抜けていく映像が、闇の中で光の扉が並んでいる横移動にオーヴァーラップする最後だけである。このウェルズの編集はウォルシュの映画のように古典的ではあるが、しかし、無声映画時代の表現主義的な光と影と子供たちの速い動きが、追跡それ自体をスペクタクル化する。また死刑判決を受けたKが二人の男に脇を抱えられてただ歩いてゆくラスト近くのシーンでは、右から左へと近づき遠ざかるカメラが、歩いてゆく三人を捉える固定ショットの積み重ねの距離と位置と光と影がやはり古典映画的でありながら、フリードリヒ・ウィルヘルム・ムルナウの映画のように、人物の背景空間それ自体を主張するのである。

また、他人のフィルム＝ファウンド・フッテージを使って編集し、しかも自分が語った内容を嘘だと宣言する『オーソン・ウェルズのフェイク』(一九七三)や、一九七〇年に自主制作を開始したものの生前に完成できず、ピーター・ボグダノヴィッチ、オヤ・コダール、フランク・マーシャルら当時のスタッフによって四八年後の二〇一八年に完成した『風の向こうへ』は、ともにウェルズ特有の、一人の人物の速いアクションの間に別の人物のさらに速いアクションを挿入するといった動きの積み重ねでシーンを構築する。例えば『オーソン・ウェルズのフェイク』の冒頭では、ウェルズ自身が子供に手品を見せるアクションの間にオヤ・コダールが列車の窓から話しかけ、さらにフランソワ・レシャンバック率いる撮影隊が加わるが、三者の距離が同一フレーム内で見せられることはない。あるいは『風の向こうへ』なら、ジョン・ヒューストン扮する主人公の映画監督が記者会見の際に若い監督（ピーター・ボグダノヴィッチ）と記者（スーザン・ストラスバーグ）に話しかけられるシーンで、一人が話す途中ですぐもう一人が話し出す素早いアクションが挿入／交差し、カメラは三者の顔に近づきながらもその距離は見せられることがない。これはいずれも『上海から来た女』（一九四七）に始まり、『オセロ』（一九五二）以降は長期間に少しずつ撮った断片を編集して制作する方法となるウェルズ作品に適用されることになった手法である。そこでは、確かにアクションは速くとも、観客は複数の人物の同時多発的（実際は順列）的な動作の連鎖を見ることになるため、実際にはアクションの速さとプロットの進行が分離してしまうのである。それはむしろ、ウォルシュやシーゲルらの速い古典映画の系列ではなく、ニコラス・レイの遺作『ウィ・キャント・ゴー・ホーム・アゲイン』（一九七三）における、現れては消えるマルチスクリーン上の断片の運動を追わせようとする意志に近い。レイの映画は、『危険な場所で』（一九五一）の夜の闇に彩られたメアリー（アイダ・ルピノ）の見えない目の瞳の震えから、『にがい勝利』（一九五七）のリース（リチャード・バートン）とブラント（クルト・ユルゲンス）の砂漠の嵐での生存と憎悪の葛藤まで、「進む方向が定まらない複数の運動」を観客に追わせようとしていた。だから『ウィ・キャント・ゴー・ホーム・アゲイン』は、システムをドロップアウトして実験映画に逃亡した敗残者の作品ではなく、ニコラス・レイの到達点として見るべき映画なのである。

一方、レイと同世代のロバート・アルドリッチは『アパッチ』（一九五四）のマサイ（バート・ランカスター）とアル（ジョン・マッキンタイア）が対決するコーン畑から『カリフォルニア・ドールズ』（一九八一）の女子プロレスのリングまで、衆人環視のフィールド内での人間たちの戦いを描いてきたが、そこでも決定的な瞬間をいつどのように見せるかが問題となっていた。『ヴェラクルス』（一九五四）のベン（ゲーリー・クーパー）とジョー（バート・ランカスター）の決闘は、『カリフォルニア・ドールズ』のリング同様に周囲を取り囲んだマルチカメラで撮影され、どちらが勝者となるかを決めるのはロングショットとなる銃撃や回転エビ固めの瞬間ではない。ダナ（ロック・ハドソン）とブレンダン（カーク・ダグラス）の決闘を描く『ガン・ファイター』（一九六一）で銃撃の瞬間に見られるのは彼らを待つ女たちの反応である。また『ワイルド・アパッチ』（一九七二）でマッキントッシュ（バート・ランカスター）がアパッチたちを馬で追跡するシーンでは、両者が同一フレームに捉えられるのは、追われる者がライフルの射程距離を逃れてしまった瞬間である。最も顕著なのは『燃える戦場』（一九七〇）で、日本軍の銃弾を避けられない平原を走り抜いて自陣に戻ろうとするサム（クリフ・ロバートソン）とトッシュ（マイケル・ケイン）がロングショットでしか示されないため、最終的にどちらが生き残ったのかが判明するのはその一人がクローズアップで示された時なのだ。

また『傷だらけの挽歌』（一九七一）や『合衆国最後の日』（一九七七）のように、アルドリッチの映画では、こうした逃げ場のない場所で周りを囲まれて主人公が狙撃される光景が描かれる。そこで彼は、ウォルシュ〜シーゲルの速さとウェルズのアクションの速さ＝スペクタクル化の間に留まろうとしていたように見える。しかし一方でアルドリッチは、同じ一九七〇年代にシーゲルの助監督だったサム・ペキンパーが時の断片をジャンプカット編集してスローモーション＝スペクタクル化し、動きの省略と選択によって、メディアが追うことのない無名者＝エキストラの死を看取ることを選んだのに対しては、古典映画の距離と空間を提示する方法を守っていたとも言えるのである。

『ロンゲスト・ヤード』（一九七四）の囚人対看守のフットボールの試合で、観客は競技場の全体と選手、観客、電光掲示板やアナウンサーや放送を聞く刑務所内の囚人たちの間の距離を見てとることはできないが、プレーが開始されボールが投げられると運動の線が描かれ、クローズアップからバストショット、ロングショットへと繋がれる編集を追っていくことになる。作戦会議の円陣シーンも同様である。クローズアップでクルー（バート・レイノルズ）が「死んだり倒れたヤツらのために」と叫び全員が呼応するショットへ、すぐに皆が散ってゆくとズームバックがそれを追う。だから『ロンゲスト・ヤード』のラストで、ボールを拾いに行くクルーの刑務所逃亡を疑い射殺を叫ぶ所長（エディ・アルバート）と銃を構える看守（エド・ローター）がカットバックで示され、しかし何事もなくクルーが合流する画面は、所長の権力が崩壊する決定的なシーンであり、その後で去ってゆく勝者と座り込む敗者が再び別々の画面で示される時、追跡シーンと同様の論理学が貫かれている。つまりこの映画で反復されるプレーのかけ声や円陣の拍手、スタンドの女装チアリーダーや刑務所の囚人たちの声援を挟み込んで乗せたモンタージュ、特に前述のクローズアップから始まり俯瞰のロングショットが繋がれる時のリズムは、スペインで実質的には自主制作した『オーソン・ウェルズのフォルスタッフ』（一九六五）の合戦シーンの兵士の一挙手一投足によって奏でられる視聴覚音楽に近づいている。しかし、それによって古典映画のメディアとしての情報伝達機能を放棄してはいないのだ。アルドリッチは当時のインタビューで、ロバート・アルトマンの『ギャンブラー』（一九七一）のマルチトラック・サウンドを苛立ちながらも認めていたように、[▽2]新しい知覚と伝統が培ったものの間で「決死の綱渡り」を試みていたように見える。そのマルチトラック・サウンドは、アメリカ映画の父デヴィッド・ウォーク・グリフィスの遺作『苦闘』（一九三一）の、大勢の人々が会話するパーティーシーンのモノラル・サウンドですでに予告されていたことである。しかしその趨勢にあえて反時代的な姿勢をとったことこそが、イギリスやイタリア、ドイツでの制作を経ながらも、アルドリッチが完全にハリウッドから追放されず、そのシステムを使うことができた理由だったのかも知れない。

4　距離の可視化と操られる人々、可能性は？

サム・ペキンパーの『ガルシアの首』（一九七四）のラスト近く、ベニー（ウォーレン・オーツ）は周囲を敵に囲まれるという先述したアルドリッチ映画のシチュエーションにおいて、一発も被弾せずに全員を倒してボス（エミリオ・フェルナンデス）を撃ち殺したものの、結局殺される。ペキンパーは続く『キラー・エリート』（一九七五）で、途中で死んだミラー（ボー・ホプキンス）が蘇るラストを実現できず、アルドリッチが西ドイツで撮った『合衆国最後の日』同様にヨーロッパ（イギリスと西ドイツ）で制作した『戦争のはらわた』（一九七七）に至ってやっと、途中で撃ち殺された子供をラストで再登場させ、自ら虚構を暴くブレヒト的な意匠を見せることができたのだが、一九八四年にはこの世を去ってしまう。一方、アルドリッチはその一年前の一九八三年に死去していた。

同じ頃、俳優＝監督のクリント・イーストウッドは『ダーティーハリー4』（一九八三）で、やはり周囲を敵に囲まれながらも、涼しい顔でS&W44マグナムを使って全員を撃ち倒し「Make my day」と台詞を決めていた。『荒野のストレンジャー』（一九七三）、『ペイルライダー』（一九八五）の幽霊ガンマン、『ガントレット』（一九七七）の車でもバイクでもいくら銃弾を浴びても死なないカップル（ヘリコプターからの狙撃は至近距離からにもかかわらず二人には当たらない）、それにやはり弾がまったく当たらないユーモラスな脱出劇やソ連軍の人々とのやりとりがもはやコメディに近い『ファイヤーフォックス』（一九八二）など、観客に自らのフィクションをほとんど疑わせるに近いこの初期のイーストウッドの姿勢は、しかし逆に、『バード』（一九八八）以降のイーストウッドを急変させ、映画の真実性への問い、つまりワンシーン＝ワンアクトのリアルタイムの追求へと導くことになるのである。一方でこの自らのフィクションを疑わせる姿勢は、後の世代であるブライアン・デ・パルマが共有していたものである。

デ・パルマは本来コメディの作家でありながら『虚栄のかがり火』（一九九〇）のようなジャンルとしてのコメディでは笑いに辿り着けないが、『悪魔のシスター』（一九七三）のラストで殺人犯を待ち続けて忘れられているチャールズ・ダーニングのように、または『レイジング・ケイン』（一九九二）の銃弾が紆余曲折を経て目標を外れる時のように、あるいはフランスで撮った『ファム・ファタール』（二〇〇二）の全裸で川から落ちた女がなぜかバスタブに浮かび上がる時のように、また『パッション』（二〇一三）で絞殺される瞬間に携帯電話をタッチする足の指のように、ホラーやスリラーのジャンルを通過し観客に自らのフィクションを疑わせる時にだけ、笑いに到達できるのである。デ・パルマは、フランシス・フォード・コッポラやアベル・フェラーラのように、現在のアメリカでは数少ない「語る＝文字情報の伝達ではない」という姿勢を持つ映画作家だが、だからこそ自国で映画を撮ることができなくなっているのである。

映画を戦争プロパガンダに利用した人々は、今日と同様に観客をどのように操るかだけを考えていたし、これまで述べたように、例え大半の観客が気づくことなく、真剣に論じたりしなかったにしても、アメリカ映画が描いてきた「追う者と追われる者」、または「撃つ者と撃たれる者」との距離を想像させ、どのように見せるのかは、古典映画の命脈だった。それは先述したように、テレビ時代の一九七〇年代に危機的状況を迎える。おそらくはスティーブン・スピルバーグがトレーラーに追われる主人公を描いた『激突！』（一九七二）以来『レディ・プレイヤー1』（二〇一八）まで追う者と追われる者を同一フレームの中に捉え続けることで、両者の距離を常に視覚化してしまったからである。スピルバーグの第二作『続・激突！カージャック』（一九七四）は追われる夫婦と警官の乗ったパトカーに対して、追う警官隊は一定の距離でついてくるため、同一フレーム内に両者が捉えられ続ける。また『ジョーズ JAWS』（一九七五）以降の作品については、『１９４１』（一九七九）を除けば、『激突！』と同様に、しばしば追う者あるいは追われる者のどちらかがサメ、ＵＦＯ、鉄球、ＥＴ、恐竜だったのだから、人間とのツーショットでなければ大きさの比較もできず追跡にも見えなかったといえるが、結果として両者の間の距離を観客の想像から奪ってしまう［図９］。ジョン・ウィリアムスの音楽が耳を覆い、追う者と追われる者が常に同一フレーム内に見えている状況ほど観客にとって楽なものはないが、作り手にとって意のままに視線を操る環境が整ったとも言えるのである。

この「視線を操ること」は、初期のスピルバーグの成功によって、まさにアメリカ映画の命題となった。その後スピルバーグは、第二次世界大戦を描く『プライベート・ライアン』（一九九八）で、撃たれる者が撃つ者と同一フレームにある模範となるような映像を確立する。冒頭のノルマンディー上陸作戦で、カメラが水中の銃弾をも捉えることに始まり、銃弾と爆発音にかき消されずマイクに拾われる兵士の泣き叫ぶ声が、音楽に代わってスクリーンを包囲することで、虐殺される人々が延々と続いていく可視化を正当化する。最後の橋での攻防戦では、怯えて戦えないアパム（ジェレミー・ディヴィス）を除いて、撃つ者が撃たれる者と同一フレームに入る時が、認識と同時に生死を決定する瞬間となるが、逆にそれ以外は観客にとって、もはや戦う兵士たちの敵との距離や位置を想像することはできない。塔から狙撃するジャクソン（バリー・ペッパー）の視界となる画面には、撃たれて死ぬ者と、認めた瞬間に自分を殺す戦車しか映らない。ここでは観客はただ画面上に撃つ人間と死ぬ人間を認めるだけである。

　その後のCGを使った作品のいくつかでは、例えば『トランスフォーマー』（二〇〇七）、『ジュラシック・ワールド』（二〇一五）の追跡を見ると、敵の攻撃を避ける人物に付き添うカメラに従属して（操られて）追うしかない観客が、辛うじて両者の位置関係を認知することができるのは、もはや同一フレームに追う者と追われる者がいる画面だけである。明らかに家での個人的な視聴を

図9　スティーブン・スピルバーグ『E.T.』（1982）

前提にした映像であり、それらはイラク戦争以後のルポルタージュでの、不意の攻撃でパニックとなって状況を認知できないフレームさえ模倣している。

そして主人公と認識した瞬間に死ぬ相手しかいない映像は、二〇一九年三月一五日にニュージーランドのモスクで五〇人余を射殺した犯人によって撮影されたおぞましいワンシーン＝ワンカットにもある。それは再びデータ化されてゲームや映画の殺人映像のモデルとしてリサイクルされるのだろう。『スター・ウォーズ』シリーズやマーベルヒーロー映画では、もはや追う者と追われる者が分けられて画面を横切ることさえなくなり、ほとんど両者が同じ画面の奥あるいは手前に向かって走るまたは飛ぶシーンが占めることになる。カメラがヒーローやヒーローの武器より速く飛ぶため、撃つ者と撃たれる者の距離などありえない。今や観客は、想像することなく狭い空間に押し込められて、かろうじて認識可能な瞬間以外、大音響で耳を塞がれて、視線を引き回されるか拒否するかを迫られるだけなのである。近年でも追跡においてジョージ・ミラーの『マッドマックス：怒りのデス・ロード』（二〇一五）、撃ち合いにおいてマイケル・マンの『ブラックハット』（二〇一五）といった距離の演出が存在する例外的な作品が僅かにあるものの、それらはいずれも一九七〇年代後半にデビューした人々の晩年の仕事なのである。

一方、冒頭で述べたラオール・ウォルシュの追跡シーンに見られる、アメリカ映画で今はもうなくなってしまった画面を横切る人物を使って、『勝手に逃げろ／人生』（一九七九）のジャン＝リュック・ゴダールは、アメリカ映画が考えなかった全く別の可能性を見出した。ガブリエル・

ヤレドのピアノ曲をバックにナタリー・バイが自転車に乗って画面を右から左へと通り過ぎる時、スローモーション（当時ゴダールは「速度の分解」と言っていた）によって、次第に近づいてくるバイの背景の木々の緑の輪郭線が不明瞭になり、流れて緑光の無数の線に変化する〔図10—12〕。やがて正面に近づくに従ってバイ自身の輪郭線も流れて線化し一体化せんとするかのようだ。当時のゴダールが女性の被写体をスローモーションで撮影する時、「無数の光の粒だ、いろいろな世界がある、無限に変化する銀河だという印象を持ち、次から次へと閃光が連続して瞬くような感じがしました」[3]と語っていたように、それは一秒二四コマの速度に隠されていた美を見出し、何の変哲もない動きからアクション・ペインティングの直中へと突然移動してしまったような感動を与える瞬間だ。だがそのまさに画面の正面を横切らんとする瞬間にゴダールは画面を切断し、白文字で数字の「0」ゼロとLa Vie（人生）と書かれた黒画面に移行し〔図13〕、木々の背後に湖、さらにその背後に山が見える風景の横移動撮影を繋ぐ。見出された美はその後どうなってしまったのかを想像せよ、と言うように。だが同時にその跳躍と美は、かつてアメリカ映画がラオール・ウォルシュの作品の中に見出すはずのものだったと語っているようにも見える。「二十五コマ間の考え得るあらゆる転換が、無数の可能性を示している」[4]と。

ゴダールはこの後、『映画史』（一九八八—一九九八）以降のフッテージ・コラージュ映画でこの作業を押し進め、『イメージの本』（二〇一八）では引用元の映像に原形をとどめないほど荒い粒子が目立つ加工をほどこしているが、それは『勝手に逃げろ／人生』の輪郭を破壊するスローモーションの行き着いた先だろうか。テレビのフレームに視聴者を閉じ込めたこの狭い空間をドナルド・トランプがリアルと断定している今、アメリカ映画が観客に想像させることへと回帰する可能性はあるのだろうか。

図10−13　ジャン＝リュック・ゴダール『勝手に逃げろ／人生』（1979）

▽1 Marilyn Moss, *Raoul Walsh: The True Adventures of Holywood's -Legendary Director*, The University Press of Kentucky, 2013, p. 238.

▽2 Eugine L. Miller, Edwin T. Arnold, *Robert Aldrich interviews*, The University of Mississippi, 2004, p. 108.

▽3 「思いうかぶままに」『ゴダール全評論・全発言Ⅱ』奥村昭夫訳、筑摩書房、一九九八年、三一五頁。

▽4 同前。

「時代劇」から上演の映画へ

1　時代劇と古い映画

劇映画というものを、カメラ前での演劇の上演のドキュメンタリーと撮影時の時空間の出会いの記録へと分解し、各要素とその関係の分析へと見聴きする者を導く映画を、とりあえず「上演の映画」と呼んでみる。それが演劇の実況中継や単なる演劇的な映画と決定的に異なるのは、カメラのフレームが文字情報＝台詞を言う人物ばかりを捉えるわけではなく——そして台詞を言う人物をフレームが捉え続ける場合でも——むしろ台詞を言う人物の身体と時空間の関係あるいは一期一会の「出会い」を捉えることが目的だからである。

オーソン・ウェルズはかつて「私は、なぜかわかりませんが、いつも、時代物のインチキ性を感じています。俳優たちが自然の背景の中にいて衣装を着けていると、偽物のように見えるのです」と語り、以下のように続けている。

完璧な衣装を正しく着けたひとりの役者がいます。全てが申し分ない。彼が外出する。突然、それは借り着になってしまいます。これがうまく解決されているのは、ウェスタン（西部劇）と日本映画だけで、なぜならそれらは伝統に属しているからです。〔……〕それに反して『ヘンリー五世』（ローレンス・オリヴィエ、一九四四）などでは、人々が馬で城から出ると、突然彼らは、どこかのゴルフ場に再登場することになります。▽1

ウェルズ自身はその偽物性を避けるために、現実の外界と、つくられたものの統一性を作り出そうと試みていると語っている。しかし同時に、ウェルズはその統一性の脆さ、儚さにも気づいていたはずである。なぜなら彼は晩年のインタビューで「映画の一番の泣き所は古びぬ映画はひとつとしてないという所だ。映画は製作条件そのものによって完成までに長期間を要するため、公開までにすでに一年は遅れてしまう。〔……ルネ・クレールは〕つくづく映画監督になったことを後悔すると言ったのだ。なぜならどんな映画も二〇年とはもたず、それから先はもはやどんな人の興味も誘わなくなるからと言うのだ。自分の古い映画を見た人はこう言うだろう。「貧弱だな、ま無理もないか！」とね（笑）▽2」とも語っていて、テクノロジーの進歩だけではなく世界の全ての変化が映画をあっという間に「年代物」にしてしまい、その統一性を色あせたものにしてしまうことを嘆いていたからだ。

だからウェルズはサッシャ・ギトリから想を得たと語ってはいるが、元々は彼自身のラジオ番組にルーツがあると思われる「フィルム・エッセイ」、すなわち『オーソン・ウェルズのフェイク』（一九七三）に代表されるような自分自身がカメラに向かって語りかけるスタイルを使い、進んで作品＝時代の記録としての映像に取り組もうとしていたのである。もちろんそれは先に引いた晩年のインタビューで語っているように、『ドン・キホーテ』*Don Quixote*（一九五五）や『ザ・ディープ』*The Deep/Dead Reckoning*（一九六七）などの未完成作品を、『フィルミング・オセロ』（一九七八）のように自らコメンタリーをつけたメイキング・ドキュメンタリーの形としてでも何とか完成させようというウェルズのアイディアの一つだった。しかしそれは何よりウェルズ自身が言う「日付を持つものは古びない」であり、自らのフィクションをドキュメンタリーとして生き延びさせるという思考だったのである。

2　オーソン・ウェルズからヌーヴェルヴァーグ以後へ

しかし「アーカイヴで生まれた」（ゴダール）世代であるヌーヴェルヴァーグの人々にとって、それは自明なことであったろう。「ヌーヴェルヴァーグはドキュメンタリーとフィクションを区別したことはない」と言うジャン＝リュック・ゴダールは、『ゴダールの映画史』についてのユーセフ・イシャプールとの対話[3]で、ウェルズもまたアーカイヴを必要としていたと言い、ウェルズ自身はピーター・ボグダノヴィッチとの対話で『市民ケーン』（一九四一）の制作前に「毎晩、約一ヶ月にわたって、私は『駅馬車』を回して見た[4]」と述べているが、ゴダールが「ウェルズはフォードの伝統のうちにいて、フォードのために、フォードがウェルズのためには考えてくれないことを考えている[5]」と言う時、「ウェルズが考えていたこと」のうちには、もしかすると『駅馬車』が体現する西部劇の伝統が失われる近い将来のために、フィクションに日付をつけること、つまりフィクションを時代の記録として捉える思考が含まれていたのかもしれない。しかし後述のように、その思考を西部劇において誰よりも体現することになるのは、他ならぬフォード自身の晩年の作品なのである。

しかし、ジャック・リヴェットが「デヴィッド・ウォーク・グリフィスの『イントレランス』のバビロニア時代のエピソードは、その時代について描いている映画である以上に制作された一九一六年の俳優、装置、フィルム、経済など撮影的現実のドキュメンタリーである[6]」と言い、ジャン＝マリー・ストローブが「『オトン』は西暦六九年の出来事に基づき、一六六四年にピエール・コルネイユによって書かれた戯曲の、一九六九年のローマで演じられ撮影された作品[7]」と言う時、彼らは劇映画をドキュメンタリーとして捉えた場合の価値についてウェルズより遥かに確固とした思考を持っていただろう。もっともリヴェットはウェルズの『市民ケーン』（一九四一）が最初の「自己言及的な映画」だと述べている[8]。それは前述のように、ウェルズが『市民ケーン』の制作前に『駅馬車』を研究し、さらにフォードの『人類の戦士』（一九三一）がフリードリヒ・ヴィルヘルム・ムルナウの『吸血鬼ノスフェラトゥ』（一九二二）に影響を受けたことを知っていてドイツ表現主義まで遡ったのかも知れないことを念頭においての発言だろう。それを踏まえてリヴェット自身は、『修道女』（一九六六）とは、脚本家のジャン・グリュオーがディドロの原作小説から抽出した戯曲の映画的「上演」であり、もしアンナ・カリーナのように（シュザンヌという役を）演じられる別の女優と出会えるなら、『修道女』を作り直すことも可能だと言っている。

『修道女』は演劇に関する映画であると思えるように、ちょっと仕掛けをした。ところどころ非常に芝居がかった、意図的に「演劇を演じている」箇所があり、時にそれ自体がよりフィジカルなアクションとなる、つまり映画的に見えるようにしたかった。▽9

「作り直す」とは、「映画的上演」の再演であろう。リヴェットは「演劇を扱うことは仕事を見せることだ」としばしば語っていた。劇映画は「演じるという仕事を見せるというドキュメンタリー」であり、つまり時代劇映画は、カメラ前での時代物の演劇の上演「という仕事の」ドキュメンタリーであり、かつ撮影時の時空間の記録となる。もちろんヌーヴェルヴァーグとその周辺の人々であるリヴェットやストローブ＝ユイレの場合、演じる人物の身体のアクションと時空間の関係は、ともに偉大な古典映画（ルノワール、ラング、そして『修道女』と『アンナ・マクダレーナ・バッハの年代記』〔一九六八〕がともに参照していた『西鶴一代女』〔一九五二〕の溝口健二……）に由来するフレームで捉えられるが、それは仕事のプロセスを見せるために連続性が最も重要であり、その連続性はヌーヴェルヴァーグが擁護した古典映画、とりわけアメリカ古典映画の最も強力な特質だったからである。

3　アメリカ映画／西部劇の「上演」

今なおアメリカ映画を見れば、ドキュメンタリーならフレデリック・ワイズマンの『パブリック・ハウジング』〔一九九七〕のディスカッションや『州議会』〔二〇〇六〕の演説、フィクションならクリント・イーストウッドの『パーフェクト・ワールド』〔一九九三〕のブッチ（ケヴィン・コスナー）が農夫を縛って殺そうとするシーンや『マディソン郡の橋』〔一九九五〕のロバート（イーストウッド）とフランチェスカ（メリル・ストリープ）の別れの晩餐シーンに、例え古典映画のカメラ位置をとっていないにしても、その末裔たちに力を与えているのは、シーンの連続性である。とりわけクリント・イーストウッドは前章で取り上げたフィクションそれ自体を疑わせる活劇から、おそらく『許されざる者』〔一九九二〕で試み始め『真夜中のサバナ』〔一九九七〕で完成した、ワンシーン＝ワンアクト、つまり例えカット割りしていたとしても、一つのシーンをカメラ前の一幕のリアルタイムの上演として作る映画へと行き着いている。

しかしそれはイーストウッド以前に、アメリカ映画ではすでにジョン・フォードやヘンリー・キング、後にサム・ペキンパーやモンテ・ヘルマンといった人々がおこなっていたことである。今のところ失われたとされており、バーナード・ショーによって「英語で描かれた最高の一幕劇」と言われたアーサー・シーザーの戯曲の映画化である初のトーキー作品『ナポレオンの理髪師』*Napoleon's barber*（一九二八）を参照できないのは残念だが、ジョン・フォードはすでに一九三〇年代の『ドクター・ブル』（一九三三）、『プリースト判事』（一九三四）といった作品で、そして一九六〇年代に入って再び『バファロー大隊』（一九六〇）から『荒野の女たち』（一九六六）までの晩年の作品で「上演の映画」を作っている。前章で述べたヘンリー・キングの『拳銃王』（一九五〇）、『無頼の群』（一九五八）と戦争映画『頭上の敵機』（一九四九）において、また『砂漠の流れ者』（一九七〇）で「上演の映画」を意識していただろうサム・ペキンパーも、『ビリー・ザ・キッド／二一歳の生涯』（一九七三）のディレクターズ・カット版ではワンシーン＝ワンアクトを実践していたことが確かめられる。

また、ジャック・リヴェットの『パリはわれらのもの』（一九六一）について「印象的だったのは人々がドアを開けて出入りするような普通の映画がカットする部分を基本に作っているところだ」[▽10]と語っていたモンテ・ヘルマンは、『旋風の中に馬を進めろ』（一九六六）でそうした演出をおこなっていた。しかしもっと明快なのは西部劇ではなくロードムービーの代表作『断絶』

（一九七一）の、例えば二台の車に乗っている男女が出会うガソリンスタンドで、互いの車を賭けてレースをおこなうことを決めるシーンだろう。スタンドにウォーレン・オーツの乗った車が到着しさらにジェームズ・テイラーら三人を乗せたもう一台が入ってくるシーンに始まり、最後にテイラーらの車が出ようとする時まで、その場所で経過した実際の時間／リアルタイムを描くワンシーン＝ワンアクトになっている。このワンシーン＝ワンアクトの手法によって、見る者が演じる人々の身体と出会う時空間の記録性を文字情報よりも強く捉える時、この映画は古びないというよりむしろ、現代性を獲得するのである。それに加えて『断絶』が驚くほど古びない印象を与えるのは、文字情報を極力排しているからでもある。観客はメディア的な文字情報では見えていなかった人物のより微細な変化にこそ心を動かされるのだ。

4　リヴェット、ストローブ＝ユイレ、フランス・ファン・デ・スターク

ストローブ＝ユイレはアルベルト・カヴァルカンティの『プンチラ親方と徒弟のマッティ』*Her Puntila und sein Knecht Matti*（一九五五）について、ベルトルト・ブレヒトが「映画でそんな長い台詞は使えない」と言う脚本家のウラジミール・ポズナーの言う通りに長いモノローグを短縮したことに対し、「『歴史の授業』（一九七二）でブレヒトの書いた一ページ分の台詞をそのまま使ったのは、彼らに映画で長い台詞は使えないということはないと証明するためだった」[▽11]と語

っている。ストローブ＝ユイレが台詞を単なる文字情報として扱っているわけでないことは言うまでもない。楽譜のように韻律や休止、発声や身振りの指定が書かれた台本を基に厳格にリハーサルされた朗誦、古典映画に由来するがあくまでも空間と声と光を捉えるべく構えられたフレームが、時代物の衣装を着ていようがいまいが（『歴史の授業』ではローマの衣装を着た人々に会いにいく若い男＝聞き手は、現代の黒いスーツを着ている）、身体と空間と刻々変わる光の出会いのドキュメンタリーをカメラに収める。その時、観客は顕微鏡的な視点から見て、厳格に調律された俳優の声と風や鳥や川の音との、千変万化な音の粒子の混合に耳を傾けることができる。ロベール・ブレッソンの映画の厳格なフレームが、不動の絵画たらんとする瞬間に万物の動きに敗北することで生を肯定するように、ストローブ＝ユイレは自らの厳格なフレームや時代物衣装を着た俳優の調律された声が、コントロールされえない光の変化や統御されない自然の声や音に曝される時のテクノロジーの限界の記録をあえて見せることで、歴史の中にいる我々の生を肯定する。

ジャック・リヴェットがロッセリーニの上演の映画（『人間の声』〔一九四八〕、『火刑台上のジャンヌ・ダルク』〔一九五四〕）やアンディ・ウォーホルの『チェルシー・ガールズ』〔一九六六〕、マイケル・スノウの『セントラル・リージョン』〔一九七一〕の時間、さらにおそらくカールハインツ・シュトックハウゼンが彼との対話で述べた「ウォーホルの映画ではリアルタイムになるまで時間が遅くなるため、通常のストーリーはもはや存在せず、人生の時間に排除される。〔……〕それは非常に新しく、いつも人工的な時間を再現し加速・凝縮しようとしている映画に反対する」[12]といった思考を取り入れながら、インプロヴィゼーションとNGのリスクをも記録するルーズなスペースを、ワンシーン＝ワンアクトと古典映画のフレーム（『狂気の愛』〔一九六九〕の一六ミリ部分とジャン・ルーシュ『少しずつ』〔一九七一〕にインスパイアされた『アウト・ワン』〔一九七一〕は別だが）で実践したのに対して、ストローブ＝ユイレが『チェルシー・ガールズ』や『セントラル・リージョン』について「ウォーホルは嫌いじゃない……観客に考えさせたり弁証法的唯物論を発見させたりするのではなく、これらの映画はドラッグみたいなものだ。……ただスノウの映画の三分の二を見た後では『市民ケーン』は耐えがたいものになった」[13]と興味を示しつつも拒否する姿勢を見せていたのは、コントロールされえない要素はフレーム外から来ると認識していたからだろう。

リヴェットが、溝口健二やエイゼンシュテイン『イワン雷帝 第二部』〔一九四六〕やジャック・ターナー『女海賊アン』〔一九五二〕に着想を得た『ノロワ』〔一九七六〕において、コーエン・ソラル兄弟らによる即興演奏のドキュメンタリーを時代劇映画の画面上に取り込む離れ業でさらなるリスクを負い込むのに比べて、ストローブ＝ユイレは『アンナ・マクダレーナ・バッハの年代記』〔一九六八〕でバッハの曲の構造を奏者が画面上に現れる順に配置する厳格さで完璧を目指すように見えるが、しかし一方で時代劇であるがゆえに鬘や衣装を演奏者が着ることのリスクはあり得るし、クリスティーネ・ラング・ドレヴァンツのピアノのミスタッチのように、一期一会のドキュメンタリーであることを観客に思い出させる例外的な瞬間を決して排除していたわけではないのである。

さらにストローブ＝ユイレの作品を見て映画作りを志し、その『バールーフ・デ・スピノザの仕事 1632–1677』（一九七三）が、逆にストローブ＝ユイレによるマラルメの『骰子一擲』の映像化である『すべての革命はのるかそるかである』（一九七七）に着想を与えたと言われているフランス・ファン・デ・スタークは次のように述べている。

> 過去に書かれたテクストは、撮影隊によって録音されて現在に移される。しかし知っての通り、現在は映画の中ではすでに過去だ。俳優の身振りや天候、撮影に技術的な意味を適用するなら〔……〕多くの条件に拠るいかなる現在もすでにそこにあるんだ。映画制作の主要な動機は、そのときこうなる〔……〕歴史的な埃に埋もれていても、現在の状況に十分抵抗するほど強力なものはどれほどあるのか？〔……〕詩やいわゆる哲学的なテクストのような歴史的生産物がある、でも撮影の瞬間に俳優がそれを表現することはできない、彼自身の現在のほうがより強力だからだ。だからここで俳優のミスを残すのはさらしものにすることではない。俳優自身や環境の中での演技に由来する力が撮影を妨げるからだ。しかしある別の瞬間には、歴史的なものと現実的なものとが完全に一つになり、並外れた瞬間になる。[▽14]

『バールーフ・デ・スピノザの仕事 1632–1677』は、二〇人ほどの普段着の人々が室内、街中、野原など八カ所ほどの（クローズアップで場所が判別できないシーンがあるが）さまざまな場所の騒音の中で、スピノザの『エチカ』から抜粋されたテキストをストローブ＝ユイレ『オトン』（一九七〇）のように速く朗読する画面の組み合わせから成る映画であり、この時代のデ・スタークの諸作同様に朗読者たちはしばしば間違えたり詰まったりする。同じくストローブ＝ユイレの『すべての革命はのるかそるかである』も「ギリシャ演劇のように半円状に座った」普段着の四人の女と五人の男がマラルメの『骰子一擲』の改行や書体が変わるのに対応し、何もないページ、三行、一〇行、長い文、短い文といったリズムを尊重しながら、緩やかなテンポで朗唱する「完璧な音楽的体験」▽15が実践される。どちらもフレーム外から来るノイズや光との関係に向かって開放されているのだが、『スピノザの仕事』がテクストとノイズを切り抜けようとする人々の揺らぎや身体にフォーカスしているのに対して、『すべての革命はのるかそるかである』の人々の不動性と、女の流れるような声と男の短く吠えるような声は、風や鳥の声との調和的な関係に聴こえる。それは後年、風や川の音や鳥の声が包囲するような谷の中で俳優たちを撮影した『労働者たち、農民たち』（二〇〇〇）のサウンドで一層顕著となる。これらを比較すると、リヴェットやスタークの不安定性に対してストローブ＝ユイレが調和性を追求したと言えるだろうか。しかし、その調和が実現するのも朗唱する人々の声を楽器のように変えてしまう、ストローブ＝ユイレのディシプリンによるものである。

5　ルーシュ、クレイマー、マノエル・ド・オリヴェイラとポルトガル映画

つまり作品制作のディシプリンと方法、見方を変えることができれば、ミスやアクシデントは映画にとっての強い瞬間に、あるいはフィクションを支える身体性を垣間見せる新しい瞬間として生まれ変わる可能性があるということだ。そしてこの成功と境を接したミスやアクシデントは、例えばウェブ上の加工映像の完璧さをも批判するのである。それは作品の中の台詞回しや身振りにおいて、ただ一度だけ起きる出来事を記録するからだ。古典映画のフレームは、連続性の中でそうした新しい力を生むために厳密さを必要とするのである。「偶然のためにドアを開けておけ」と言ったジャン・ルノワールが他ならぬ「鉄のフレーム」の持ち主だったことを思い出さなければならない。テレビやネットの文字情報と事物の現前性に従属する脆弱で断片化した映像の作り手にはそのフレームが決められず、見る者の記憶に残らない。しかし、手持ちカメラであっても、ジャン・ルーシュによる戯曲上演を撮った傑作『ハムの娘の通常の狂気』（一九八五）のように、上演の妨げにならず連続性を保持しながら二台のカメラで劇すべてを撮り切り構築する危ういフレームの維持が、フィクションを成立させるという例は存在する。

あるいはロバート・クレイマーの『ルート1／USA』（一九八九）において、アメリカを旅して現実の中に入ってゆくフィクションの登場人物ドク（ポール・マッカイサック）とカメラの背

後の監督自身とのダイアローグや両者のモノローグが、時には画面上の人物を離れ、また別の瞬間にはフレームが事物や風景を追っていると突如内省的なモノローグやダイアローグが聴こえてくる。少なくともアメリカのメディアやメインストリーム映画ではありえない、このフレームの内と外への従属的でも情報的でもない言葉の運動が、ジャンプカットの編集に「綱渡り」の連続性を与えるのである。モンテ・ヘルマンと対照的に、ウェルズ同様にアメリカを離れたクレイマーは、ウェルズが考えていたアメリカ映画を「古びさせない方法」を継承していたのかも知れない。

ポルトガルのサラザール独裁政権下で寡作を余儀なくされたマノエル・ド・オリヴェイラもまた、ルーシュのように、ドキュメンタリーの側から「劇映画＝カメラ前の上演」を発見していった映画作家である。映画産業から離れて、デビュー作である無声短編ドキュメンタリー『ドウロ河』（一九二九）がヴァルター・ルットマンやエイゼンシュテインに影響され、フィクション部分を含むものであったことは周知だが、作家としてのスタイル確立の契機となった『春の劇』（一九六三）から『ベニルデまたは聖母』*Benilde ou a Virgem Mãe*（一九七五）、『破滅の愛』*Amor de Perdição*（一九七八）、『フランシスカ』（一九八一）、『繻子の靴』*Le soulier de satin*（一九八五）、『私の場合』*Mon Cas*（一九八六）に至る一連の「上演の映画」群は、ドキュメンタリー作家による時代劇／劇映画の発見と理論発展のプロセスのドキュメントとして感動的かつ貴重なものである。

『春の劇』で自分を含めた撮影隊がクラリャ村の人々と共に、元は村の雨乞い行事であるキリスト受難劇のフィクションへと入っていく過程は、ルーシュの『狂った主人たち』（一九五七）、『人間ピラミッド』（一九六一）を思い出させる。また『ベニルデまたは聖女』では一九三〇年代に起こったという処女懐胎話のジョセ・レジオによる戯曲化を、ムルナウ映画の室内空間を思わせる空間／舞台裏で映像化し、『破滅の愛』は鬘をつけた人々やフレーム外からのモノトーンの語りの声が『アンナ・マクダレーナ・バッハの年代記』を、『フランシスカ』の反復はブニュエルや『仮面／ペルソナ』（一九六六）を、『繻子の靴』ではハンス＝ユルゲン・ジーバーベルクの『ヒトラー、またはドイツ映画』（一九七七）のカメラに向かっての一人芝居でのズームアップを、それぞれ思い出させるが、ここで重要なのは他の作家からの影響ではない。

この時期、オリヴェイラは『春の劇』公開後に政府批判をおこなったとして逮捕されているし、植民地戦争に息子二人を徴兵された。しかし、政権による迫害とその閉じた国家状況にもかかわらず、その「上演の映画」を孤独に発展させ、さらに民主化後も『破滅の愛』では国民文学への侮辱という非難を浴びつつ、遂にはポール・クローデルの戯曲『繻子の靴』の映画化でフィルム時代に映画祭でも上映困難な六時間五〇分のワンシーン＝ワンアクト映画の実現にまで至る、狂気にも似た一貫性を通した執念こそが重要なのである。このサイクルは『春の劇』の笑いと核戦争のイメージに始まり、『私の場合』のヨブ記の神による人類の破滅とピエロ・デラ・フランチェスカの《理想都市》を書割背景にしたテレビカメラ前の再生イメージで幕を閉じる。描かれる寓意以上に、この「上演の映画」が独裁政権下で操られたメディアのイメージを「カッコに括り」距離をとること、すなわちメディア映像に囚われた人々をそこから開放する身振りを意図したものだったのである。

おそらく、前章でも取り上げた『オーソン・ウェルズのフォルスタッフ』（一九六五）の視聴覚音楽的な戦闘シーンを知っていたオリヴェイラは、植民地戦争の歴史を遡る『ノン、あるいは支配の空しい栄光』（一九九〇）のアルカセル・キビルの戦いのシーンでそれを踏まえつつ、ウェルズが参照しただろうエイゼンシュテインの『アレクサンドル・ネフスキー』（一九三八）の氷上の戦いに似た、むしろ意図的に絵画に倣った図解的な画面に向かっているように見える。しかしオリヴェイラはエイゼンシュテインの美学に戻ろうとしているのではない。例えば画面は前景と後景を常に兵士が埋めるように配置され、敵に向かっているはずの前進する兵士たちの後景でカメラの周りを円状に走っている馬上の兵士たちが見える。これはウェルズが実際には一〇〇人にも満たないエキストラでありながら、スモークとモンタージュを駆使して壮麗な戦場風景を作り上げたのと同様、B級映画的な戦争シーンである。そして同時にポルトガルの国民なら教科書で学ぶだろう戦争史のイメージを、リアルに再現するのではなく、一つひとつの画面を絵画のように様式化することでカッコに括り、距離をとることで、今も戦争を煽動するメディアとしての映像に対する自己反省性を明らかにするためである。オリヴェイラがジーバーベルクの言葉を参照しつつ「何が真実かわからない場合、我々は表象を作るしかない、だから我々は表象を観客に提供し、想像力、積極的な参加を促し、真実を構築する可能性を委ねる」[▽16]と言うように、画面上に本当らしい映像を作り上げる古典映画やその継承者から距離をとり、「イタリアのコンメディア・デラルテやピランデルロ、バーナード・ショーやクローデルのように、それは人生なのかそうではないのかと問いかけ、観客をスクリーンの内と外へ同時に置こうと努める。それは観客の全ての潜在能力を刺激する」[17]ためである。オリヴェイラは同じインタビューで「私は伝統的な映画に対して一種の拒絶反応がある。アメリカ映画は、人生はスクリーン上にあり、そこ以外にないと思わせようとする。「我々はあなたに登場人物の感情を強く感じさせる。あなたにこの強盗や警官への共感を覚えて欲しい」しかし監督は、観客がそれを望むからではなく、自分が望むからそうするのに」[18]と語っている。

「上演の映画」の書割芝居によって、サラザール独裁政権下の操作されたリアルさ＝ソフト・ファシズムを突き放して見ることが可能と考えたのだろうか、独裁政権崩壊後の民主化直後に多くのポルトガル映画の作家たちが「上演の映画」を手がけたのは特筆すべきことである。アントニオ・レイス＝マルガリーダ・コルデイロの『アナ』*Ana*（一九八二）では夜に豪雨の中出かけた娘を待ち続ける老母が家事に勤しむ中、父とともに娘が帰宅すると更衣させ赤子に授乳させるまでの一連の動作を、まるで儀式の一部始終を見せるかのように、省略時間なしのワンシーン＝ワンアクトで作り上げる。レイス＝コルデイロの最後の作品『砂漠の薔薇』*Rosa de Areia*（一九八九）は前作までとは違い、集団群舞やサウンドホースやティンパニの演奏、カフカからカール・セーガンまでのテクストを朗読する人物たちの集団的記憶の世界を過去から現在まで自在に往復する作品だが、豚を宙吊りの刑にした男二人が中世の衣装を脱ぐとボディビルダーだったり、屋敷で男が家政婦を棒で打つと人形に変わったり、荒野を歩く子供たちの前に突如巨大な発電所が現れたりと、『トラス・オス・モンテス』（一九七六）の一部にもあったタイムスリップ感覚を「上演の映画」として作り上げた作品である。

冒頭から作者ジョアン・セーザル・モンテイロがカメラに向かって中指を立てる『聖家族』*Fragmentos de Um Filme Esmola, A Sagrada Familia*（一九七二―一九七七）はワンシーン＝ワンショットで撮られ、アルベルト・セイシャス・サントス『穏やかな慣習』*Brandos Costumes*（一九七五）、オリヴェイラの『ベニルデまたは聖母』とともに自閉症家族の崩壊の上演という物語を展開するという、閉ざされたサラザール独裁時代国家の隠喩だった。『細い道』*Veredas*（一九七八）、『シルヴェストレ』*Silvestre*（一九八二）は様式化と色彩豊かな書割の上演の達成、そしてストリンドベリの上演から始まり新たな劇の上演それ自体が映画となる『J・W・の腰つき』（一九九七）を経て、モンテイロはギィ・ドゥボールの『サドのための絶叫』（一九五二）やマルグリット・デュラスの『大西洋の男』*L'homme Atlantique*（一九八二）といった黒画面が大半を占める映画を参照しながら、黒画面に音声のみで、シーンの幕間だけに空や無人の部屋などと音楽が挿入される映画『白雪姫』*Blanca de Neve*（二〇〇〇）を撮った。モンテイロは政府の助成金を得て黒画面の映画を撮ったことを議会で非難されたのだが、それは逆に、現在の映像メディアと批評における視覚偏重主義への最も鋭い批判となったのである。

二〇世紀後半のポルトガル映画は、他にもジョアン・ボテリョがジーバーベルク的なステージ上の書割とリア・プロジェクションを背景に、カメラに向かって語ったり朗読したりするスタイルでフェルナンド・ペソアを描いた『会話の終わり』*Conversa Acabada*（一九八一）、パウロ・ローシャのオルフィスムへのオマージュである『深い青対鉄仮面』*Máscara de Aço contra Abismo Azul*（一九八九）、ジョゼ・アルヴァロ・モライスの『道化』（一九八七）、『西風』*Zefiro*（一九九四）といった「上演の映画」と言える作品を残している。それは一九七〇年代イタリア映画におけるチネチッタの巨大セットを必要としたカラー映画とは違った、書割舞台の絵画的彩色の思想を基にした映画群である。

一九九〇年代に入るとテレビとフランス自然主義の影響でこういった試みは消えてしまうが、その継承者としてリタ・アゼヴェド・ゴメスの『ある女の復讐』*La Vangeance d'une Femme*（二〇一二）があり、もちろん現在のポルトガル映画を代表するペドロ・コスタのフォンタイーニャス地区での連作『ヴァンダの部屋』（二〇〇〇）、『コロッサル・ユース』（二〇〇六）、『ホース・マネー』（二〇一四）、ミゲル・ゴメスの『アラビアン・ナイト』（二〇一五）も「上演」を踏まえての作品であることは言うまでもない。

6 ローシャ、ベーネ……

一方、同じポルトガル語圏のブラジル映画において、一九六〇年代に西部劇を「西部劇のカメラ前の上演の映画」に置き換えたグラウベル・ローシャは、『黒い神と白い悪魔』(一九六四)と『アントニオ・ダス・モルテス』(一九六九)を撮る。この二本の後にローシャが出演したのが、ゴダール＝ジガ・ヴェルトフ集団の『東風』(一九六九)であり、それは皮肉にもヴェルトフ集団が批判していた古典アメリカ映画のエッセンスである「連続性」によって成立する作品だった。

ローシャはその後イタリアでカルメロ・ベーネとの出会いを経て遺作『大地の時代』(一九八〇)を撮る。彼は一九八一年のヴェネツィア映画祭で、クレイマーが最も偉大なアメリカ映画作家だと言っていたが、『大地の時代』はクレイマーやルーシュのように、フィクションの登場人物＝キリストを名乗る男女がブラジル全土に出没して革命をアジテーションする映画である。これはカルメロ・ベーネがオスカー・ワイルドの戯曲を解体(ジル・ドゥルーズは元の戯曲から「マイナス」すると言っている)上演する映画『サロメ』*Salome*(一九七二)の高速モンタージュを、手持ちカメラによるブラジルの街頭演劇の上演ドキュメンタリーへと移行させたような映画と言えるだろう。

もちろんロッセリーニやストローブ＝ユイレ以来、そして彼らの助手だったパオロ・ベンヴェヌーティの『魔女ゴスタンツァ』*Gostanza da Libbiano*（二〇〇〇）や『シークレット・ファイル』*Segreti di Stato*（二〇〇三）、またマルコ・ベロッキオの『エンリコ四世』（一九八四）や『ホンブルク公子』*Il Principe di Homburg*（一九九七）のように、イタリアも決して「上演の映画」と無縁ではない。ピエル・パオロ・パゾリーニさえ、彼の作品で最も「上演の映画」的であり、ゴダールが『イメージの本』（二〇一八）で示唆するように、イラク戦争でのアブグレイヴ収容所のアメリカ兵による捕虜虐待が映画を反復してしまった『ソドムの市』（一九七五）を撮ったのである。

同じイタリアのチネチッタのスタジオで、カルメロ・ベーネは『サロメ』において、エイゼンシュテイン〜オーソン・ウェルズのモンタージュを、五台の三五ミリカメラで撮られた時代劇の衣装の色彩（演劇用ブラックライトで蛍光化されている黄、赤、緑といった原色と背景の黒）の乱舞と皮膚の戯れと画面に同期しない台詞の朗唱のコンビネーションに変容させる。エイゼンシュテインの『アレクサンドル・ネフスキー』の氷上戦闘シーンや『イワン雷帝第二部』（一九四六）の黒と赤に彩られた舞踏シーンは、人物が動きの終わりでポーズをとる絵画的な画面の連鎖を志向していた。また前述したウェルズの『フォルスタッフ』の戦闘や『審判』の追跡のシーンは、すでに音楽的・流動的ながら人物や身振りの識別は可能だった。ベーネの『サロメ』のモンタージュは、さらに高速化し流動的になり、人物や身振りを色彩や何が動いているのか識別不能な運動に移行させるが、例えばスタン・ブラッケージの『犬・星・人』（一九六四）や『クリエーションョン』（一九七九）のように全てを粒子の交響楽に移行させるわけではない。モンタージュの力は、近づいたり離れたりする距離の感覚に依拠し、音楽もそれと同期する時に最も強力になるからだ。例えばここに述べた人々と対局にある小津の『晩春』の夜の明かりにうかぶ不動の壺と微風に震える笹から眩しく照り返す白い石と砂の竜安寺の庭への移行、または『アンナ・マクダレーナ・バッハの年代記』の《マタイ受難曲》合唱の終わりに現れる太陽と海辺の固定画面がそうだ。

ベーネの『サロメ』もまた騒乱の中ではあるが、闇から強烈な黄色い光の中へと移行する。クライマックスでサロメ（ヴェルーシュカ）がヘロデ王（カルメロ・ベーネ）の皮を生きたまま剝ぐというシーンは、ウェルズの『不滅の物語』（一九六八）のジャンヌ・モローとノーマン・エシュリーのラブシーンのパロディであり、剝がされるヘロデ王の皮膚はフェイスパックというギャグである。超クローズアップのモンタージュはその材質を超えて、顕微鏡的な視点から光と皮膚とベーネの速射砲的なモノローグの視聴覚音楽へと突入してゆく。[19] ベーネ自身はその後一転して長回し中心のテレビ用演劇作品に移ってゆくが、一九七九年に撮影され最後の完成作品となった『オセロ』*Otello*（二〇〇二）では、ベーネ自身が演じるオセロとデスデモーナ（ミケラ・マルティーニ）のラブシーンで互いの黒と白の顔料が混じり合う滑稽さを超えて、闇に溶ける肌と独白と音楽がオーヴァーラップして消えてゆく。

現在デジタルカメラの軽量化によって、『ダンサー・イン・ザ・ダーク』（二〇〇〇）のラース・フォン・トリアーのように一〇〇台ものカメラを回す映像作家たちも現れるが、いずれも惨憺たる出来栄えに終わっているのは、エイゼンシュテイン～ウェルズ～ベーネのような、モンタージュの論理学を発見できないからである。また視聴覚音楽という点で可能性を開いたはずのミュージックビデオだが、そこでは必ず映像が音楽に従属させられるために、フレーム外の自由を見出すことができないままでいる。現在の映画では、唯一『騎士の名誉』（二〇一三）、『ルイ14世の死』（二〇一六）、と歴史上の人物の身体の微動を眺めさせるアルベルト・セラがマルチカメラとウォーホルの『眠り』（一九六三）を通過したリアルタイムのうちに、新たな可能性を見つけつつある。

オーソン・ウェルズによってアメリカの西部劇とともに「本物」と認められた日本の時代劇映画は、溝口健二や内田吐夢によってワンシーン＝ワンショット／ワンアクトの衣装を超えた身体性を見出したが、撮影所システムの衰退とともにそれも消滅してしまったように見える。しかし、「上演の映画」としての日本映画は、大島渚の『日本の夜と霧』（一九六〇）から草野なつか『王国（あるいはその家について）』（二〇一七）までの流れを生きている。前者の津川雅彦の台詞の誤りを残したことに困惑した観客が、後者のカチンコやシーンテイクを数える声込みのサウンドを受け入れるまで成熟したなら、いまだ映画は「演じるという仕事」をする俳優たちの、メディアでは見たこともない身体と時空間の関係＝生きることを発見するための、驚くべき記録媒体であり得るのだ。そしてこの思考が作り手と観客に、時代劇を「上演の映画」として再発見させる可能性は残っているのである。

▽1　ファン・コボスとミゲル・ルビオによるインタビュー「オーソン・ウェルズ　映画を語る」石木まゆみ訳『キネマ旬報』一九八六年一〇月上旬号、一〇八―一〇九頁。

▽2　ビル・クローンによるインタビュー「語るオーソン・ウェルズ」鈴木圭介訳『シネアスト2』青土社、一九八五年、一一八頁。

▽3　ユーセフ・イシャプールによるインタビュー「ジャン＝リュック・ゴダールに聞く――映画のアルケオロジーと世紀の記憶　対話（2）」森田祐三訳『批評空間』第二期二五号、太田出版、二〇〇〇年、六〇頁。

▽4　ピーター・ボグダノヴィッチ＆オーソン・ウェルズ『オーソン・ウェルズ――その半生を語る』ジョナサン・ローゼンバウム編、河原畑寧訳、キネマ旬報社、一九九五年、六六頁。

▽5　前掲「ジャン＝リュック・ゴダールに聞く――映画のアルケオロジーと世紀の記憶　対話（2）」六〇頁。

▽6　"Conversazione," *Film/Straub-Huillet*, a cura di Riccardo Rossetti, Roma: Bulzoni, 1984, p. 20.

▽7　Giacomo Gambetti, "Forse un giorno il cinema cambiera: con Othon Jean-Marie Straub è già sulla strada del futuro," *Bianco e Nero*, 1/4 gennaio-aprile 1970, P. 11.

▽8　Philippe Carcassonne, Didier Goldschmidt, "Jacques Rivette," *Cinématographe* 76, March 1982, p. 33–36.

▽9　Jacques Aumont, Jean-Louis Comolli, Jean Narboni, Sylvie Pierre, "Entretien avec Jacques Rivette," *Cahiers du Cinéma*, n. 204, septembre 1968; Order of the Exile（http://www.dvdbeaver.com/rivette/ok/TXTINT-time.html）, english translation by Amy Gateff.

▽10　Kent Jones, "Two-Lane Blacktop: Slow Ride," The Criterion Collection, 2013（https://www.criterion.com/current/posts/621-two-lane-blacktop-slow-ride）.

▷11 Burghard Damerau, "Le chemin passait par Hölderlin," *Brecht après la chute: Confessions, mémoires, analyses*, París: L'Arche, 1993. p. 104.

▷12 Jean-Claude Eloy, "un entretien inédit de Karlheinz Stockhausen," [1969] (http://www.auditoryscenes.com/jcehk/wp-content/uploads/2014/12/Eloy-Stock-English-Full.pdf), english translation by Meredith Escudier, P. 35–36.

▷13 Martin Walsh, Peter Gidal, Stephen Heath, Regina Cornwell, Jonathan Rosenbaum, "Straub/Huillet talking," *The Journal of the Royal College of Art*, January 1976; KINO SLANG, 2018 (http://kinoslang.blogspot.com/2018/05/straub-huillet-talking-jms-jean-marie.html).

▷14 Johan van der Keuken and Frans van de Staak, "I'm not driven by anger, but by desire," *Skoop*, December 1976; Atelier Frans van de Staak (http://www.atelierfransvandestaak.nl/english/pub/JvdSen.pdf).

▷15 Damerau, "Le chemin passait par Hölderlin," p. 104.

▷16 José Vieira Marques, "Entretiens avec Manoel de Oliveira," *Le Cinema Portugais*, collection dirigéé par Jean-Loup Passek, Paris: Centre Georges Pompidou, 1982, p. 174.

▷17 ジャン・A・ジリ「劇映画の創作理念を巡る対話」角寿鉄異老訳『マノエル・デ・オリヴェイラと現代ポルトガル映画』エスクァイアマガジンジャパン、二〇〇三年、九三頁。

▷18 同前。

▷19 興味深いのは、オーソン・ウェルズ『風の向こうへ』（二〇一八）の中で、劇中劇映画として描かれるセックスシーンである。そこでは夜の雨を背景とした車中と、昼間の野外での女性上位の性行為が描かれ、オヤ・コダール演じる女性の裸の身体をさらに流動化するモンタージュが見られる。それはウエルズ自身の『不滅の物語』の発展形と考えられ、カルメロ・ベーネの映画に似ているのだが、ウェルズがベーネを見ていたかどうかは不明である。

1　時の跳躍

ジャン＝リュック・ゴダールは、ジャン＝マリー・ストローブとダニエル・ユイレの第二作『和解せず』（一九六五）と比較すべき映画は、アラン・レネの『ミュリエル』（一九六三）だとインタビューで語っていたことがある。[▽1] そこでは、当時の興行的成功が難しい映画の例として、前者がどうなるかは後者の辿った道を見ればよいという文脈で比べられていた。だがジャン＝マリー・ストローブ自身は制作当時のインタビューで、自身の『和解せず』について、「『市民ケーン』や『ミュリエル』のようなパズル的な映画から遠く離れて、生物の細胞と間隙空間のように、全体が凝集された結晶と間隔とで構成される映画」[▽2] と述べているから、ウェルズの映画とともにレネの映画を意識していたのかも知れない。それぞれ戦争後を現在として過去について語る人物が登場し、終盤に戦争犯罪者に向けて一発の銃弾が放たれるという共通点を持つ『ミュリエル』と『和解せず』を並べて見ると、この二本は、その重要な差異において、個々の作家としての差異はもちろんだが、いかにして速くまたはミニマムな情報で語るかにおける映像メディアの歴史としての一つの臨界点／転回点を示しており、また、それを論じることで現在の我々が直面している事態への新たな提案たり得るものである。それは例えば『ミュリエル』の制作前に小津安二郎を見ていたアラン・レネがその影響を語っていることや、『和解せず』と同様に主人公たちと敵（ナチスの継承者）が同じホテルに逗留するフリッツ・ラングの『怪人マブゼ博士』（一九六〇）との関係といった、映画史的なものではない。あるいは後のストローブ＝ユイレ『花婿、女優、そしてヒモ』（一九六八）とレネ『プロビデンス』（一九七七）が、ともに映画内演劇の入れ子構造を持つジャン・ルノワール『黄金の馬車』（一九五二）を源泉にしていることとも違う。それはよりシンプルで、しかも決定的な、例えば『ミュリエル』が「フレームアウトしない」映画であり、『和解せず』が「フレームアウトする」映画であるといったことから見てとることができるものだ。

『ミュリエル』の冒頭で黒地と白文字にハンス・ヴェルナー・ヘンツェによる、不安を醸し出す音楽が流れる緩やかなクレジット・タイトルが終わった後、ドアノブに毛皮のコートを着た女性の右手がかかるクローズアップに始まる短く速い編集で示されるカットの嵐に、観客は何が起きているのかを把握できずに画面の推移についてゆくしかない。火にかけられた薬缶とグラス、ハンドバッグを握る女性客の左手、煙草を持つ別の女性の手が口元に動きそれを追うカメラ、そして最初のドアノブの右手（何度か反復されてこのシーンの「軸」となる）、薬缶の湯を注ぐ手に続き、シャンデリアや椅子の背、アクセサリー入れの容器らしい事物がいずれも骨董品の古さを示して場所を暗示する。そして毛皮の女性の背後から、もう一人の白髪混じりの女性の正面を捉える画面が二人の位置関係を示すが、その後で毛皮の女性の左横顔に、一度ではそれとは認識できまいボタンや帽子の短いカットが重ねられる。もう一人の女性の両手がいつの間にか煙草ではなく巻き尺を持ち、さらに靴のつま先が動く画面が続いて、その目紛しい編集の中で時間が経過していることが記号的に示されて観客の意表をつく［図1―8］。

それはやがてブローニュの町で骨董屋を営むエレーヌ（デルフィーヌ・セイリグ）のもとに毛皮を着た女性客がやって来て注文するというシーンであるとわかるが、それは直ちにレネが私淑するアルフレッド・ヒッチコックの『サイコ』（一九六〇）のシャワー殺人シーンを想起させる。どちらも向かい合う二人の人物の身体のパーツや事物の速く短いアップの断片で構成され、正確に画面内に留まるように振り付けられた手の動きの物質性が迫ってくる。だが、『ミュリエル』の目紛しいクローズアップ画面の編集の中で突然に時間が跳んだと示されることは、同様に『サイコ』でバーナード・ハーマンのテーマ音楽とさまざまな声が響く車中のジャネット・リーの上半身の画面が映る度に陽が落ちてゆくシーンを見る時とは違った、観客の能動性を発動させる準備を促す契機になるのである。例えば、続いて薬缶をカップに注いでいた手の主がエレーヌの義

図1-8　アラン・レネ『ミュリエル』(1963)

理の息子のベルナール（ジャン・バチスト・チェレ）と示されるが、そこでも彼が机の引き出しを閉める画面にタンスの引き出しを開ける画面が続くと、この映画では時間の跳躍が何気ない身振りとともに起こることが明らかになる。しかし同時にこの時間の跳躍はある規則性を帯びている。このシーンの最後に出かけようとするエレーヌが右往左往しながら各部屋を消灯して回る時、カメラは縦構図で各部屋に出たり入ったりする彼女の全身を捉えるが、一瞬画面からその姿が消えても直ちに戻ってくることで空白の画面だけは作るまいとするアラン・レネの演出が、この『ミュリエル』を、人物をフレームアウトさせたまま戻らせない映画にしないということを示している。その通り、駅から家までの夜道を人々が奥から手前へと歌とともに歩いてくる画面が反復される時、彼らは決してフレームアウトしないのだ。そして時間が跳ぶのはその一瞬なのである。

エレーヌが第二次世界大戦以来会っていなかったかつての恋人アルフォンス（ジャン・ピエール・ケリアン）と、自身を姪と偽る若い愛人フランソワーズ（ニタ・クライン）を迎えての夕食シーンで、誰かが居間からキッチンに行って料理を持って戻ってくる度に、エレーヌがふと気づくように、いつの間にか時間が跳んでいる。あるいは翌朝ベルナールが馬に乗って海岸を歩き、オーストラリア移民の老人（ジャン・ダステ）から羊の結婚相手を探せと頼まれ、アルジェリア戦争で仲間のロベール（フィリップ・ローデンバック）らと拷問して殺害した娘ミュリエルの記憶が詰まったアトリエへと向かう時、ベルナールを捉える固定画面は背景を変えて近づいたり遠ざかったりしながら決して彼をフレームアウトさせない。ちょうどジョルジュ・メリエスの『悪夢』

Le Cauchemar（一八九六）の書割の舞台で人物が入れ替わるように、またジャン・パンルヴェのドキュメンタリーで生物たちがフレームを出てしまう瞬間にそうするように、レネは人物がフレームを出ようとする瞬間にまた固定画面で捉えた画面を繋ぐのだ。

2　時は戻って来ない

しかし『ミュリエル』とそれら先人の作品との差異は、時間の経過＝不可逆性の記号を導入したことである。『ミュリエル』以前のレネ作品、『二十四時間の情事』（一九五九）で広島とヌヴェールを結びつける機能を果たしていた移動撮影が、日本では当時未公開だったロッセリーニの『イタリア旅行』（一九五四）におけるポンペイの遺跡（広島の原爆投下直後の廃墟と重ねられる）のさまよいと、ウェルズの『偉大なるアンバーソン家の人々』（一九四二）のラスト近くのオーヴァーラップを重ねた移動撮影の影響下で生まれたのは言うまでもないが、それは必ずしも観客が気づかない仕掛けではない。また『去年マリエンバートで』（一九六一）の『市民ケーン』（一九四一）的な城館の縦構図での後退移動で場所を跳ばしたりデルフィーヌ・セイリグの衣装が白と黒を往復したりするジャンプカット編集は、夫の発砲や愛人の事故死や駆け落ちといった、それぞれ仮の結末とともに、アラン・ロブ＝グリエの脚本による時と場所の非決定性に行き着くものである。さらに『ミュリエル』以後の『ジュ・テーム、ジュ・テーム』（一九六八）は科学者グループが記憶の再生装置を使って自殺に失敗した男の秘密を探ろうとする実験という口実によるジャンプカットと反復のフラッシュバックで、過去は再現映像として視覚化されていた。

しかし『ミュリエル』では、ベルナールの撮ったアルジェリア戦争時の八ミリ映画の映写シーンを除いて、過去は視覚化されておらず、その映像も兵士たちの訓練や日常を記録したもので、フレーム外でベルナールが語っているミュリエルへの拷問や殺害が映っているわけではない。これはただ連続するフレーム内の背景を変えたり事物を動かすことで過ぎた時を示す、レネの映画の中で最も微視的な運動に観客の注意を向けさせる作品なのだ。

最初に述べた『ミュリエル』の冒頭シーンの女性客がエレーヌに家具を注文する声が、目紛しい編集とともに聞こえてくる時、何度か写されるドアノブを握る右手の画面以上に、バラバラに細分化された速いカットを、声の連続性でつなぎ止めているように思える。ハンス・ヴェルナー・ヘンツェの曲とリタ・シュトライヒによる歌は、ロングショットでは滑稽にさえ見える登場人物たちの日常の身振りの断片に対して悲哀の感情を加える。何回も描かれる食事のシーンでは、一つの場所に集まった人々の、全体を把握できないたわいもない会話の断片をコラージュ音楽のように繋ぎ合わせ、しかし断片から断片に画面が移る瞬間にただ時が過ぎてしまったことを知るからこそ、観客の心は動かされるのである。そしてその中に建築業者のロランが語る「滑り落ちそうな家」の逸話がエレーヌたちの脆い日常を暗示し、最後の食事でアルフォンスを追って来た義兄エルネスト（ジャン・シャンピオン）による秘密の暴露によってすべてが崩れ去る。それはエレーヌを信じ込ませたアルフォンスの嘘を破壊し、ベルナールによるロベール銃撃と失踪へと続くのだが、そこでも時間の跳躍がある。この最後の食事シーンで鍵盤を叩くピアノとドラムスの曲が暴力的なサウンドで加わり、アルフォンスを罵倒するエルネストの顔の動的なクローズアップの間に赤く静物画的な団地の外観を挿入するモンタージュである。

一方、ベルナールがロベールを撃つシーンで、銃撃そのものは見えないが「降りて来い、いや降りるな」との声と発砲音に続きロベールが倒れるロングショットが映る。つまり最も暴力的なシーンは遠景で撮られることで不明瞭なものとなるが、そこにも先のシーン同様の跳躍と対位法がある。そしてアルフォンスの秘密が暴かれた後も、連続性を保ちながら非決定性と時の跳躍は続く。アルフォンスやベルナールの行方は示されず、さまよい歩くエレーヌは仕立て屋を営む友人夫妻の家に辿り着き、そこでエレーヌには妹がいて音信不通であることが示されるものの、その会話も跳躍を伴う断片の連続であるため、夫妻との関係を知ることはできない。その後駅に向かうエレーヌが古い駅だから列車は来ないと告げられ茫然として帰るが、しかし列車を待っているカップルの客がいるため、どちらが本当なのか、観客に知る術はない。アルフォンスの妻シモーヌが、誰もいない「廃墟」となったエレーヌのアパートをさまようラストのワンカットは、リタ・シュトライヒの歌に付き添われ、ただ意を決したようにドアから出て行くシモーヌのフレームアウトで終わる。

3　フレーム内に留まること

『ミュリエル』の劇中ではアルフォンスとミュリエルの手紙と記憶の真実（エルネストは「アルフォンスはエレーヌではなく自分に会うはずだった」と言う）、エレーヌとロランやクローディーヌとの関係、ベルナールの恋人マリド（ウルグアイに移住する）とアトリエの管理人の詳細、ロングショットで示されるロベールと仲間たちは何をしようとしていたのかといった情報は語られず、最後にエルネストが暴露する秘密を除けば、フランソワーズとアルフォンスとの関係だけが「アルフォンスがエレーヌに語ったことを否定するために」ベルナールに向かって語られる。ベルナールはフランソワーズとの関係を持とうとせず、フランソワーズは後にパリ行きを決意するため、カップルは成立しない。

しかし目を引くのは、食事を終えてベルナールの部屋に入ったフランソワーズがベルナールに話しかけるシーンで、レネは画面を切り返そうとせず、彼女を捉え続け、その長い画面の最後にベルナールの後ろ姿をフレームインさせるのである［図9］。それはこの映画で唯一のシネマ・ヴェリテ的な長い画面で、過去に囚われていない唯一の主要登場人物であるフランソワーズの存在をよりフィジカルに描こうという意図があったのかも知れないが、もう一つの理由はおそらく彼女のいくつかのシーンで、フレーム外の空間が使われるからである。

最初にフランソワーズが登場するのは駅のカフェでアルフォンスの横に座り化粧を整えている上半身の画面で、音声はまだエレーヌと駅員の会話が重なっている。次にフランソワーズのクローズアップに変わり、彼女がフレームの外を見て少し驚くように見上げると、再びカメラはアルフォンスとのツーショットになるが彼はすでに立ち上がっている。そこでも不意の時間経過があり、フランソワーズの驚きとともに観客はそれを発見するのである。またその後夜の海辺を見つめる二人のシーンでも、彼女がフレーム外のベルナールが立ち上がったことに気づく画面があるように、彼女のシーンがしばしばこの映画で、というよりレネにとってフレーム外空間を使う数少ない契機になっていたからかも知れない。

ロブ＝グリエが『去年マリエンバートで』の制作時に「レネは非合理的な音を付け加えることで観客がついてこられなくなることを怖れた」[3]と非難していたように、アラン・レネはフレーム外の空間を画面と分離させることまでは望まない。初期レネ作品での移動撮影における画面外からの語り声は、画面と全く分離して何かを語ることはない。レネはあるインタビューで、カメラが動き続けているのに止まっている画面しかない印象を与えられるのを好むと語っていた。[4]つまり同じインタビューでアルバン・ベルクの音楽について、

図9　同前

隠れたフォルムは機能していても、常に目に見えるものではないと言っていたように。その意味でアラン・レネの映画は、依然として古典映画作家の方に向かっているのである。例えば『プロビデンス』のアル中作家クライヴ・ランガム（ジョン・ギールグッド）の脳内で展開するSF裁判のファミリードラマでも、前進移動で息子のクロード（ダーク・ボガード）が愛人ヘレン（エレイン・ストリッチ）を出迎える玄関が次の画面で後退すると室内になっていたり、またクロードが妻ソニア（エレン・バースティン）と話すコテージの背景の海岸が切り返すといつの間にかヘレンがいる冬の庭に変わってそこに銃声が響いていても、後に狼男に変身したクライヴの庶子ケビン（デビッド・ワーナー）を射殺したクロードが連行される、強制収容所行きのユダヤ人が集められたスタジアムの光景につながっていき、結局はフレーム外を内へと視覚的に回収してしまう。

しかし『ミュリエル』の時間跳躍は、フレーム内に運動が留められて、すべてを語ることができない断片の集積は観客の想像力に委ねられるしかないという点で、かろうじてフレーム外を示すことができるという意味で、ある臨界点を示していると言えるのである。

4　フレームの外へ

バルトークの《二台のピアノと打楽器のためのソナタ》の冒頭が伴うジャン＝マリー・ストロ

ーブとダニエル・ユイレの『和解せず』のクレジット・タイトルの終わりに「自然さを装うくらいなら台本を読んでいると観客に知らせた方がいい」というベルトルト・ブレヒトの言葉が画面に出た後、ビリヤードの球を突くロベルト・フェーメル（ヘニング・ハルムセン）が「何から語ろうか」とボーイに言うシーンに次いで、彼のフレーム外の声によって高校の同級生シュレラが、同級生のネトリンガーや教師のヴァカーノからイジメを受けていたことが語られていく。しかし、画面は高校生たちのクリケットの試合を捉え、声が語っているイジメの場面を見せるわけではない。一人がバットを足で折り皆が一斉にフレームアウトしていくと誰もいない画面に足音が数秒続く。その後整列している彼らが解散する画面が続き、次の画面が川辺を左へパンしていくと高校時代のフェーメルとシュレラが煙草を吸っている姿を捉え、彼らの会話の後フレーム外に出てゆくと再び足音が残る。次にネトリンガーらが組織する自警団から受けた傷を見せるシュレラとフェーメルが階段を降りてゆくと三たびフレームアウトした足音が響く画面を見せるところで、ストローブ＝ユイレは、この映画がロベール・ブレッソンの『スリ』（一九五九）以後の作品であると宣言しているのは明らかである。一章で述べたように、ブレッソンは人物のフレームイン前またはアウト後の空間に聞こえてくる足音を聞くこと、すなわち目から耳への（その逆の）感覚リレーを観客に求めた。ストローブ＝ユイレはそれに加えて、ブレッソンのアフレコ音響ではなく同時録音のよりミクロの音と、古典映画のフレームではあるが人物を画面の中心からズラした空間の出会いを記録するのである。

画面はボーイにコニャックを頼むビリヤード場のフェーメルに戻り、ボーイはカウンターのバーテンダーに注文を伝える。続いて別室での「羊教」グループの女たちの集会で、ボーイが女性から「教祖にしてやる」と誘われるが断る。次いでバーテンダーがボーイに女に気をつけろと注意する画面から、ボーイが別の老婦人の告白を聞く画面、そしてボーイがフェーメルに「話は続く?」と問いかける画面が続く。女たちとボーイのシーンはレネの『ミュリエル』と同様に断片化され、彼らの関係や詳細を知ることはできない。このシーンはボーイがカウンターにフレームインする前に足音が聞こえ、注文を伝えると羊教の女たちが文言を唱えるカットインがあり、ボーイと女たちの会話はどちらもオーヴァーラップで始まる回想であり、間にコニャックをグラスに注ぐ画面が差し挟まれる。

このシーンは映画で最も目紛しいフラッシュバックのはずなのだが、ストローブ=ユイレは観客に迎合するよりも、モノトーンの台詞と即物的な音（足音、朗唱、グラスに注がれる酒の音……）の音楽性を優先しているため、何度も見直さなければ気づかないほどである。そして現在のフェーメルが玉を突くと再び回想に入り、同志プログレスケの処刑の報、佇む若いフェーメル、「仔羊」の集会に誘う電話をかけるシュレラ、フェーメルと見つめ合うエディトという娘への前進移動撮影がいきなりフェードアウトして黒画面となる。フェーメルの声が誓いとネトリンガーの待ち伏せを語ると、上半身裸で縛られたフェーメルを鉄条網を巻いたバットで殴ろうとする手が捉えられる。息つく間もなく川を行くボートから逃げたフェーメルへのパン、それが止まらないうちにシュレラを逃がした男の前で倒れかかるフェーメル、次いでベッドに腹這いのフェーメルにカメラが近づく。そこではオーヴァーラップでエディトが「あなたは殺される」と言うアップに短いフェードイン／アウトの「回想の中の回想の中の回想」が登場し、簀巻きにされ荷物に紛れて船に乗せられ国外に出るフェーメル、となる。あらゆる繋ぎのヴァリエーションと速さは制作後半世紀が経った今も驚くべきもので、当時のインタビューでストローブがラオール・ウォルシュに言及▽5しているのは、まさに必然的である。そこで言及されている作品の「速さ」としては、『裸者と死者』（一九五八）ではなく『遠い太鼓』（一九五一）だろうが、それ以上に参照されているとすれば、ブレティン・ウィンダストが数日で降板してウォルシュが監督を継いだ快作『脅迫者』（一九五一）の速い回想形式だろう。そこではドン・シーゲルらウォルシュの後継作家には言及していないが、『和解せず』が五五分という一九五〇年代のアメリカB級映画の上映時間を持っていることは、そのルーツを示すものでもある。

5　暴かれるつなぎ目

『和解せず』がハリウッド映画やレネと決定的に異なるのは、ストローブ＝ユイレが向かい合った人物の対話＝切り返しをそれと見せないように、人物とともにある空間を被写体とするフレームによって、観客を安心させないように使っていることである。かつてロベルト・フェーメルを拷問したネトリンガー（ハイナー・ブラウン）が官僚となりホテルにフェーメルを訪ねてフロントに拒否されるシーンで、ネトリンガーとフロントの男は切り返しで撮られるものの、人物の左の空間を大きく空けたフレームと後退移動の組み合わせによって一つのアングルでは見えない背景を観客に発見させる。そのために観客の視線は空間が「連続している」という感覚を容易に持つことはできない。また建築家であるロベルトの父ハインリヒが女性秘書にネトリンガーへ息子の居場所を教えたことを咎めるシーンでも、彼らが同一空間にいるかどうかを最後のツーショットまで観客に認識させない。

あるいはハインリヒの回想シーンにおいて、寺院の改築を依頼する神父と若きハインリヒは共に窓に向かって立つ切り返し画面で示されるが、最初は相手と逆方向に視線を向けてから相手の方を向いて話すというブレッソン的なアクションが使われて、観客にその位置関係をすぐには把握させない。またハインリヒがダニエル・ユイレ演じる若いヨハンナを知るシーンは、上階の窓を閉めるハインリヒの画面に窓から上を向くヨハンナが一瞬映るだけで、誰が見たのかさえ定かではないほど速いのだ。しかしその後の結婚受諾シーン、「皇帝は馬鹿だ」と呟くシーン、馬車で揺れる夜光に頬を照らすシーンなど、若きダニエル・ユイレに当てられる光はこの映画で最も陰影に富んだ美しいものである。

後に老いた母ヨハンナの療養所の部屋で、ロベルトは自分の亡命後に起こったことを語る彼女の独白の聞き役に回るが、そこでヨハンナが最初に映るのは、ここでも鏡の中をフレームアウトする一瞬の後ろ姿である。このヨハンナがヒトラー時代の経験と協力者たちへの怒り、ロベルトの子を産んだイディスを救えなかったことへの謝罪、死んだと理解していないらしいロベルトの弟オットーとの和解の懇願などを話し続けるシーンは一連の時間でありながら、日光で白くとんでしまった背景や窓に向かう視線、引用されたブレヒトの言葉通り「引用の朗読」のモノトーンの語りの強さによって、カール・テホ・ドライヤーの『ゲアトルーズ』（一九六四）の長回しの画面のように時間を忘れさせる力がある。しかもこれはその一連の時間の間にブレッソン的なフレームアウト後の空間や、画面つなぎの瞬間に語り出しをつないで速さの印象を与える一九三〇年代のハワード・ホークスの技法も合わせて使われている、凝縮された贅沢なシーンでもあるのだ。それは父ロベルトを迎えに行く息子ヨーゼフと恋人の会話を撮った後退移動の長く見事なワンカットを目立たせないほどである。

つまり本章の冒頭でふれた、「凝集された結晶と間隔とで構成される映画」の「間隙」をフレーム外の空間とするなら、それを使うストローブ＝ユイレは、バラバラの断片を一連のものとみなさせるレネとは逆に、一連の時間あるいは空間であっても、その連続性をすぐ観客に把握させないように画面を構築しているように見える。ネトリンガーとの会食中に、その言動に辟易したシュレラ（ウルリヒ・フォン・テューナ）が食事を止めて立ち去ろうとする時、フレーム外を見上げて驚くネトリンガーのクローズアップに続き、すでに立っているシュレラは画面が変わると同時に残りを包むよう店員に告げ「殺されたいのか」と捨て台詞を残してフレームアウトするが、興味深いのは同じ技法を使ったレネの場合とは違い、怒ったシュレラの台詞と身振りの速さのフィジカルな衝撃性が時の経過の感覚よりも勝っている点なのだ。またヨハンナが身支度をしつつ食事を片付ける世話係フーペルッと会話する切り返しでも、二人の位置が判明するのはヨハンナが帽子を被る姿を確認する鏡越しのカットによってであり、そのシーンは彼女が部屋を出て温室の机の引き出しから拳銃を取り出してフレームアウトするまで続くのだが、自律性を主張する一つひとつの画面とフレーム外の音の使用によって容易に連続性を認めさせない。

フェーメルとシュレラが冒頭のビリヤードのある部屋で再会し当時出会った人々の現状について話すシーンでも、フェーメルは横から、シュレラは正面からの前進移動撮影、そしてフェーメルの頭部正面の俯瞰固定画面が続く。シュレラがフェーメルの腰掛けるビリヤード台の隣に座ると今度はフェーメルがフレームアウトし、次はフェーメルの左を大きく空けた上半身に視線を外した画面で、正面を向いた瞬間にシュレラの顔がフレームアウトする横顔が続く［図10–17］。というように、同じ部屋にいるツーショットを入れていても、同軸上で近づいても、やはりこのシーンが撮影と編集で作り上げられた連続性である事実を観客の脳裏に喚起するのである。もちろんこの映画冒頭のクレジットに掲げられた言葉からここで「ブレヒト的」という形容が思いつくだろうが、前章で述べたように、ストローブ自身ブレヒトを称揚しつつも「映画的でない」と語っているため、安易な還元は慎まなければいけない。

その点で、ストローブ＝ユイレは、レネが時間の跳躍というフィクションの感覚でなお「隠蔽

図10-17　ストローブ=ユイレ『和解せず』(1965)

した」画面のつなぎ目を暴露することで批判しているのだろうか。しかしそれはメリエスを否定してリュミエールの『工場の出口』（一八九五）にまで遡行せよと単純に言っているのではないだろう。『早すぎる、遅すぎる』（一九八二）で『工場の出口』を再現し、あるいはテイク毎の各画面の光や音の違いを記録として見せ聴かせることにまで拡張していったストローブ＝ユイレのその後を考えれば確かにそうだろうが、ストローブはそれが二一世紀の視点から振り返る作品だと言っているように、現在の観客がもし『和解せず』が導く解体的な視点に立ってみるならば、『ミュリエル』の「古典的」な地点を許容し得る。ただしその逆は許されない——これらの作品が制作されてほぼ半世紀後となる現在の映像メディアが置かれている状況が、我々の視点を古典的なものに留まらせる危険を語っているからだ。

ストローブ＝ユイレは、老ヨハンナがバルコニーから「未来の子供たちを脅かす者」を狙撃するシーンで、レネとは異なり誰を狙ったかをフレーム内に示さないことで、より射程を遠く、不特定多数の「脅かす者たち」へと拡げているように見える。今日至る所で見られる映像がフレームの中に全てを閉じ込め、映画批評に限らず視野の狭い言説の支配と消費を支えている今、人はリュミエールの『猫と食事』（一八九五）の少女や『少女と猫』（一八九九）の猫のように、フレームを出入りする自由を持つべきである。

▽1　ジャン＝ルイ・コモリ、ミシェル・ドラエ、ジャン＝アンドレ・フィエスキ、ジェラール・ゲガンによるインタビュー「気狂いピエロを語ろう」『ゴダール全発言・全評論Ｉ』奥村昭夫訳、筑摩書房、六三八頁。

▽2　Jean-Marie Straub, "Frustration de la violence," *Cahiers du Cinéma*, n. 177, avril 1966, p. 64.

▽3　「ロブ＝グリエによるロブ＝グリエ」一九九六年五月三〇日、東京日仏学院における講演採録（同時通訳＝三浦信孝・福崎裕子『ユリイカ』一九九六年一〇月号、青土社、二〇三―二〇四頁）。

▽4　"Rules of the Game," Interview with Alain Resnais by Jonathan Romney, *Sight and Sound*, September 1994, p. 10.

▽5　Michel Delahaye, "Entretien avec Jean-Marie Straub, Pornographie et cinéma a l'état nu," *Cahiers du Cinéma*, n. 180, juillet 1966, p. 57.

ゴダール、小津から「ソ連映画」へ

1　ゴダール

『ヌーヴェルヴァーグ』（一九九〇）の移動撮影について、ジャン＝リュック・ゴダールは、かつて自分はダグラス・サークの移動撮影を摸倣したことがあり、そしてマックス・オフュルスや、オーソン・ウェルズの『黒い罠』（一九五八）の長回し撮影を引き合いに出しながら、「ああしたことをやってみたかった」ので木の高さまでカメラを移動させたが、その後、理由もなくカメラを動かす他の人々の映画を見て「〔多くの若い監督たちは〕どうしてこのフレームにするのか、どうしてこうカメラを動かすのかについて考えていないように見える」▽1と語り移動撮影をやめてしまったという。

思えばサークの『風と共に散る』（一九五六）は、『ヌーヴェルヴァーグ』と同じく裕福な人々と一軒の屋敷が主要な舞台だが、後に『イメージの本』（二〇一八）の最後で引用されるオフュルスの『快楽』（一九五二）や『黒い罠』のワンシーン＝ワンショットのように目立つ移動撮影が多用されているわけではない。ゴダールがかつてサークの『翼に賭ける命』（一九五七）の批評で「線を移動させながら線を作り出すあの運動[▽2]」と書いたように、『風と共に散る』の屋敷の階段でシーンが展開される時、例えば親友ミッチ（ロック・ハドソン）の仲を疑って妻ルーシー（ローレン・バコール）を殴ったカイル（ロバート・スタック）が屋敷を追い出される時、あるいはルーシーの部屋を出た医者が待っていたミッチとカイルの妹マリールー（ドロシー・マローン）に流産を告げて帰る時、歩く人から人（あるいは鏡に映る姿）へ、色彩から色彩へと階段に添って移り行きながら、カメラは鮮やかな描線を生み出す。また父の石油王を演じるロバート・キースがその階段を滑り落ちて死ぬと、カットバックでマリールーが踊りながら白から黒そして朱色へと艶やかに着替えてゆくシーンもそうだが、人から人へ、色から色へとカメラで追いながら、まるで絵画を生み出しては消える瞬間を創造する印象を与える『風と共に散る』の撮影を、ゴダールは『ヌーヴェルヴァーグ』で再び見出したかったのだろうか。

　確かに作品の冒頭、庭師の作業から秘書たちへ、社長から再び小走りの庭師、そして奥から道を歩くロジェ（アラン・ドロン）へとすべての横移動を鮮やかにつなぐシーンは、かつてローマのチネチッタで作った『軽蔑』（一九六三）の横移動を戸外でシンプルにリメイクしつつ、同時にサークの撮影を思い出させる。またロジェとエレナ（ドミツィアーナ・ジョルダーノ）の二人を部屋の外から捉えたカメラがディノ・サルーシのバンドネオンに合わせて緩やかに横移動を反復し、波が挿入されてカメラのリズムがその運動に受け継がれるシーン、または同じ夜景のカップルからの横移動だが今度はシェーンベルクの《浄夜》をバックに女たちが部屋から部屋へと灯を消して行くシーンにもそうした意志が見えてくるように思える。

『ヌーヴェルヴァーグ』という作品が、ゴダールにとって移動撮影をふんだんに使った最後の作品となったのは、ステディカムやミニクレーンやドローンのように、軽量化するカメラがオートマティックに情報を追うことに閉じ込められてフレームを失い、サークやオフュルスやウェルズのように移動撮影自体が何かを生み出すことができなくなることを見越してのことだったと考えられる。例えば近年の映画、デイミアン・チャゼルの『ラ・ラ・ランド』(二〇一六)の移動撮影には、古典ミュージカル映画であるスタンリー・ドーネンの『ギブ・ア・ガール・ア・ブレーク』*Give a girl a break*(一九五三)の綱渡り感覚や、バズビー・バークリーの『バズビー・バークリーの集まれ!仲間たち』(一九四三)のような空間の創造はもはやない。おそらく移動撮影の思想を持っていた最後の人は、「『ラストタンゴ・イン・パリ』(一九七二)でぼくはようやくスペクタクル性と前衛的実験が矛盾するという考えを克服できた」▽3と語ったベルナルド・ベルトルッチだったろう。マーロン・ブランドとマリア・ミキの会話シーンで人物ではなく壁に向かって前進するカメラは、カール・テホ・ドライヤーの『吸血鬼』(一九三二)で突然人物から離れて壁を追うカメラワークを継承するものだが、それは後述のブニュエルやウェルズ、ミュージカルの移動撮影のエッセンスを集めたコンビネーションでもあった。そしてロバート・アルトマンの『ロング・グッドバイ』(一九七三)のズームとドリーの併用や、ライナー・ヴェルナー・ファスビンダーの『一三回の新月のある年に』(一九七八)の修道院をぐるぐると回るカメラは、移動撮影の断末魔の叫びというべき最後のあがきだったろう。

ゴダールはかつてシャンタル・アケルマンとの対話で、彼女の『アンナの出会い』(一九七八)を制作会社の製品にすぎないと批判しながら、オーロール・クレマンがカーテンを開けるのを追う横移動撮影だけは「カーテンを開けることの官能性と同時に意味の現前があり、他の映像との肩を寄せ合い文章言語には少しも依存していない映像」[▽4]だと賞賛していた。『ヌーヴェルヴァーグ』は、ゴダールにとって昔ながらのレールに乗せた移動車からステディカムへと移行しつつあった時代に、手仕事の移動撮影に何ができるのかを記録する画面を作る最後の機会だったのである。

だがそれ以前に、移動撮影より強力だった一九八〇年代のゴダール映画の固定画面が、常にフレーム外の空間を指し示しながら作られていて、前述したダグラス・サークのようなハリウッド古典映画の連続性を拒否し、どうしても続く場合にはわざわざ「つなぎ間違い」や「反復」を選択し、観客をして目前のスペクタクルの分析へと向かわせていたことを思い出さなければならない。この時代のゴダールの「教育性」は、三〇余年後の現在も、メディア映像に操られる観客たちへの充分な批判たりえているからである。

例えば『カルメンという名の女』（一九八三）の銀行襲撃シーンでは、銀行の前に立つ警備員ジョセフ（ジャック・ボナフェ）と道路を隔てて向かい側に立つビデオの売り子のカップルとの切り返しや、強盗の太った女が侵入して受付に銃を構える画面が、それぞれ前の画面のカメラに対して九〇度の位置から撮られ、人物の背景が重ならないため、観客はすぐに位置関係を把握できない［図1―4］。あるいは最初にゴダール自身が登場する精神病院のシーンで、看護士の女の顔はフレーム外の患者に話しかけていて、その目の前を通り過ぎる患者を追ってフレームアウトすると、次の画面はやはり前の画面に対して九〇度の位置からの後ろ姿のフルショットで、両端のベンチの左側にゴダールが座って読書をしている。ゴダールが見上げて言葉を交わす看護士の前

図1-4　ジャン＝リュック・ゴダール『カルメンという名の女』（1983）

方から鼻歌混じりの禿げた男がやってくる。ゴダールはその男が目の前を過ぎると同時に立ち上がって男と反対側に歩き出し、男の姿と重なって見えなくなった所でカット、次は画面奥の扉からゴダールが出てくる所でジャン＝ピエール・モッキーが演じる患者が、モッキーの映画の題名『その家にフランス人はいるのか』*Y a-t-il un Français dans la salle?*（一九八二）を連呼しながら前景フレームを出入りする。これもまた連続しているのにそのつながりは観客にはすぐに把握できない編集である。しかし空間は間違いなく連続している。ゴダールは、映画において「連続しているのに非連続であるかのように見える」演出と撮影と編集を通じて、それらの分析を観客に要請する。それは、偉大なメディア批判の映画なのである。

2 グリフィス、そして小津の「違和感」

もちろん、この前画面の背景と重ならない角度のカメラ位置での切り返しを、ゴダール以前にも使っていた人々がいる。例えばデヴィッド・ウォーク・グリフィスは『スージーの真心』（一九一九）で、軒先で読書中のスージー（リリアン・ギッシュ）に向かって彼女が思慕を寄せるウィリアム（ロバート・ハーロン）が結婚についてどう思うかと尋ねるシーンや、紆余曲折を経て二人が再会するラストシーンで使っている。また『幸福の谷』（一九一九）のラストのキスシーンでも、同じくスージーが正面から、ウィリアムが横顔で捉えられている。いずれも視線の動きと二度以上の切り返しの反復、二人のロングショットが使われていて、二人の位置を把握できない観客はいないだろう。しかしスージーの顔をアイリスで囲んだ一つひとつのショットを際立たせる力が、時を超えてゴダールのそれに呼応していることは言うまでもない。

そしてもう一人、小津安二郎は、ストーリーをただ追っている者には少しも疑問を持たせることなく、しかし画面を追っている者には少しも安心させることがないという驚愕すべき映画的空間を構築している。例えば『秋日和』（一九六〇）や『小早川家の秋』（一九六一）では、原節子が演じる女性が住んでいる狭いはずのアパートのシーンで、切り返しを除く人物の背景が観客にとって初見となるように前のカメラ位置に対して九〇度か一八〇度の位置で撮られている［図5-8］。もちろんそれらのアパートは撮影所のセットであり、一画面毎に装置を動かして決められた撮影位置だと教えられてはいてもなお、小津安二郎の映画の専売特許であるイマジナリーラインを越えた視線の切り返しとともに用いられる時、観客は、同じ閉じた部屋にいるにもかかわらず、むしろ全く開かれた空間にいるという驚くべき不思議な違和感に囚われる。しかしそれは人工性を強調したものではない。反対に当時から現在までの日本の観客が、住居それ自体を「自然」なものと認識する家屋であるがゆえに囚われる違和感である。

また屋外であっても、『浮草』（一九五九）の川口浩と若尾文子による大きな赤い船腹を背景にした逢瀬のシーンで、イマジナリーラインを越えた切り返しによって、川口浩の背景に全景フレームに入っていない樹々の緑がいきなり出現する衝撃が、船腹の赤を背景にした二人のキスシーンを一層艶かしいものにするのである。

小津は当時、日本間の狭い空間での撮影では「文法に従うとすれば或る一人の人物の背景は床の間だけであり、も一人の人物の背景はまた襖とか、或は縁側とかに決まってしまう。それでは私の狙っているその場面の雰囲気がどうにも表現出来ない」[▽5]ために視線のイマジナリーラインを越えてみたと語っている。しかしそれ以上に、この撮影当時の日常生活に最も近く見えながら絶えず不気味な違和感を発信する小津の空間は、それがまず「映画」である前提を抜きにして語ることを絶対的に拒否する＝最も自己言及的な映画であるがゆえに、日本における現代映画の出発点となったのである。

図5–8　小津安二郎『秋日和』(1960)

それが可能になったのは、おそらくかつて兵士として中国戦線の毒ガス部隊に所属したと伝えられ、[▽6]復帰後に戦争そのものを題材としなかったと批判されもした小津にとっての「懺悔」からではなかったか。もちろん前述の発言は戦前であり、小津自身が戦争を題材にした企画を果たせず、また帰還兵を題材にし暴力描写もある『風の中の雌雞』（一九四八）が存在することを踏まえて、あえて「懺悔」という言葉を使うのだが、それでも『晩春』（一九四九）以降の作品を考えると、次の問いが底流に潜在すると思われる。主要な映像メディアとして戦争に利用されてしまった映画が再び戦争に使われないためには、どうすればよいのか。それは映画が日常と現実を撮影しながらも、それとは「似て非なるもの」だと秘かに発信しつづけるしかないのではないか。小津は、内田吐夢の『たそがれ酒場』（一九五五）の登場人物に戦争への反省を語らせたり、『大菩薩峠』（一九五七）の主人公に大量殺人を懺悔させるといったことだけでは充分ではないと感じていたのかも知れない。小津はこう言っている。

　私の友人たち、故山中貞雄とか稲垣浩、内田吐夢などは、どうも私の映画は見にくいと言う。撮り方が違っているからである。では終わりまで見にくいかと聞くと、いや初めのうちだけで、すぐに慣れるという。[▽7]

古典映画が娯楽産業の頂点を極めた時代にあって、秘かに自らの完成に亀裂を入れるような試みは奇異であり、危険でもあったろう。しかし今から見れば、それは「自ら不可視の部分を作る」戦後日本映画の自己破壊的とも言える流れを呼ぶ端緒であったとも言える。しかし現実には、扱う題材とストーリー＝文字情報の平凡さによって、皮肉にも生前の小津は後続の人々から非難され、映画それ自体が発信しているはずの違和感に全く気づかない、あるいは無視した観客たちから支持されたのである。それは痛ましく、メディアが小津の作品を映画の代表として扱う場合、今でも続いていることだ。しかし映画が多様な映像メディアの中で凋落した現在において、何よりも自己批判が可能な唯一の映像である現代映画にとって、小津は一つの偉大な源泉になっているのである。

3 一九八〇年代フランス映画の「室内劇」というフレーム、そしてドヴジェンコ

小津やあるいはグリフィスのように、撮影所で自らの空間を構築する潤沢な予算を得られなかった一九八〇年代のゴダールではあるが、ゴヤやレンブラントやドラクロワの絵画を活人画として再現するクルーを題材にした『パッション』（一九八二）では、唯一スタジオを使って撮影している。その再現セットはロッセリーニの歴史映画、例えば書割背景が絵画を摸していることやズームの使用の頻度からフランスで撮られた代表的な作品である『ルイ十四世の権力奪取』*Le Prise de pouvoir par Louis XIV*（一九六六）より『コシモ・ディ・メディチの時代』*L'età di Cosimo di Medici*（一九七二）を連想させるが、活人画というアイディアはセルゲイ・パラジャーノフの『ざくろの色』（一九六九）からのものであろう。ゴダール自身が映像と音を分離するアイディアをパラジャーノフの作品から得たと語っているように、▽8 ゴダールはヌーヴェルヴァーグの中で唯一人ソビエト連邦の映画の影響が色濃く見られる映画作家であったが、とりわけ一九八〇年代はソ連崩壊前後の同時代の映画に刺激を受けていたことが、言動や作品からも明らかである。一九八〇年代はジャック・ラング文化大臣によるEU映画のフランス化時代、いわば帝国主義的とも言える戦略で多くの国の映画や亡命者たちがフランスとの合作で恩恵を被った反面、ヨーロッパ映画がフランス的に画一化してしまう契機となった時代でもあった。

フランス映画はヌーヴェルヴァーグ世代の第二黄金期とも言える時代で、モーリス・ピアラ、フィリップ・ガレル、ジャック・ドワイヨン、アンドレ・テシネやディアゴナルの人々が定期的に作品を発表し、ジャン＝クロード・ブリソー、ジャン＝ピエール・リモザン、レオス・カラックスといった人々が登場してきた時代でもある。例えば『カイエ・デュ・シネマ』三六四号（一九八四年一〇月号）ではエリック・ロメールの『満月の夜』、ジャック・リヴェットの『地に堕ちた愛』、ストローブ＝ユイレの『アメリカ（階級関係）』（いずれも一九八四）という三本の「室内劇映画」の撮影ルポルタージュが掲載され、▽9 翌年の『カイエ・デュ・シネマ』三七三号（一九八五年六月号）では『ゴダールの探偵』（一九八五）についてのインタビューで、ゴダール自身が「リヴェットの『地に堕ちた愛』に心を動かされたのは、たぶん『ゴダールの探偵』で自分も室内劇を作っていたから」[10]と述べている。

F・W・ムルナウ〜マルセル・カルネまたはルネ・クレールの室内劇の評価について語っていたロメール、ジャン・ルノワールやジョージ・キューカーやルイス・ブニュエルといった人々の軽やかな移動撮影を思い起こさせるリヴェット、同じカフカ原作のオーソン・ウェルズ『審判』(一九六二)を批判しながらエリッヒ・フォン・シュトロハイムやチャールズ・チャップリンに遡行するストローブ=ユイレ(余談だがペドロ・コスタの『コロッサル・ユース』(二〇〇六)、『ホース・マネー』(二〇一四)はこの『アメリカ』の影響下にあり、それを超えようとした室内劇だったと思う)に対して、ゴダールはルノワールの『ゲームの規則』(一九三九)やエドガー・G・ウルマーの演出を『ゴダールの探偵』の中で実践している。例えば、ウルマーの『クラブ・ハバナ』*Club Havana*(一九四五)の中でカメラがあるテーブルから別のテーブルへと移る瞬間に給仕が入ってくる演出は、ジャン=ピエール・レオーの登場するシーンでなされている。[11]ゴダールは、「こうした映画で面白いのはホテルのボーイのような無関係な人間が部屋に入ってくる瞬間[12]」と語っている。つまりここでも彼は「内に閉じ込められてしまうこと」への危惧を語っていたのだ。そしてこのヌーヴェルヴァーグ世代の第二黄金期に画一化と内向きのベクトルを感じていたゴダールは、米ソ体制下で当時まだ西側にとって「未開の地」だったソ連映画において、エイゼンシュテイン以後の音と映像を分離する流派ともいうべき人々に、「外へ出る」アイディアを得ていたのではないだろうか。

『カルメンという名の女』の弦楽四重奏団と海辺の波のコンビネーションと言えば『ワン・プラス・ワン』(一九六八)同様、かつてゴダールも制作援助に加わったストローブ=ユイレの『アンナ・マクダレーナ・バッハの年代記』(一九六八)がルーツだろうが、ストローブ=ユイレはしばしばエイゼンシュテインがいわゆる「アトラクションのモンタージュ」で映画と音楽のコンビネーション=止揚については第一人者であると認めていた。だからバッハの曲の演奏の終わりに映る空と海を思い返すと、それも「音楽を通じて」室内から「外に出る」アイディアの一つだったのである。

さらに『こんにちは、マリア』(一九八四)で、「神の子」を身ごもったマリー(ミリアム・ルーセル)とジョセフ(ティエリ・ロード)のカップルが部屋にいていまだその事態を受け入れられないというシーンがある。最初は『勝手にしやがれ』(一九五九)のミシェル(ジャン=ポール・ベルモンド)とパトリシア(ジーン・セバーグ)のカップルのシーン同様に男が求め女は身をかわすという演出だが、ジョセフがマリーの裸が見たいと訪ねてくるシーンになると、ベッドの上に座

上:図9　ジャン=リュック・ゴダール『こんにちは、マリア』(1984)
下:図10　アレクサンドル・ドヴジェンコ『大地』(1930)

るしかない狭い部屋で、カメラは俯瞰から撮られ、突如マリーは苦悶の表情で宙を見上げたかと思うと床を両拳で叩きつける［図9］。その身振りは、かつてアレクサンドル・ドヴジェンコの『大地』（一九三〇）で、身ごもった裸の女性が壁やベッドを叩くシーン［図10］が、農村リーダーの棺がひまわりの咲き誇る中を運ばれ、暗殺者は狂ったように走りまわり、人々が歌いながら行進し馬が走ってゆくといった他のパートと交錯し、突き進む展開を思い出させる。そして中年男の天使ガブリエル（フィリップ・ラスコット）がドヴォルザーク《チェロ協奏曲第二楽章》のフレーズとともに乱入し、手荒に迫るジョセフを叱りつけ、その身振りを上演のリハーサルのようにやり直させると、そこでも『大地』と同様に、田園や大空、カスミソウや菜の花の光景が続く。そして二人がいる部屋に戻って来て、机上にあるチューリップの花弁のクローズアップがマリーのモノローグとともに挿入される。ここでゴダールはドヴジェンコを援用することで、他のフランス映画作家たちが留まる狭い部屋を脱出し、宇宙論的とも言える広大な次元と顕微鏡的な次元を部屋のカップルと結合させることができたのである。

4 ユーリア・ソーンツェワ、ソ連崩壊前後の映画、ロシアの女性作家たち

かつてゴダールがドヴジェンコ本人の映画より先に、ドヴジェンコの妻でかつてヤーコフ・プロタザーノフ『アエリータ』（一九二四）の女優だったユーリア・ソーンツェワによる夫の遺稿

の映画化『海の詩』（一九五八）、『戦場』（一九六一）、『魅せられたデスナ河』（一九六四）の三本を、公開時に賞賛していたのはよく知られていることだろう。『海の詩』で独ソ戦を生き延びた医師が何も知らない息子と草原を歩き、戦時を回想すると、鳥のさえずる息子のフレーム外に対して父のフレーム外には爆音が響き、突如戦車が横切ってくる。また夕暮れを歩く恋人たちのフレーム外にそれぞれのモノローグが聞こえてくると、男は出世の野心と愛に引き裂かれ、女の父親が男に鞭をふるう時、オフィスだった背景が突如大波となって襲ってくる。このようにソーンツェワも室内と屋外の壁をものともしない。

また、『戦場』の激しい戦闘が終わった後での宵闇の湖の逆光に照らされた恋人たちの美しさと、森の中の川を滑ってゆく若者の遺体を乗せた小舟と呼びかける恋人の声のイメージ、そして『魅せられたデスナ河』で回想する幼年時代の主人公が、桜や南瓜、ひまわりやチューリップ、スローモーションで降るりんごの中を駆け抜けてゆき、船に乗って夜の星と霧の中をいつ果てるともなく滑っていって突如現れたライオンが唸り声を上げる時、その子供のイメージはパラジャーノフの『火の馬』（一九六四）や『ざくろの色』の、あるいはアンドレイ・タルコフスキーの『鏡』（一九七五）、『ストーカー』（一九七九）、アレクサンドル・ソクーロフの『日陽はしづかに発酵し……』（一九八八）の子供たちにつながっているのかも知れない。そして明け方から草を刈り続ける男たち、花々と光眩い川のイメージは、パラジャーノフの美しい『ウクライナ・ラプソディ』（一九六一）や『ヌーヴェルヴァーグ』の画面の間に差し挟まれても決しておかしくない。

ジョージアからフランスに亡命したオタール・イオセリアーニも含め、彼らはスターリンからアンドロポフに至るまでのソ連の圧政下で、西側同様にフレーム外を消去し観客／視聴者を操り人形化した古典映画やテレビに抵抗し、時にパラジャーノフのように投獄されながらも、フレーム外の空間の作業を通じて視聴覚音楽の映画というべきものを発展させた。さらにその一人がパラジャーノフの盟友でありソ連におけるフッテージ・ドキュメンタリーの代表的な作家であるアルタヴァスト・ペレシャンであり、彼の「距離のモンタージュ」理論[13]がペレシャンの『四季』（一九七二）で助手についたソクーロフの初期作品や[14]、ゴダールの『全員が練り歩いた』（一九八七）、『言葉の力』（一九八八）以降『イメージの本』までのファウンド・フッテージ作品に影響を与えたのは言うまでもなかろう。しかし、ゴダールがペレシャンの「世界を構成する粒子が可視と不可視の世界を円環状に回っている」という理論を採用していないのは、例えばペレシャンの使う反復に対して、そして『皆殺しの天使』（一九六二）のブニュエルや『仮面／ペルソナ』（一九六六）のベルイマンの反復の使用に対しても、前述の通り例えば『ゴダールのリア王』（一九八七）のようにいかにも「反復を使っていますよ」と観客に示すのが、メディアとして映像を使うテレビへの批判だからである。テレビは一つの情報を一日中反復してスペクタクル化し、視聴者が意識せずとも既成事実化してしまう。ゴダールはその操作を作品中で可視化し、批判するのである。

ソ連崩壊前後＝システムの過渡期に現れた映画作家たちに共通していたのは、メディア統制下で抑圧されていたフレーム外の空間の作業の進化であり、再び統制下に入った時（現在そうなっている）再びそのフレームの外側が存在することの証明にもなるはずのものであった。アレクサンドル・レクヴィアシュヴィリの[*1]『ステップ』*The Step/Sapekhuri*（一九八六）と『接近』*Coming closer/Miakhloeba*（一九八九）において、前者は植物学者たちの共同生活の破綻、後者はソ連末期の地方生活の没落を描くが、レクヴィアシュヴィリは室内で会話する二人を各々バストショットからフルショットの厳密な画面におさめて切り返し、時に前進移動さえするが、容易にその距離を示そうとせず、住居や学校はその全体の構造を把握できない。黒澤明が最も敬愛されるソ連諸国で溝口健二を好むと言ったレクヴィアシュヴィリは、確かに『十九世紀グルジア年代記』*The 19th Century Georgian Chronicle/XIX saukunis qartuli qronika*（一九七九）や、『帰り道』*The Way Home/Gza shinisaken*（一九八一）といった屋外の森を主舞台にした作品では溝口的と呼べる長い画面を撮っているが、室内劇としてはそれと知らず小津に近い空間を提示した唯一の作家と言えるのは面白い。

またアレクサンドル・ソクーロフのスタッフからデビューしたスベトラーナ・プロスクーリナ[*2]の『偶然のワルツ』*An Accidental Waltz/Случайный вальс*（一九八九）では、女主人の住む屋敷の周りを這うように進むカメラにつれてフレーム外ではノイズの中からエコーをかけた女の呟き声が浮かび上がり、彼女が愛人の男を車から引きずって運ぶ移動シーンではラジオからの曲にフリージャズ奏者ヴャチェスラフ・ガイヴォロンスキのトランペットとチェロに女の叫ぶような高い歌声が混ざり合って付き添う。また舞台と人生が混然一体となったある俳優の生活を描く『鏡の反映』*Mirror Reflection/Отражение в зеркале*（一九九二）の冒頭で、メイク中の女の顔を捉えるカメラがフレーム外の男のモノローグにつれて移動し犬を捉える画面が、芝居の上演中の舞台裏へと動き回りながら、モノローグが呟き声に、そして静寂に至って観衆の拍手と歓声が起こっても、決して芝居それ自体を見せることはない。また海辺の共同住宅に住む人々を描く『最良の時』*Best of Times/Лучшее время года*（二〇〇七）で、部屋で出血した男を発見した少女が電話のダイヤルを回す音にカモメの鳴き声と波音と汽笛が絡み合う音響など、プーチン政権下の現在ではフレーム外の実験はかなり抑えられてしまっているとは言え、プロスクーリナがキラ・ムラートワ以後の最も重要な旧ソ連の女性映画作家であることは間違いないだろう。

また『鏡の反映』やソクーロフの『静かなる一頁』（一九九三）の脚本に参加したアンドレイ・チェルニフ[*3]は、ソクーロフに宝石のような美しさと言われ、現在はカルト化している『オーストリアの草原』*Austrian field/Австрийское поле*（一九九一）と『ワイン作りの秘密』*The Secret of wine-making/Секрет виноделия*（一九九四）の二本しか撮っていないが、フレーム外の音の使い方が突出していた。『オーストリアの草原』では、室内で見つめ合う男女のシーンで突然イタリア映画の抜粋らしきサウンドの会話が複数コラージュされて聞こえてくると、黒白映像に変わった画面が森林をゆっくり横移動してゆく。また男と全裸の女性が絵画の前で立つとモノローグが聴こえてきてやはり黒白画面の移動撮影に移る非常に美しいシーンが脈絡なく展開する。あるいは『ワイン作りの秘密』の中で、バスタブに赤ワインを入れた男女が浸かりながら対話するシーンで不意にカメラが引いてゆく時のフレーム外音響のエロティシズムは、このソ連崩壊期の自由で僅かな時期にこそ存在し得たものである。さらにタルコフスキーの『ストーカー』に出演したアレクサンドル・カイダノフスキー[*4]が監督としてトルストイの「イワン・イリイチの死」を映画化した『ある単純な死』*A Simple death/Простая смерть*（一九八五）や、ボルヘスの短編「マルコ福音書」を映画化した『客』*Gost/Гость*（一九八七）、『灯油売りの妻』*The wife of the kerosene man/Жена керосинщика*（一九八八）には、真っ暗な画面のフレーム外にモノローグや幻聴の音を響かせ、登場人物たちが狂気にまで至るシーンが数多く見られる。

また日本でも公開された『私は20歳』（一九六二）のマルレン・フツィエフによる、過去と現在を往復する自伝的大作『無限』*Infinitas/Бесконечность*（一九九一）の男女の会話が、主体を離れてカメラとともにさまよい崩壊前夜のソ連とモスフィルムを記録するシーン、さらにロシア・ネクロリアリズム（死霊実在主義）のリーダーだったエフゲニー・ユーフィトの『雷撃に死す』（二〇〇二）や『二足歩行』（二〇〇五）など、ソ連崩壊前後の映画が切り開いた映像と音の分離やフレーム外の空間の進化は、崩壊後のソ連各国が別となり、さらにロシアでの映画のプロパガンダ/テレビ化とプーチン体制のメディア支配によって絶たれ、忘れられてしまったかに見えるが、それらは今こそメディア批判として再見されるべき映画群なのだ。

実際その後に現れた作家たち、キリル・セレブレンニコフやアレクセイ・フェドルチェンコ、イリヤ・フルジャノフスキー、イワン・テウェルドフスキーといった人々は、テレビの影響下にある現在の欧米映画作家同様に視覚偏重的であり、音を従属させて画面上に見せるものを競っているようだ。そうした中で、優れたフレーム外の作業を押し進めているのは女性作家たちだ。ソ連は伝統的に優れた女性映画監督を世界で最も多く輩出している国であり、前述したソーンツェワやムラートワ、プロスクーリナのほか、崩壊後のロシアでも、例えばマリナ・ラズベズキーナ[*5]が集団農場を生きた女性の人生というドヴジェンコ的な題材を「現代の女性に演じさせる」と示すパートから始める『収穫期』*Harvest time/Время жатвы*（二〇〇四）や、ソクーロフのワークショップ出身のキラ・コワレンコ[*6]がファジル・イスカンデル原作でアブハジア女性の人生を描く『ソフィチカ』*Sofichka/Софичка*（二〇一六）、ルシア・マテヴェーワ[*7]の『パッチワーク』*embroidderess/Вышивальщица*（二〇一四）などの作品が登場しており、不可視の部分がないテレビ的「重厚な映像」やハンディカメラ映像に閉じ込められた現在に、フレーム外の空間を再発見しつつあるのかもしれない。それはプーチン以後のロシアにとっての希望となり得るだろうか。

▽1 Laurent Tirard, *Moviemakers' Master Class: Private Lessons from the World's Foremost Directors*, Farber & Faber, 2002, p. 213.

▽2 ジャン＝リュック・ゴダール「翼に賭ける命」『ゴダール全評論・全発言Ⅰ』奥村昭夫訳、筑摩書房、一九九八年、二九六頁。

▽3 エンツォ・ウンガリ、ドナルド・ランヴォード『ベルトルッチ、クライマックス・シーン』竹山博英訳、筑摩書房、一九八九年、一一三頁。

▽4 「ジャン＝リュック・ゴダールとの対話」『シャンタル・アケルマン映画祭パンフレット』アテネ・フランセ文化センター、一九八八年（『シネマグラ』七号、一九七七年より採録）。

▽5 小津安二郎「映画の文法」『月刊スクリーン・ステージ』一号、一九四七年六月二〇日（田中真澄編『小津安二郎戦後語録集成』フィルムアート社、一九八九年、三八頁）。

▽6 田中真澄「伏字の戦争」『小津安二郎周游（上）』岩波現代文庫、二〇一三年、二五二―二八六頁。

▽7 小津安二郎「映画に文法はない」『芸術新潮』一九五九年四月号（前掲『小津安二郎戦後語録集成』、三三五頁）。

▽8 ジャン＝リュック・ゴダール『パッション』日本公開時の劇場用パンフレット、一九八三年、九頁。

▽9 「満月の夜」のパート（アラン・ベルガラ、アラン・フィリッポンによる）のみ『季刊リュミエール6』（一九八六年冬号）に「満月の夜はいかにして撮られたか」（鈴木圭介訳、九二―九七頁）として掲載された。

▽10 アラン・ベルガラ、パスカル・ボニゼール、セルジュ・トゥビアナによるインタビュー「戦争と平和」『ゴダール全評論・全発言Ⅱ』奥村昭夫訳、筑摩書房、一九九八年、六六六頁。

▽11 この文脈ではないがゴダールとウルマーについては蓮實重彦『ハリウッド映画史講義――翳りの歴史のために』(ちくま文芸文庫、二〇一七年)一七七―一七八頁を参照。

▽12 ベルガラ、ボニゼール、トゥビアナ「戦争と平和」、六六六頁。

▽13 筆者によるペレシャン監督へのインタビューを参照(http://www.ncncine.com/pelec.html)。またゴダールとの比較については筆者の「アルタヴァスト・ペレシャンと映画の時間論」(オンライン雑誌『チェマダン』〔chemodan.jp〕六号、二〇一五年)を参照。

▽14 «Возможно, вы... одна из букв киноалфавита». Артавазд Пелешян в беседе с Александром Сокуровым и Гансом-Йоахимом Шлегелем, Штуттгарт, 1995 (http://www.kinozapiski.ru/ru/article/sendvalues/366/). このペレシャンとの対話で、ソクーロフは、「ペレシャンはエイゼンシュテイン、ブレッソン、ベルイマン、ドライヤーと同じく映画のアルファベットを作った偉大な芸術家の一人」と讃えている。また筆者が『キネマ旬報』一九九六年三月上旬号でおこなったインタビューの未採録部分で、ソクーロフはペレシャンの映画が目指す「逆向きの時間」に対して、自らの映画は「渦を巻きながら進む時間」だと語った。

＊1 アレクサンドル・レクヴィアシュヴィリ(一九三八―)モスクワ映画大学の撮影・監督コースで学び、在学中にオタール・イオセリアーニ監督の短編『四月』(一九五七)を手がける。ソ連消滅後の作品にはファウンド・フッテージによるソ連からイスラエルへの移民をテーマとする『約束の地、帰還』*The Promised Land. The Return/Земля обетованная. Возвращение*(二〇〇〇)と『パレスチナのロシア移民』*Russian Palestine/Русская Палестина*(二〇〇〇)がある。

＊2　スベトラーナ・プロスクーリナ（一九四八―）　一九七三年までレニングラード演劇研究センターで学ぶ。近作は『休戦』*Перемирие*（二〇一〇）、『グッバイ、ママ』*До свидания мама*（二〇一四）。

＊3　アンドレイ・チェルニフ（一九六〇―）　プロスクーリナの『鏡の反映』やソクーロフの『静かなる一頁』の脚本に参加し、最近は主にテレビドラマの脚本を手がけている。

＊4　アレクサンドル・カイダノフスキー（一九四六―一九九五）　俳優としてアレクサンドル・ザルヒ『アンナ・カレーニナ』（一九六七）以来、ニキータ・ミハルコフ、セルゲイ・ソロヴィヨフらの作品、タルコフスキーの『ストーカー』に出演している。

＊5　マリナ・ラズベズキーナ（一九四八―）　一九七一年にカザン大学卒業、一九八九年よりドキュメンタリーの監督として活動。映画・演劇学校を設立し教育者としても活動している。

＊6　キラ・コワレンコ（一九八九―）　カバルダ・バルカル共和国大学でアレクサンドル・ソクーロフのワークショップに学ぶ。『ソフィチカ』は監督第一作目。

＊7　ルシア・マテヴェーワ（一九六四―）　本名のリュドミラ・ジンチェンコとしても写真、ビデオ作品を発表。銀のカメラ賞を受賞している。

闇から浮上する身体へ――メディア批判の視点から見た第二次大戦後の日本映画

1 明白さから暗闇へ

前章で引用した「映画に文法はない」という文章で、小津安二郎は、「ロングショットでAB（対話者たち）の位置関係だけ、はっきりさせておけば、あとはどういう角度から撮っても構わない（……）クローズアップの向きはどうでもよいが、対話者の位置関係は説明しておかなければ、観客は混乱して、映画の中に入れない」[▽1]と語っている。その位置関係を示すショットは、現在のテレビドラマやテレビで放映される映画ならごく普通におこなっていることだ。しかし同じく前章で述べたように、「他人とは違う方法で撮っているので（山中貞雄や内田吐夢が言ったように）初めは見にくいが、慣れる」[▽2]という小津自身の映画は、まさに位置関係は厳密に「明白なはずなのに」、その撮り方に「慣れない人にとって」（つまり映像メディアとして認識せざるを得ないために、慣れることをためらわざるを得ない現代の人間にとって）まさに不気味な違和感を抱かせ続けるという点で、それが映画というメディアを露にすると言えるもの＝現代映画の出発点である。しかし、ただ文字情報を追うだけで、その撮り方など無視してしまえる人にとっては依然として古典映画の「名作」であり得るという点で、小津の映画は非常に厄介で「危険な」代物であるとさえ言えよう。そしておそらく戦後に登場した新しい日本映画の作家たちにとっても、例えば吉田喜重の『小津安二郎の反映画』（岩波書店、一九九八年）が示すように、小津の映画とは、否定するにしても賞賛するにしても非常に厄介で「危険」だったのは確かだろう。

小津の同時代人である溝口健二の映画においても、対話者の位置関係は明白なものだ。『残菊物語』（一九三九）で、大阪の舞台での成功を見届けて拍子と太鼓と三味線とともに、病と喜びに身を震わせながら出てきたお徳（森赫子）がしばし一本の木の下にしゃがみ込んでいると、菊之助（花柳章太郎）が出て来て、二人がこれで東京に帰れると喜びつつ歩いて行く姿をカメラが追う［図1-4］。出てくるお徳を捉えたロングサイズから歩いてくる二人をバストサイズで追ってそのまま前進移動撮影し、オーヴァーラップで次のシーンに移るが、その背景の劇場から街並への大セットは妥協ない被写体への距離をゆるがせにしないためのものだろう。また『西鶴一代女』（一九五二）のラスト近くには、琴の音が激しくかき鳴らされる中、お春（田中絹代）が自らの子である若殿を一目見ようと近づく度に家来たちが引き止めるが、お春の「私の子です」との声に一瞬ひるんで逃がしてしまい、あわてて彼女を追いかけ引き戻そうとするシーンがある。ここでの若殿の行列とお春を追う家来たちの位置関係もまた明白であり、セットもまた各々のロングショットの厳格な距離を実現するために建てられたと推測される。

このように劇映画＝追いつめられた俳優のドキュメンタリーでもある点で、溝口はロベルト・ロッセリーニと共通する。しかしロッセリーニがフレーム内に人間だけを見せようとするのに対して、溝口はドイツ表現主義、とりわけフリードリヒ・ヴィルヘルム・ムルナウの映画を引き継ぐように、フレーム内に装置と俳優との関係＝空間を見せる。距離とはそのために必要なのである。しかし、その距離を妥協なく実現するための完璧なセット＝俳優を追いつめるための装置は、CG全盛の今日ではおそらくありえないだろう。例えセットが実現したとしても、メジャーな映

図1-4　溝口健二『残菊物語』(1939)

像機器がPCからスマートフォンに移行している現状では、溝口と同じ距離感を作り出すための膨大な予算を、管理する製作者が許可することはあり得ないだろう。あるいは内田吐夢の『逆襲獄門砦』（一九五六）のラストシーンでも、一揆を起こした照造（片岡千恵蔵）ら農民たちが代官（月形龍之介）を追い出した後、綱を引いて屋敷の巨大セットを破壊し屋根に駆け上がるワンカットまで、農民たちと代官の位置関係は、観客にとってクリアであり追跡可能なものである。

しかし、これが同じく農民たちによる一斉蜂起を扱った大島渚の『天草四郎時貞』（一九六二）になると、冒頭の字幕による時代説明に続く暗闇の中でのワンシーン＝ワンカットは、音声では役人たちが年貢のカタに子を孕む女性を拉致していき、残った農民たちが天草四郎（大川橋蔵）のもとに向かうというシーンであることは明白だが、視覚的には誰が誰なのかの判別は不可能である。さらに後半、四郎、与三右衛門（花澤徳衛）、右衛門作（三國連太郎）とそれを殺す角蔵（吉沢京夫）、為三（河原崎長一郎）、そして扇動者の浪人（戸浦六宏）を四郎が殺すまで、演劇のように暗闇にスポットライトを当てられた人物は、それぞれのステージ上の演説をして闇の中に消えてゆく。その位置関係は、確かに城に立てこもった農民たちの全体が映っていたはずが、把握不可能になり、最後に四郎と浪人が向かい合うところでやっと再び全景がフレーム内に見えてくる。このように、対話者の位置関係を明確に示すか示さないか、空間を被写体にするかしないかという点で、戦前の日本映画を代表する映画作家である溝口や内田と戦後日本を代表する映画作家の一人である大島の差異は明確なものである。

小津の「対話者の位置関係は説明しておかなければ、観客は混乱して、映画の中に入れない」[3]という言葉にあえて反するように、戦後の日本映画に登場してきた何人かの優れた映画作家たちは、被写体の位置関係を容易に把握させず、闇の中に隠蔽したり、視線を妨げたり、遠景と手持ちカメラで追うことを難しくする。それは黒画面を使うこととは違う。例えばギィ・ドゥボールの『サドのための絶叫』（一九五二）をウェブ上で見る視聴者たちが、黒画面をとばして見てしまえるのに対して（それは現在ではむしろ映画館向きの作品であることを意味する）、日本映画の何人かの作家たちは、該当する画面で、観客の視線を追わせようとしつつ追わせまいともするからである。それはおそらく戦中派だが実質的には戦前派である黒澤明が、一九二〇年代のドイツ表現主義やアベル・ガンスらの闇の影響下で作り上げ、ソ連でグリゴリー・コージンツェフやアンドレイ・タルコフスキーの絶賛を浴びたドストエフスキー原作『白痴』（一九五一）において、妙子（原節子）を殺害した赤間（三船敏郎）が亀田（森雅之）とともに正気を失っていき闇の中で折り重なって倒れる一連のシーンあたりが出発点だったのではないか。後に吉田喜重の『エロス＋虐殺』（一九六九）における脱構築の対象となった『羅生門』（一九五〇）の国際的成功の次に撮られたにもかかわらず、強制的な短縮と不評を買った『白痴』終盤のこのシーンは、まだ人物の位置関係を把握出来ないほどに暗くはない。しかし、人物の不動性や狂気のモノローグ、執拗な長さによって、語られる物語よりも様式化された映像それ自体を強く意識させるからだ。

よく『椿三十郎』（一九六二）の決闘の一瞬が例に挙げられるものの、『姿三四郎』（一九四三）

の池の中で動こうとしない主人公以来、黒澤明の映画にとっては運動よりも、時には車座になってじっと座っている人々の不動性の方が遥かに重要な主題である。その後黒澤自身は『どん底』（一九五七）に至って、地面にじっと座るか這いつくばる人々の劇をロベルト・ヴィーネ『カリガリ博士』（一九二〇）にルーツを持つセットとマルチカメラによって「アカデミックに」完成させる。それが可能だったのはもちろん撮影所と興行の全盛時代の故であり、その終焉とともに黒澤も寡作になっていく。

2　一九六〇年代の人々

先述の『天草四郎時貞』に先立ち、大島渚の『日本の夜と霧』（一九六〇）はすでに暗闇が人物の位置関係を把握不可能にしていた。結婚式にやって来た太田（津川雅彦）が、新郎新婦（渡辺文雄、桑野みゆき）を祝いつつ二人の始まりを語り出そうとすると、照明が落ちて真っ暗な中、スポットライトで学生運動に泥まみれの学生たちの姿が浮かび上がり、若き日の新郎新婦もその中で女子学生の死を悼み、泣きながら歌っている。京都大学で演劇活動をおこなっていた大島渚は、過去と現在の往復もまたカメラ前の上演のドキュメンタリー＝劇映画として演出できた。動くフレーム内を演劇ステージとして人を出入りさせて使う手法は、この視点から見るとアラン・レネに近いが、『日本の夜と霧』で津川雅彦のミステイクを残したように、大島はカメラ前の上演の身体のドキュメンタリーとしてこの映画を作り上げ、つまり「上演の映画」の作家として一応の自己を確立する。その代表作が、アマチュアと即興を数多く取り入れながら終盤では小山明子の声と身体の強力なパフォーマンスにすべてを集約した『日本春歌考』（一九六七）であろう。しかし大島は低予算映画であっても常に何らかの舞台／背景を必要とすることで、またそうでなければ失敗することで、依然としてそのルーツが撮影所映画にあるという徴を残しており、それが『愛のコリーダ』（一九七六）以降の「撮影所回帰」につながっている。

吉田喜重は松竹独立後の『水で書かれた物語』（一九六五）から『樹氷のよろめき』（一九六八）までの劇映画で、言わば岡田茉莉子の変貌のドキュメンタリーを撮ってきた中で、彼女が閉じ込められる空間の背景を、照明を落とした日本間の黒さから雪一面に覆われた白さへと変化させた。『女のみづうみ』（一九六六）の露口茂との船底から『炎と女』（一九六七）の日下武史との別荘のラブシーンまで、いずれも彼女の周りをカメラが回ると岡田茉莉子の照明に白く映えるうなじを写すとき、メディアでは焦点が当てられることのない、また性器のように容易に文字情報に回収されてしまわない、身体の一部分が執拗に捉えられることで、それは当時の日本において一般に劇場公開される映画を個人のものにできるのかという挑戦だったと言える（大島渚が小山明子の身体と声に最も多く作品を委ねたと言えるのは先述の『日本春歌考』だが、それも最終的な部分だけだったことと対照的である）。

『エロス＋虐殺』から『戒厳令』（一九七三）までの政治を扱った三部作のうち、『煉獄エロイカ』（一九七〇）は、時代や場所を往復する迷路空間そのものを主題にした映画という意味では最も重要である。吉田喜重は複数の登場人物を同じ画面に入れるものの、人物を画面の中心にせず端に寄せたり前景でほとんど隠したりする。主人公の庄田夫妻が住むマンションの部屋は実景であり、小津映画のセットのように背景を動かすことはできない。そこでカメラアングルが人間を中心にせず、カットが変わる度に前の画面と違ったフレームの端に人物を配し、背景を大きくとることで、同じマンションの一室でありながら迷宮的空間を作り上げることができるのである。黒白映像の強烈な白さとアングルによって作り出される背景空間の抽象化と、その背景と人物の関係の希薄化によって、例えば一九七〇年を演じる岡田茉莉子を含む一群の人々が一九五二年の革命集団の同志を裁く裁判と処刑に居合わせ、その場所はカットが変わる度に室内だったり屋外だったりすることができるのである。

また大島や吉田の同時代人が人物の位置関係を闇で覆うことで空間を創出した代表的な作品例として、松本俊夫『修羅』（一九七〇）や大和屋竺『裏切りの季節』（一九六六）を挙げることができる。『修羅』は冒頭で太陽が沈む画面から始まる全編闇の中の時代劇である。最初に源五兵衛（中村賀津雄）が捕り方に追われて帰ってくると、小万（三条泰子）が斬殺されている光景を見るが、それは夢であり、しかし本当の悪夢は目覚めてから始まっていく。すなわち源五兵衛自身が夢を反復するからだ。そして背景を闇で覆われた中での悲喜劇は演じられたものであると強調するように、三五郎の切腹シーンまで何度も反復提示される。一方で『裏切りの季節』ではベトナム戦争従軍カメラマン（立川雄三）が同僚を殺して妻を奪おうとし、同僚の写真を奪おうと組織が追ってくるというストーリーの主な舞台となるマンションの一室で、全体を見せることのない闇に沈んだ部屋の壁には同僚が撮影した写真が引き伸ばされて貼られている。この壁や主人公が切断した同僚の腕のイメージが同僚やベトナムの戦場の記憶を呼び起こし、自分も狙われているという恐怖に取り憑かれる。どちらの作品もシーンの舞台となる空間にいる人々の位置関係を意図的に闇で覆い、背景との関係を観客に把握させまいとする。それはもちろん、前述の大島や吉田同様に、独立プロやピンク映画の予算の制約でもあろうが、虚構としての連続性を成立させるためのものでもあったろう。

3　鈴木清順の場合

では鈴木清順の場合はどうだったか。周知の通り、同時代の加藤泰や増村保造と同様に、鈴木清順の映画は何よりも撮影所、セットと分かち難く結びついていた。少なくとも、大和屋竺も具流八郎として脚本参加している『殺しの烙印』（一九六七）で日活を解雇され、『悲愁物語』（一九七七）を松竹で撮る時期まで、『野獣の青春』（一九六三）の宙吊り銃撃戦、『刺青一代』（一九六五）のガラス張りの床、『東京流れ者』（一九六六）の真白のクラブ等々、アクションのアイディアと一体となった木村威夫らの美術とセットを抜きにしては考えられないだろう。

しかし同時に、一九六三年以降の鈴木清順の映画は、固定画面によって捉えられた動きと静止であっても、また時にはアクションの方向が正反対であってもどれほど離れていても、厳密なやり方で接続可能であることを示すという、前代未聞の「非連続の連続」のロジックを追求していった。例えば『東京流れ者』で不死鳥の哲（渡哲也）が雪の降る道を歩きながら歌い出すと、聞こえるはずのない屋敷の中で大塚組のヤクザたちが「哲だ！」と叫ぶ。また最後に哲が周囲を取り囲まれながら拳銃を床に放り投げて拾うと同時に全員を撃ち、裏切り者の親分（北竜二）に背後をとられながら拳銃を投げ上げた隙に弾丸をよけて撃つシーンで、鈴木清順は左に避ける哲を見せ、落ちてくる拳銃のアップを挿入し、次には反対の右に走って銃をキャッチして撃つ哲を見せる［図5─8］。それは『殺しの烙印』で後に殺し屋ナンバーワンと判明する男（南条弘二）を護送する花田（宍戸錠）が建物の屋根にいる敵を認め、次いでトンネルで道をふさぐ車に突っ込み車を出てあらぬ方向に撃つと、屋根から落ちる敵の遠景が続くシーンのように、現実にはありえない映画だけに可能な空間の連鎖である。しかし『殺しの烙印』で依頼された殺人に失敗した花田が美沙子（真理アンヌ）に匿われ虜になり、いくら壁に蝶を貼付けた部屋に閉じ込められても、セットである室内は、当然シネマスコープサイズでカメラを横移動させる距離を保つことができる。つまりその「自由」あるいは「前衛性」とは、全盛時の古典映画の撮影所システムが支えていたものである。

後に撮影所を離れて撮った『ツィゴイネルワイゼン』（一九八〇）で青地（藤田敏八）が園／小

稲（大谷直子）に招かれて家に入り、赤い灯が点滅し重低音や女の声が聞こえる真っ暗な廊下を歩いてゆき、背後から「もう後戻りはできませんわねえ」と囁かれる時、着物姿の大谷直子の腰から下を隠す繊細な照明にもかかわらず、もはや移動撮影に壁を取り払える撮影所の自由がない

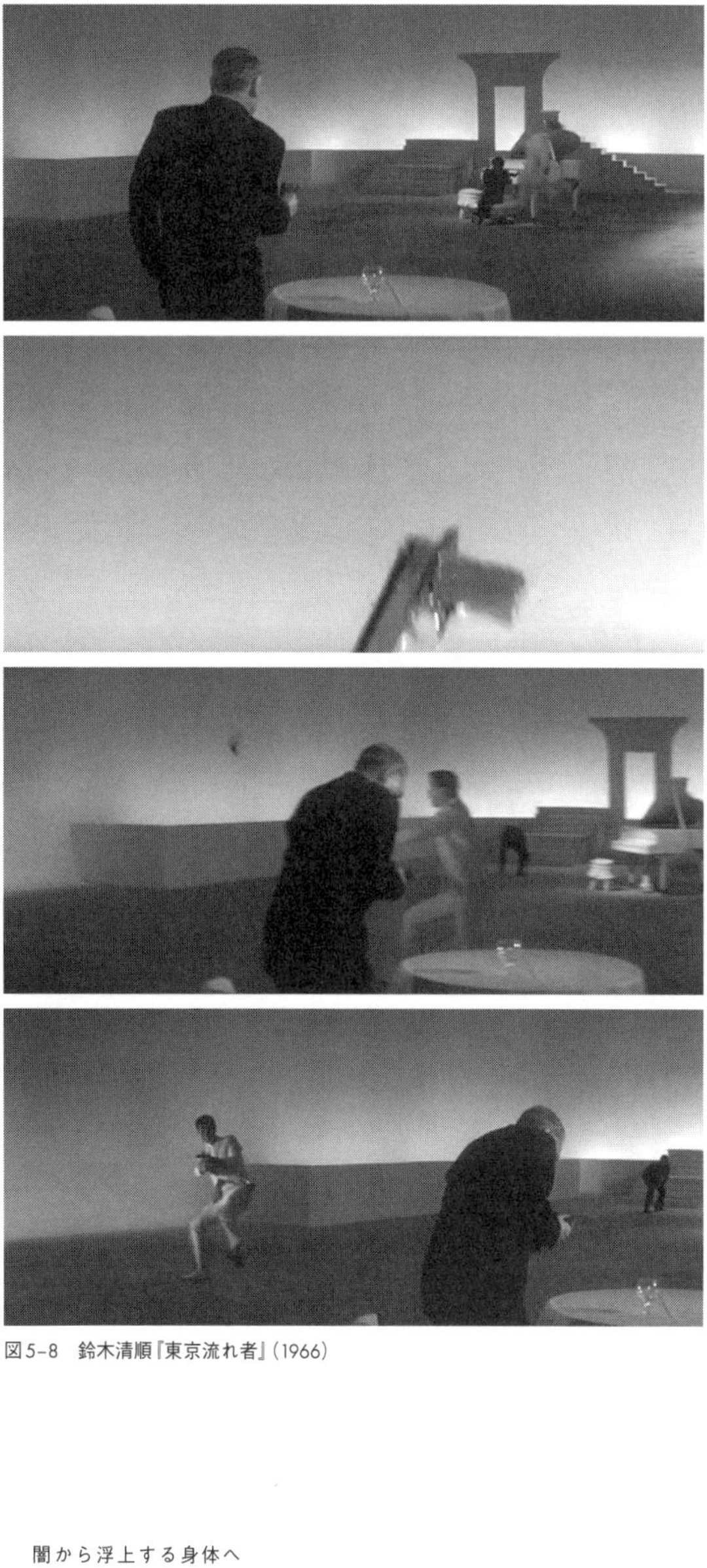

図5–8　鈴木清順『東京流れ者』（1966）

ことの限界を見てとることができる。しかし続く『陽炎座』（一九八一）は、ハリウッドを離れたオーソン・ウェルズの映画のように、撮影所を離れたプロフェッショナルたちが当時のあらゆる限界を遊んだ臨界点的な作品と捉えることができる。例えば狸囃子に導かれて松崎春狐（松田優作）があてどもなく歩いて行き、とある神社で品子（大楠道代）を見つけるシーンでは、画面の奥から歩いてくる松崎の姿を、中には堂々巡りと思わせる同じ背景の反復も含めて、田舎道の遠景から中景のジャンプカット編集で提示する。それはちょうど四章で取り上げたウェルズの『審判』（一九六三）の最後で死刑場に向かうKの歩みを思い出させるが、しかし昼間でそこには影もなく、ただ距離とフレームだけが虚構を支えるという綱渡りの至芸が見られるのだ。そして桜が舞い散る中、例によって明らかに遠く離れた別々の場所での切り返しで語り合う二人のシーンは、連続性を前提とする欧米の作家であるウェルズやレネ、その後鈴木清順を語る欧米の文献でも引き合いに出されたオリヴェイラや中期ラウル・ルイスでさえやらなかった「非連続の連続」の頂点であろう。しかし一方ではそこでも、移動撮影ではなく普段使われないズームが使われていることで、撮影所で撮られていないことの限界が見えてくるのである。そして『陽炎座』の翌年に鈴木が撮ったテレビ作品『家族の選択』（一九八二）は、この「対話する人物の非連続性」とブラインド越し、またはほとんど人物が判別不能なロングショットによる「見えにくさ」をテレビに持ち込むことによって、そのメディアとしての限界を「可視化」していた。

そしてこの限界が全面的に見えてくるのが、かつての撮影所が、もはやテレビのシステムに取って代わられたことを示す『カポネ大いに泣く』（一九八五）以降の作品である。そこではテレビ的なフラット光にさらされて撮影所の光と影の美学が消滅してしまい、傘を吊ったピアノ線やロケ地である横浜ドリームランドの表記以外にも、一目でスタジオに作ったと明白な装置など、虚構を支える仕掛けそのものを露呈している。

これは古典映画の絶頂期を生きた他の撮影所出身の映画作家たちの晩年の作品、例えば加藤泰の『炎のごとく』（一九八一）や増村保造の『曽根崎心中』（一九七八）についても言えることだが、おそらく伊藤大輔を理想とした加藤や、ヴィスコンティの『揺れる大地』（一九四八）が理想と語った増村といった人々は、自ら積極的に虚構の限界を見せることを望まなかったと推察される。イタリアで学んでいた時期の増村が、もしヴィスコンティではなく、フランスのヌーヴェルヴァーグの人々のようにロッセリーニを理想としていたら違っただろうと考えるのは、例えば『エデンの園』（一九八〇）のカップルが壁に絵を描くシーンを『ストロンボリ／神の土地』（一九四九）へのオマージュと見たとしてもまず歴史的に無理だったろう。ATGで撮った低予算艶笑コメディ『音楽』（一九七二）でさえ、増村映画特有の怒声に近い発声法と縦構図に詰め込む動きが俳優たちの声と身体を浮上させていたものの、フィクションの背景を維持しようとする照明の影と広角レンズを使った努力がなされていたからだ。それに対して鈴木清順の晩年の作品は、マキノ雅弘監督・山上伊太郎脚本の作品を理想としたであろう中川信夫がとった姿勢を徹底したものだ。中川が『東海道四谷怪談』（一九五九）のタイトルで黒子を登場させたのは、おそらくマキノ作品から批評的距離をとるという「上演の映画」のサインでもあったろう。そして鈴木の映画もまた時代の限界といかに戯れるか、あるいは戦い、敗北したかというドキュメンタリーに変わってゆく。しかし、それは時代の記録として現在の観客に見られることによって、時代のフレームから外に出て、別の時代のシステムというフレームに囚われている未来の観客と出会う。だからこそ『オペレッタ狸御殿』（二〇〇五）の舞台裏の画面の挿入がその姿勢に相応しいのである。

4　一九七〇―一九八〇年代

このように全盛時の撮影所で活躍し一九七〇年代を迎えたさまざまなジャンルの日本映画作家たちの映像は、主要娯楽メディアとしての地位をテレビに明け渡し、撮影所の倒産や縮小、テレビを主業とするスタッフや技術の交代、黒白からカラー撮影へと変化する中で、メディアの一部としてさまざまな形で「わかりやすさ」を目指す明るくクリアな画面と文字情報への従属に対する「抵抗」を、観客にとっての「見えにくさ」や闇として示すことになった。一九七〇年代の優れた日本映画は、そうした「抵抗」のドキュメンタリーなのである。

前述した加藤泰の後期作品において、その「見えにくさ」は、『花と龍：青雲編・愛憎編・怒濤編』（一九七三）の駅階段にお葉（倍賞美津子）が姿を見せる無音のクローズアップに美空ひばりの歌がかかる一瞬から、怒号を叫ぶ顔を地面より下に構えて撮りながら手前の物や雪や水が観客の視線を妨げ続ける戦いのシーンまで、驚くべき広域な音の瞬間を実現する。遺作の一つ『ざ・鬼太鼓座』（一九七九）では、最も大きな太鼓の音を真下から撮った鼓手の膝の裏側の震えに対応させる画面があり、『江戸川乱歩の陰獣』（一九七七）の寒川（あおい輝彦）と静子（香山美子）の出会いのシーンでの白足袋とうなじの傷のクローズアップがあるように、加藤泰は怒号と喧噪の中から突如全てを一点に凝縮する。それはやはり撮影所時代の映画でこそ実現した最も美しい瞬間であり、最後の輝きになったのである。一方で『仁義なき戦い』（一九七三）前後から一九七九年までの東映実録路線以降のアクション映画における手持ちカメラ、特に深作欣二『人斬り与太　狂犬三兄弟』（一九七二）で全裸の道代（渚まゆみ）を追いかける夜のシーン、村川透の『最も危険な遊戯』（一九七八）の夜の銃撃戦は、戦いを追うことよりむしろ追えなくなり闇に没する瞬間を望んでいたかに思える映像であり、メディアとしての古典映画＝撮影所の虚構の限界を出現させていたと言える。

さらににっかつロマンポルノの作家たちも明るくクリアな画面に抵抗していた。例えば田中登『人妻集団暴行致死事件』（一九七八）の遺体を洗う水、小沼勝『妻たちの性体験　夫の眼の前で、今…』（一九八〇）の女一人対大勢の男たちのセックス、曽根中生『天使のはらわた　赤い教室』（一九七九）の襖は、検閲を避けるためだけでなく、裸体を白日の下にさらすよりは「垣間見えるもの」として提示していた。そして神代辰巳の『赫い髪の女』（一九七九）や『嗚呼！おんなたち　猥歌』（一九八一）、『美加マドカ・指を濡らす女』（一九八四）の男女の性行為の演技と会話が一体になった長いシーンは、大半の映画のようにセックスシーンではそれ以外の行為はおこなわれないと考えている観客にとっては安心できないし、長い性行為を見ていたくない観客にとっても一部始終の演出を追う必要があるという意味で、優れたカメラ前での「性行為の上演」なのである。例えば『嗚呼！おんなたち 猥歌』のセックスシーンで、佳江（角ゆり子）と交わっているジョージ（内田裕也）の足を羊子（中村ゆり子）が包丁で傷つけて奪ってしまい、傍で佳江は泣き叫び続け、その一連を手持ちカメラがフレームぎりぎりで三人を画面に収めようと綱渡りを続ける。そしてロマンポルノではないが『もどり川』（一九八三）で睡眠薬心中を途中で止めようとあがきもつれ合うボート上の岳葉（萩原健一）と朱子（原田美枝子）を夜霧が包み、一層台詞が聴き取りづらく見えづらくなるシーンもまた、その見えるか見えないかの危うさによって安易な文字情報化に抗っていたのである。

さらにこの「見えにくさ」による情報化批判を「意図せずに」押し進めたのは、初期の相米慎二である。前述した大島の『飼育』（一九六一）の雨の中の長いロングショットや誰だか判別のつかない宴会シーンの継承と言えるだろうが、『ションベン・ライダー』（一九八三）の最初のタイトルが出る学校のプールから始まって校庭に続くクレーンを使ったロングショットの長回しや、木場を舞台に子供たちとヤクザが水中に落ちたり上がったりを繰り返す有名な横移動シーンでは、台詞を言う人物たちがフレーム内外を激しく行き交い、還元される文字情報を観客に与えることのない運動のユートピアを出現させる。『魚影の群れ』（一九八三）の風雨と波に遮られ揺れる船上の釣りシーン、『ラブホテル』（一九八五）の山口百恵の歌に彩られる夜のタクシーでの会話シーン、『雪の断章―情熱―』（一九八五）のヒロイン伊織（斉藤由貴）が幼時に雄一（榎木孝明）に引き取られるまでの複数シーンを一挙に見せる長回しのワンカットも同様に、それぞれ視線を遮る事物越しで撮られるロングショットとカメラの揺れで、観客は被写体＝情報よりまずカメラ自体を意識せざるを得ない。溝口健二は別にして、この時代に長回し映画の例で比較された他国の映画、例えばフレーム外空間を多用した『アレクサンダー大王』（一九八〇）までのテオ・アンゲロプロスや、映像メディアをコントロールしていた東側政権の予算で撮っていたからかフレーム外空間を使っていない『冬の風』*Sirokkó*（一九六九）、『対決』*Fényes szelek*（一九六九）のヤンチョー・ミクローシュや民主化後にもかかわらずさらにフレーム外空間が使えていないタル・ベーラのような、完成されたワンシーン＝ワンカットを実現出来る大作の予算や国家の援助がなかった相米の、不鮮明かつ闇に揺れる不完全なカメラワークの綱渡りが、娯楽産業として終わりつつあった日本映画と制作状況の困難さの記録であり、映画の「テレビ化」への抵抗だったのである。

少なくとも日本映画で勝新太郎の『顔役』（一九七一）ほどフレーム外空間を使った活劇はないだろうが、それはまさに、勝が対話者の位置関係がはっきりしないまま人物や物のクローズアップでシーンを展開し、三章で述べたジョン・カサヴェテスのように、台詞を話していない人物のディテールを凝視するからである。テレビドラマ『新・座頭市』シリーズ第三期「不思議な旅」（一九七九）では、原田美枝子が演じる乞食に導かれた座頭市（勝新太郎）が無人の家に入り、次いで盲目の市をあざむいて乞食から尼僧へ声色を変えて別人になりすました原田が壁伝いに歩いて身の上話をする時、対話者二人の立ち位置が不明な暗闇に、僅かな照明でクローズアップとフレーム外の声が聞こえてくる。この長いシーンは、当時としてもテレビの限界を遥かに逸脱していただろう。また同じくテレビドラマの『警視－K』第二話「コルトガバメントM1191」（一九八〇）の壁一面を血で塗られた部屋での犯人のモノローグは背中やガラス越しに撮られ、最後の勝父娘の対話は当時の同時録音マイクでは聴取の限界と思える小さな声で、しかも夜景のトレーラーハウスのロングショットで何も見えないほどだ。クローズアップと闇（『座頭市物語』第二三話「心中あいや節」（一九七四）のように、一面が白い雪の場合もあるが）で話者間の距離を非決定なものにする手法によって、勝は今まで述べてきた文字情報化に抵抗する映画作家たちの最後の一人として参入し、一九八〇年代になると、よりクリアな画面と情報化を進めたテレビによって拒否されたのである。

かつて実相寺昭雄演出の『シルバー仮面』（一九七一）第一話「ふるさとは地球」の冒頭ではぼ闇の中の六分間を許容できたテレビから暗さが駆逐され、四章で述べた対話者間の距離を見せない、またはいつ見せるのかという、視聴者の想像力に働きかける古典アメリカ映画的な演出も、例えば鴨下信一演出のTBSテレビ日曜劇場『想い出づくり』第一〇話「はじめての夜」（一九八一）で、のぶ代（森昌子）が二郎（加藤健一）の家を訪ねるシーンや、同枠『優しい女房は殺人鬼』（一九八六）の連作で夫（小林桂樹）が妻（若尾文子）に鋏を使って殺されるのを想像するシーンにあったように、僅かながら一九八〇年代のテレビドラマにまで生き残っていたのだが、現在ではすっかり消えてしまったのである。

5 北野武、黒沢清、青山真治、堀禎一

前述したように、テレビと映画の画面から闇や「見えにくさ」が消えてしまっていた一九八〇年代末の日本における映像イメージに対して、北野武の初期作品が「外部」だったのは紛れもない事実であろう。すでに『その男、凶暴につき』（一九八九）には、ツービートの漫才やラジオパーソナリティでの語りにも感じられた掛け合いのリズム、長い静止状態と一瞬の暴力のコンビネーション、ほとんどが暴力の炸裂音であるフレーム外の音、主要キャストの無表情、近づくより固定ロングショットで遠ざかることによってギャグを終わらせることなどがあった。続く『3-4X10月』（一九九〇）と『あの夏、いちばん静かな海』（一九九一）は、この時代の日本映画を代表する作品であり、無名の人々を使いドキュメンタリーの力でフィクションを撮るという同時代の先端を行っていた。

だが勝新太郎や鴨下信一さえもが対話／敵対する二人の距離を容易に見せないことに留意していたのに対して、『その男、凶暴につき』のラストの対決、『3-4X10月』の組事務所殴り込み、『あの夏、いちばん静かな海』の海から戻る男を出迎える女のシーンで、北野は距離を見せてし

まうことにはこだわっていないように見える。おそらく無表情と静止から一瞬の暴力（あるいはギャグ）への運動がそれに取って代わったということだろうか。確かに『3−4X10月』の井口（井口薫仁／ガダルカナル・タカ）が刺されるシーンでは、フレーム内に彼の手と下半身および向かい合い車の後部座席に腰掛ける相手の顔から始まり、フレーム外での会話からいきなり腹を刺された井口が腰を落とし顔を切られ殴り返すというカットに、井口が正面から再度刺され苦しむカットが続く。だがこのブレッソン的なシーンで、北野は苦しむ井口の顔をフレーム外に排除することはしていない。また野球シーンで雅樹（小野昌彦／柳ユーレイ）がホームランを打って前の走者である和男（飯塚実／ダンカン）を抜いてしまうシーンや、雅樹をからかう車が停車中の車に衝突するシーンは、前者がスローモーション、後者がジャンプカットでともに前を走る人物／車がフレームインしてくる。つまり北野武はあくまでフレーム外の音をフレーム内のスペクタクルの補完として扱っており、古典映画の範疇に留まろうとしていたことを示している。しかし同時に、『3−4X10月』の興行的失敗は、それが当時の日本の観客にとっての「臨界点」であったことを示しているのである。

今のところ、戦後日本映画の「見えにくさ」の系譜を一身に引き継いだ最後の人であり代表的な作家は、黒沢清であろう。その画面のどこかに、観客にとって見えにくい部分または黒さや影が存在することが、依然として彼を日本の最も重要な映画作家にしているのである。それは奇妙なことに、同じクロサワである黒澤明の『白痴』（一九五一）が端緒になった「見えにくさ」の流れの終着点のように見える。しかし、黒沢清にとってその「見えにくさ」は、何より最も画質不鮮明な八ミリフィルム時代の作品から始まっている。『逃走前夜』（一九八二）の後半、あるいはその前半を撮った万田邦敏による、クリアな運動のみで成り立つ傑作『逃走の線を引け』（一九八四）と黒沢の『School Days』（一九七八）や『しがらみ学園』（一九八一）のロングショットの不鮮明さとを思い出して対比してみれば明らかだろう。黒沢の映画では、曇天あるいは距離の遠さによって、あるいは八ミリカメラの露出を開放で撮ったときの粒子の不鮮明さと揺れながらのトラックバックによって、画面の見えにくさをいっそう増し、何が起こっているのか直ちにはわからないほどだ。それは三五ミリフィルムになって『スウィートホーム』（一九八九）、『地獄の警備員』（一九九二）以来ホラー映画における影として正当化され、『復讐』二部作（一九九七）、『蛇の道』（一九九八）、『蜘蛛の瞳』（一九九八）ではフィルム・ノワールの影となり、『CURE』（一九九七）以後は黒沢作品のトレードマークとなった。『回路』（二〇〇〇）の黒いシミになって消えてしまう人間は、物語と作家固有の主題が一致したむしろ「幸福な」例である。それは近作の『クリーピー 偽りの隣人』（二〇一五）の警察署の濃い影や『予兆 散歩する侵略者』（二〇一七）の最後の廃工場で風に揺らめくビニールの奥の暗がりにまでつながっている。

黒沢清作品の「見えにくさ」は、影や黒さだけでなく、『回路』や『大いなる幻影』（一九九九）、『LOFT』（二〇〇六）の霊を含めた女性たちの見えない顔、『岸辺の旅』（二〇一五）の瑞希（深津絵里）の死んだ父親の後ろ姿など、距離や影、フレームに切られた部分といった様々に形を変えて見る者の不意を打つ自在さとともにある。それは、『ドレミファ娘の血は騒ぐ』（一九八五）や『アカルイミライ』（二〇〇三）のラストやクレジットタイトルのようにカメラが出てくるシーン以上に、たんに我々が映像を通して物を見ていることを強く意識させるからである。それは物の見え方が生死を決めてしまう、「視（死）座の映画」とでも呼ぶべきものであろう。しかしそれはまた、ともすれば一章で述べたような、アントニオーニが人物をオブジェ化した方法に近くなる危険性や安易さ、微妙さを取り逃がすリスクと隣り合わせなのである。

フィルム製作とかつての撮影所の技術が存在せず、リアルであろうとなかろうとただ情報を伝えるツールとしてのクリアな映像と音を強制されるテレビに従属する現在の日本映画において、映像と音が自らの存在を浮上させ、視線の操り師であることを止めることはできないのか。否、決してそうではなく、作り手の意図は別として、依然さまざまな試みがある。しかし、それは今まで述べてきたような、フィルムや装置の伝統に依拠することができた時代の、位置関係を把握させせないといったようなものではなく、より微妙なレベルに移行したと言うべきだろう。例えば青山真治の場合、一般に代表作とみなされ、バスのフロントガラスの眩い光といった現在まで継続する主題が現れる『ユリイカ』（二〇〇一）よりも小さな作品にそれを見ることができる。『WiLd LIFe』（一九九七）が先述した『裏切りの季節』のように死んだ男に操られる人々の行動を描く映画であるにしても、また『冷たい血』（一九九七）のラストで自分は『殺しの烙印』の宍戸錠にはなれないとばかりに元刑事の嵯峨（石橋凌）がスタジアム外でジャンプを繰り返しても、また『レイクサイド・マーダーケース』（二〇〇四）の終幕に殺人を隠蔽する親たちによるディスカッションが『飼育』のような大島渚の映画を思い出させるにしても、それらには視覚的に観客の視線を妨げるような闇や仕掛けが存在するわけではない。

しかし『WiLd LIFe』の過去と現在を共存させるツーシーン＝ワンショットや二重のフラッシュバックの一方で酒井（豊原功補）が電話している間に理恵（夏生ゆうな）が置物を壊してしまうコミカルなワンシーン＝ワンショットの身体性が浮上するように、『冷たい血』のスタジアムでの遊戯のような自殺と防護服の人々とジャンプする元刑事は撮影所の虚構はもうないと知りつつ演じる＝遊ぶ人々の小気味のいいドキュメンタリーになっている。また『レイクサイド・マーダーケース』の保身で途方にくれた親たちを怒鳴りつける津久見（豊川悦司）の石を投げる身振りが大島の『儀式』（一九七一）における桜田満州男（河原崎建三）の反復であっても、テレビ局による製作のために意図的にかクリアにされた映像と音によって日本のコミュニティの醜さを演じるという滑稽さが、両者の決定的な隔たりとなる。つまりそれは古典映画あるいはジャンル映画を「演じる」人々の身体をシステムから浮上させる瞬間を捉え、同時に先人との距離＝歴史性を示すのである。『あじまぁのウタ』（二〇〇三）、『エリ・エリ・レマ・サバクタニ』（二〇〇五）、『AA』（二〇〇六）の音楽家たちの演奏する身体のドキュメンタリーも、そうした視点から捉えられなければならないのである。

また堀禎一の『妄想少女オタク系』（二〇〇七）は、ボーイズラブコミックの世界を通過しないと男の子と接触できない女子高生の留美（甲斐麻美）を描くコメディであるが、そこにはいくつものフィクションのステージの通過がある。留美は阿部（中山麻聖）と千葉（馬場徹）のＢＬ関係を妄想し、次いで阿部をモデルに絵を描き、同じくＢＬコミック好きの曜子（木口亜矢）とキャラクターを演じて楽しみ、千葉の姉が漫画家だったことから仮装へと行き着く。メディアを通じてしか世界を把握できない人のように、留美は実際に阿部の裸体を前にして苦しみ、柔道部の先輩男子が千葉に告白するのを見て、曜子の手を借りて大人の女性としてメイクを試し涙する。この美しいシーンの後、留美は阿部に「自分の中の男子と付き合って」と告白する。留美と曜子が妄想を演じる時、それらは「上演」となり、一六ミリのように画質の粗い挿入画面を含めてジャック・リヴェットの『狂気の愛』（一九六九）や『彼女たちの舞台』（一九八八）への参照もあるが、堀禎一は、まるで見知らぬ言語の国の映画を字幕なしで見る時のように、観客がＢＬコミックが文字情報として全く理解できなくとも、それを語り演じている女の子たちの生き生きとした身体が浮上する瞬間を捉えることこそが映画だと言っているようだ。

堀の次作『憐 Ren』（二〇〇八）もまた、自分が流刑にされた「時の囚人」だと言う女子高生の憐（岡本玲）が語る未来世界とそのルールが全く信じられなくとも、我々はその振舞いとリズムをただ追っていけばよいと示している映画だった。それはハワード・ホークスに倣ったルドルフ・トーメの『フィロソファー』（一九八九）やリヴェットの『デュエル』（一九七六）の神秘主義に近づく。最後の夜に憐と玲人（馬場徹）と自らを「時の意志」だと言う修司（中山麻聖）が焚火を囲んで決着をつける一四分ほどの固定画面は、修司が話すSF的真実＝フィクション＝文字情報が理解できなくとも、演じる人と声と背景の関係がフレームに捉えられていれば、ただ素晴しいものになると立証した映画である。続いて堀はドキュメンタリー「天竜区」シリーズで情報の全くない時間に挑むことになったのだが、それについては後に述べることになる。

ここで取り上げてきた映像全ては、メディア批判を意図したと作り手から明言されたものではない。過剰な映像イメージが我々の日常を浸食し人々を操っている時代に、過去さまざまに非難されたり拒絶されたり無視された「見えにくさ」＝視線を妨げる自己批判的な映像が、新たな視点のもとで重要性を持って蘇生してきたのである。特に日本のような国土的に島国であり、日本語という諸外国と通じることが難しい言語のみを話す人々が依然として大半という意味で、閉ざされたシステムを容易に作ることが可能な環境で、人間を取り囲むモニターが一斉に同じ言説を語り出す危険に絶えず曝されている日常において、観客の視聴覚に違和感や自己批判の意識を上らせる映像イメージを擁護することは、緊急の事案と思われるのである。

▽1　小津安二郎「映画に文法はない」『芸術新潮』一九五九年四月号（『小津安二郎戦後語録集成』田中真澄編、フィルムアート社、一九八九年、三三三頁）。
▽2　同前。
▽3　同前。

FRAME-9

現代映画の軌跡――フレームとサウンドのクリティカル・ライン

1　被覆と露呈

いつどこの国だったか正確には思い出せないが、デモ隊に突入されることを怖れた国営テレビ局のスタッフが通常放送を放棄して、カメラを開け放たれた窓から見える隣の建物の白い壁に向けたままにしていたライブ映像を見たことがある。おそらく独裁政権下の国営放送なのでプロパガンダ放送をやめれば平時なら逮捕・拷問・死刑かもしれず、やめなければ突入してきた群衆に捕まり殺されかねず、さりとて使命感からか放送自体を放棄することはできなかったため、ダブルバインド状態となったスタッフが考えたのは、おそらく自分たちができることが、せめて誰も写らない場所にフレームを向けることだったと想像できる。確かに開かれた窓から見えるのは壁だけで、誰も写っていなかった。だがフレームの外からは大勢の人々の声か歌声のような物音が聞こえてきたと記憶している。窮余の一策で無人の場所にカメラを向ける以外にどうすることもできなかった人々にライブ映像と音を加工する余裕はなかったと考えれば、フレーム内から視覚的に排除された人々は、しかしフレーム外からのサウンドとして確かに存在していたはずである。

だが通常人々は、視覚的にフレーム内に捉えられている人や事物が存在する時、フレーム外に気づくことはない。特にテレビはフレーム外の音がフレーム内の進行に入ってくる場合、その音源をフレーム内に捉えるか、あるいはそれは何かを説明する人物を捉えるか、さもなければ排除する。あるいは音楽によって「覆って」しまう。つまり、日常的に聴覚は視覚に従属するように誘導されている。テレビにとって視聴者を惑わす未確認音源は排除の対象だからである。ではのっぴきならない状況に追いつめられ、窓の向こうの壁にカメラを向けたテレビスタッフは、視聴者がフレーム外の音声に気づくことを期待していたのだろうか。それとも気づかないことを期待していたのだろうか。

ストローブ＝ユイレは、ゴダールから自身の『ロートリンゲン！』（一九九四）を『新ドイツ零年』（一九九一）と二本立て上映しようとの申し出を拒否したことがあったが、[▽1]その時彼らは、ゴダールが『ヌーヴェルヴァーグ』（一九九〇）から製作に加わったドイツのECMレコードの音源を自由に使える代わりに、ＥＣＭの整音とエコーサウンドが、一九八〇年代までのゴダール作品にあったノイズを覆い消去してしまっていることを批判していたのだろうか。おそらくゴダールの方は、一般に普及するアメリカ映画やフランス映画と比べて聴いてくれと苦笑していたのかもしれないし、ゴダールの録音技師だったフランソワ・ミュジーは「真実であるからといってモノラルを使うのだとしても、技術的側面を問題にしないのは残念なことだということです。もし六チャンネルのデジタルでも、センターのみの音を使えば、『モーゼとアロン』（一九七四）の録音をしたときの音にもっと近づくことは可能ですから、そういう部分で拒絶するのは間違いだと思います。〔……〕各自がそれぞれの理論を擁護するのは自由ですが、そこには技術的媒体というものがあるわけですよ。その後で意図するものを再現するのに見合った媒体かどうかを考える余地はありますが、とにかく技術的な進歩は利用すべきだと思うのです」▽2と語っていた。

しかし一方で、現在からすれば明らかにより不完全なモノラル・サウンドである一九三〇年代映画をより好むと話したことがあるストローブ＝ユイレが聴かせようとしていたのは、生音の再現ではなく、録音当時の技術的限界＝メディアの限界の記録ではなかったかと考えれば、ノイズ・リダクションによって限界を覆われた一九九〇年代以降のゴダールの映画の音が、よりミクロレベルの音に観客の耳を誘わなくなったと批判される理由もある。例えば、一九七〇年代にゴダールとアンヌ＝マリー・ミエヴィルが制作した初期のビデオ作品『パート2』（一九七五）や『うまくいってる？』（一九七六）には、一九六〇年代末にゴダールが結成したジガ・ヴェルトフ集団が使っていた一六ミリフィルム作品のノイズが残っていた。そして『パート2』は制作しているゴダール自身の映像も含め、観客に対して常に操作されたフレームの外を意識させる映像となっていた。この点から見ると、現在では一般に「毛沢東主義的な言説と夢のプロパガンダ」という過失へのノスタルジーとして処理されているジガ・ヴェルトフ集団だが、その弱点と魅力は、ＥＣＭサウンド時代のゴダールと反対に、一六ミリの割れたサウンドでアジテーションを聴かせたものの、その言説を自ら破壊することができなかったという点にあるのだ。

例えばストーリーだけならある二世帯家族の日常が語られる『パート2』では、最初に二台のモニターが出てくるシーンに続いて、ゴダール自身が自分のいる場所を工場に例えながら、プロデューサーのジョルジュ・ド・ボールガールと話し合ってこの作品を作ることになった経緯を語るシーンがある。そこでは後ろを向いているため映写自体は見えないが動いている三五ミリ映写機の右側に、ゴダール自身が立っていて、頭の上半分が画面から切れ、フレームの左外にあるらしいカメラに向かって話し、その映像は彼が右肘で寄りかかるモニターに上半身の画面として写し出されている。それは否応無しに四角いフレームとその外側を意識させるフレーミングだ。次いで黒地に青い文字でAU DEPART（出発）から始まり、A L'ARRIVE（着く）がIL Y AURA E（そこにあるだろう）を通ってREPRODUCTION（再生産）……といつものゴダール映画の絶えず文字を組み替えて変化する字幕が、他のテレビ番組のような固定した文字情報となるのを妨げる。そして同じゴダールの作業場で手前に編集機とゴダール自身が、奥に二台のモニターが片方でクロード・ソーテの『友情』（一九七四）やブルース・リーの『ドラゴンへの道』（一九七二）などの映像と音が途切れ途切れに、片方でニュース映像が流され、さらにフレーム外から女の声でこの映画の口上と監督キャストを読み上げる声が聞こえてくる〔図1―4〕。そしてもう一つのモニターから本編に出てくる子供が黒板に文字を書く映像が加わり、元の二台は何も映らないスノーノイズ映像となり、全体が雑音を発信する機械へと変わっていくかのようだ。このように『パート2』は一つひとつの映像をモニターに収めた事物として突き放し、二台のモニターに現れたり消えたりする操作と音の切断や接続によって作られる視聴覚的なノイズの塊のような映画である。

その一方でその一つひとつの映像は従来のゴダールの撮影手法と変わらない。サンドリーヌ（サンドリーヌ・バティステラ）が裸にバスローブでアイロン掛けをする傍らを娘が走り回ったり、息子の食事中にサンドリーヌと娘が踊ったりちょっかいを出したりといった二人の人物の会話で

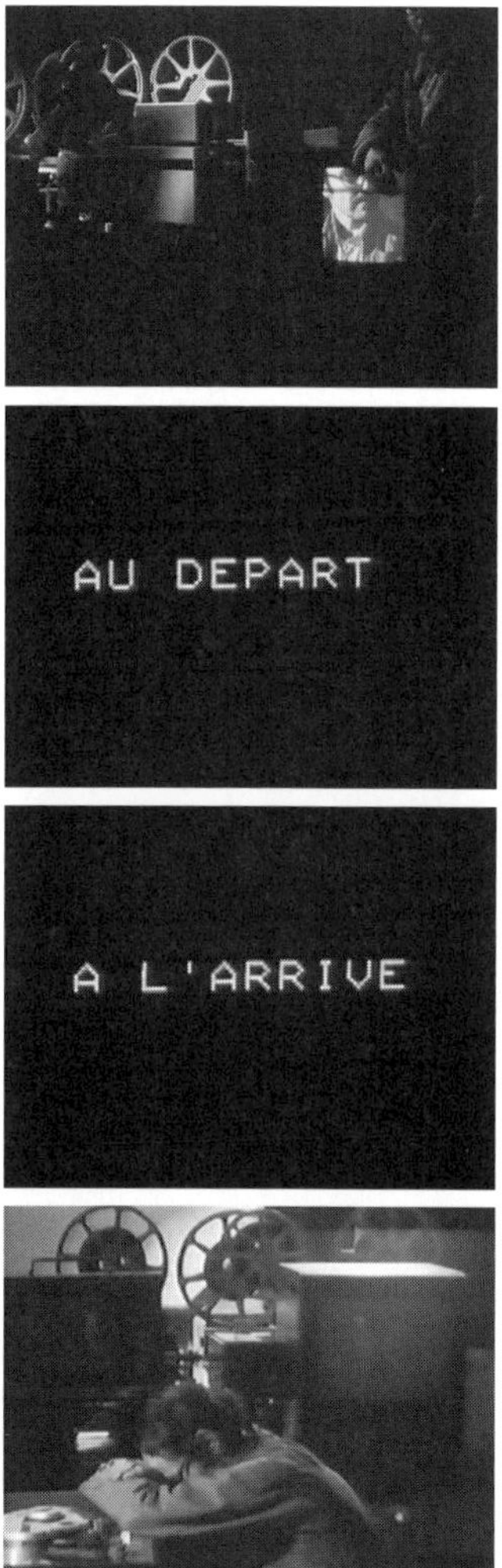

図1-4　ジャン=リュック・ゴダール&アンヌ=マリー・ミエヴェル『パート2』(1975)

は、どちらかを画面の中心に配置してもう一人を動かすか、もう一人の手や足や性器（日本では依然としてスクリーンで見られないオーラルセックスのシーン）など身体の一部をフレームに入れて常にその外を示す画面を構成する。あるいはセックスをしている夫婦の上に娘の顔の輪郭を黒く入れてくるように、観客の視線を妨げる。そして最後には再び作業中のゴダールに戻るが、そこで彼は『ワン・プラス・ワン』（一九六八）や『右側に気をつけろ』（一九八七）のミュージシャンたちのような、実際に作業中のドキュメンタリーというわけではないことを示すように、眠っている監督を「演じている」のである。

また『うまくいってる？』は、左翼新聞と印刷所のビデオ映画を作ろうとする編集者（ミシェル・マロー）が、タイピストの女性オデット（アンヌ＝マリー・ミエヴィルが演じており、けして顔が映し出されることはない）に批判され、上層部によって却下され、労働者の息子とその恋人に手紙を出したが相手にされないというストーリーが語られる一方で、「操作」と音声を含めた「フレームの外」を見せ、聴かせている。まず最初と最後（フランコの死を伝えるラジオのニュースが聞こえる）にフレーム外にいる恋人と会話する息子の画面があり、オデットが編集者に「トンプソン社の重役と隣人に、次いでピアノ教師に民主革命直後のポルトガルで市民と兵士が連帯を叫ぶ写真を見せて分析させる」というビデオを見せるシーンでは、実際は重役も隣人もピアノ教師も画面には映らず声だけが聴こえてくる。画面ではモニターを見る編集者の上半身と全体を映される写真、影に隠され顔の見えないオデットの上半身、そして食事をとる息子と恋人の姿（ラジオからポルトガルをめぐるキッシンジャーとブレジネフの対話の報道が聞こえる）が示されるだけである。さらにピアノ教師の声が「興味深いのは男の突き上げた拳と兵士の手を掴んだ手」と述べる時、すでに前のカットで見せられてはいるものの、映像はその声に従属せず、声が指し示す部分を見せていない。ここでゴダールは意図的に映像と音を乖離させている。そして唐突にジョワン社の工場のデモ写真で叫ぶ若者の顔がポルトガルの写真に重ね合わせられる。「フランスも同じ経験をした」と編集者の声は言う。さらにオデットの批判は編集者を自己反省の台詞「ジャーナリストはクズだ」に導くが、それらは全て音声で展開されている。一方画面では、これまで出てきたモニター越しの編集者の顔に二枚の写真、編集部の映像が時折激しく重ね合わせられたりする、一部いかにもテレビに売りつけるためのサスペンス映画風の音楽がつけられているものの、それは『ゴダールの映画史』（一九八八―一九九八）の先駆けとなった編集と言っていい。

この『うまくいってる？』という映画は、驚くほど少ない映像の組み合わせと反復で作られ、ちょうどジガ・ヴェルトフ集団製作の『ブリティッシュ・サウンズ』（一九六九）が一時間の映画をほとんど五種類ほどの映像で組み立てていたことを思い出させる。一方では『ジェーンへの手紙』（一九七二）でおこなった写真とそれを分析する朗読と、『ありきたりの映画』（一九六八）の顔をフレーム内から切られてほぼ見えない学生たちのディスカッションの映像とを組み合わせて作ったとしても、こうした作品ができてしまうだろうと思わせる。つまり映像と音の分離が、口実としてのストーリーを成立させる画面の組み立てと反復に気づかせ、それが写真分析を語る声それ自体の分析／解体、声というフレームの「外」に観客を向かわせるのである。

2　フランス現代映画の軌跡

一九六〇―一九七〇年代のフランス映画は、アラン・ロブ＝グリエ、マルグリット・デュラス、マルセル・アヌーンのいくつかの作品や、『ママと娼婦』（一九七三）以降のジャン・ユスターシュのいくつかの映画など、ゴダール以外にも映像分析／解体へと観客を導く作品を残してきた。しかしそれらの作品は、現在モーリス・ピアラ以後の装われた自然主義＝アメリカ化とも言えるテレビやメディアの結託によって、操り人形化された観客や視聴者によって異端視され忘却されているというのが現状だろう。しかしこれらの映画もまたゴダールの映画と同様に、マルチメディア社会を生きる現在の我々にとっての教育的作品とも再見されるべきである。

この自然主義的観点から見れば、いくらフランス文学アカデミー入りしたヌーヴォーロマンの旗手であっても、ロブ＝グリエの映画はポルノグラフィックで女性の裸体をオブジェ化したＳＭ趣味と観光写真的でフラットな映像が満載で、謎は終わらないゲームを楽しむための口実であり、構造は類似パターンを刻んでいるだけに見えてしまうかもしれない。しかし、アラン・レネ『去年マリエンバートで』（一九六一）の脚本を書く前にとりかかっていた監督第一作『不滅の女』（一九六三）でアントニオーニ的な後ろ姿の男（ジャック・ドニオル＝ヴァルクローズ）に対する女

（フランソワ・ブリオン）のイメージは、彼女の死後も写真から生身の肉体そして凝固した人形へと男の視線からイスタンブールに遍在するように見える展開は、あらゆるモニター上で映像イメージが自然と一体化して拡散され、現在と過去が併置されて、映像上の人間の生死が希薄化される現代を予見していた。それは我々が、もはや実体の生死と関係なく、映像イメージの虜になってしまう現象を批判していたとも言える。またおそらくゴダールの『中国女』（一九六七）や『メイド・イン・USA』（一九六六）のパロディであり、カトリーヌ・ジュールダン演じる女子学生ヴィオレットが迷い込むモンドリアン風カフェと夜の工場とチュニジアの町が写像関係の迷路となる『エデン、その後』（一九七一）では、レイプや銃殺や毒殺がいつの間にか音楽やダンスに変わるといったゲーム（ロブ＝グリエ本人はセリー音楽の構造を採用したと言っている）の中で、人物がカメラに視線を向け、次いで左にまたは右に向けて、何を見るのかと観客を混乱させるクローズアップを挿入させて、ＳＭ幻想映像を挿入する口実にする。

それは自らを主人公に同一化してプレイし快楽をもたらすのではなく、画面と音が自己言及的となることにより、逆に通常の一つの映像がとりわけ情緒的に、どのように観客を操作しているのかということに気づかせるゲームなのである。そこで今も重要なのは、映像と音の意味とその逸脱にこだわることではなく、この『エデン、その後』の凝固からアクションまたはジャンプカットに移行するリズムと、チェコの原色の壁やチュニジアの白色によって観客の時間感覚を奪う、カール・テホ・ドライヤーに影響されたと思われる方法の応用である。二章で述べたサイレント時代の『裁かるるジャンヌ』（一九二八）の空間感覚の消失とともに、『吸血鬼』（一九三二）や『怒りの日』（一九四三）のあたかもフレームの外がないかのように微妙に遅く移動させたりといったトーキー後のドライヤー作品の撮影が実現した「無時間化」は、おそらくアントニオーニの『夜』（一九六一）の病院シーンからマイケル・スノウの『セントラル・リージョン』（一九七一）のような実験映画、キューブリックの『二〇〇一年宇宙の旅』（一九六八）やタルコフスキーの『惑星ソラリス』（一九七二）といったSF大作映画で時間感覚が消えるシーンの先駆者でもある。それは美術監督や撮影監督の手仕事がないと成立しないという意味で、やはりスタジオ時代にのみ実現し得た産物である。スタジオ時代の産物であり、ロブ＝グリエもまたその恩恵をこうむっているのだ。

そして音についても同様のことが言える。例えば『快楽の漸進的横滑り』（一九七七）において、留置場のヒロインを弁護士が覗くと、鞭打ちや喘ぎ声や火あぶりの音が結局レコードの音であると示すシーンは、むしろことさらフレーム外から聴かせるギャグとしての効果音とセットの安っぽさを強調している。これを例えば前章で述べた一九八〇年代以降の鈴木清順と比較すると、少なくともロブ＝グリエの映画は、本来セットを必要としない初期ロッセリーニやヌーヴェルヴァーグ時代を通過し、被写体への距離が変わって以降の時代の低予算映画の方法でなければ作れなかったであろう映画群であることは確かである。そして同時に、これらの作品にも映画がテレビに取って代わられる一九七〇年代の限界が刻印されているのである。例えば『エデン、その後』

の別テイクやチュニジアのドキュメンタリー映像で作った、ロブ＝グリエ本人がジョン・ケージら偶然性の音楽をモデルにしたと言っている『Nは骰子を取った』*N. a pris les dés...*（一九七一）である。この作品も『エデン…』同様の自己言及的な映像と音と編集の仕掛けがなされているが、前作に登場した若者の一人をテレビの解説者のようにカメラ前に座らせて骰子を振る役として使っているのも、結局放送されなかったものの、テレビに受け入れられるようにするとの配慮の一つだったことが推察できるからだ。

この『Nは骰子を振った』と同じくナビゲーター＝話者が映像と乖離するという点でその先駆となったのは、ベルナルド・ベルトルッチが『暗殺のオペラ』（一九七〇）で映画化し、ジャック・リヴェットも映画化を考えていたボルヘスの短編小説「裏切り者と英雄のテーマ」を念頭に置いた『嘘をつく男』（一九六八）だろう。「なぜ私は嘘をつくのか、誰も私の嘘を信じない、特に私が」と言うボリス（ジャン＝ルイ・トランティニャン）の振舞いは、チェコで撮られ、カフカの肖像が見え、ウェルズの『審判』（一九六二）のパロディに見える。彼は冒頭でドイツ軍に撃たれて一度死に、自己紹介とともに起き上がり、そしてすぐその自己紹介を自ら否定する声が続けられる。戦時中の過去について語る声に対する映像の中でも自分自身が銃殺されてしまうのだが、何事もなかったかのように現在の彼は語り続ける。最後に彼は過去を語る映像の中で殺したはずのジャンによって射殺されるが、やはりしばらくして何もなかったかのように再び蘇る。このように、主人公の生死は非決定である。そしてロブ＝グリエ自身が言うように、撮影で俳優を殺さないというのも、殺人映像がウェブ上にアップされてしまう今では、あくまで作者ロブ＝グリエの言葉を信じるからこそ成立するものである。この映画は話者がカメラに向かって語るドキュメンタリーや、三章で述べたナイラ証言を批判している。つまり観客はいかにしてナビゲーターとしての話者に距離をとり、映像と音のパターンがどのように「嘘」を成立させるか、またはフレーム外に何があるのかを見てとる仕事をしなければならない。そして観客は、英雄とされるジャンの妹がボリスに部屋の鍵を渡して屋根裏部屋に行く時、そこで三人の娘が凝固した身振りと鋏や刀、鞭や鐘や太鼓の音によって一人の娘が首をはねられるダンスへと変化してゆくロブ＝グリエのゲーム＝コレオグラフィーを見る。ここでは意味というフレームの「外に」逸脱するコミカルな音楽的運動それ自体が非決定を支えているのを見てとることが大事なのである。

　ではロブ＝グリエより先にレネの映画『二十四時間の情事』（一九五九）に脚本を提供した同じヌーヴォー・ロマンの作家であるマルグリット・デュラスの映画について、テクストを語らずに語ることはできるだろうか。もちろん否、というべきだろうが、デュラスの場合は本人自らが「異種の映画（シネマ・ディフェラン）」と宣伝し、晩年には「映画ではない、文学だ」▽3と言ってしまっているために、どんな映画だろうと彼女のテクストさえ語れば充分だという閉じたサークルの中に作品も観客も安住してしまっている。しかしデュラスのテクストの映画化では、俳優が台詞を言う一般的な劇映画の形をとる作品においてシーンの時間の構築は非常に厳格であり、彼女の意識ではカメラ前での自分の戯曲の上演、つまり上演の映画とみなしていたのではないだろうか。そしてそれらの作品の時間とフレーム外の音を『インディア・ソング』（一九七五）などの画と音の分離以後の映画と比べて見るなら、映画作家デュラスの作品の映像と音が提起していた問題が、ただ分離というレベルではなくより豊かなものとして見えてくるのだ。

初期の映画作品『破壊しに、と彼女は言う』*Détruire dit-elle*（一九六九）の中盤でアリッサ（ニコル・ヒス）が中庭のエリザベス（キャサリン・セラーズ）に話しかける長いシーンで、最初にロングショットで示される二人のフレーム外から聴こえてくる会話は男たち、シュタイン（マイケル・ロンズデール）とマックス（アンリ・ガルサン）の声で、それが男たちの視点からのものであることを示している。そしてアリッサのクローズアップ二カットを挟む女二人の長いフルショットでは、映されない男二人がテニスをしている音が聴こえている。そして再びロングショットが示されると男たちの声でその視点に戻り、女たちを追う横移動で四人が集まる画面から皆が屋敷に入るロングショットに続くが、この間の時間は一幕の舞台のように省略のないリアルタイムを構成している。また後の女二人の対話が鏡を背に立ち位置を様々に変えながらパンだけの長いワンショットで撮られた強烈なシーンは、二人並んで鏡に向かう瞬間が後期ドライヤーを思い出させるが、それに続いてシュタインがエリザベートに夫が来たと告げに入ってくるカットも含めての一連の時間を成している。

あるいは『ナタリー・グランジェ』*Nathalie Granger*（一九七二）のナタリー（ルチア・ボゼー）が夫を送り出してジャンヌ・モロー演じる名のない女とテーブルの食事を片付ける冒頭シーンは、

廊下を歩く猫が映る画面まで連続した時間の中にあり、テーブルを行き来する手だけの画面から流しへと二人が移動し水洗いの音が聴こえるところで人物が消える。ここでデュラスは一つのシーンをワンシーン＝ワンアクトのリアルタイムとして構成しつつ人物がフレーム外に出てしまう時間をそこに組み込んでいる。つまりブレッソン的なフレーム外の時間を上演の映画に取り入れているのだ。この「上演の映画」的側面は、画と音が分離する作風を確立した『ガンジスの女』（一九七四）や『インディア・ソング』（一九七五）以降の作品である『木立の中の日々』*Des journées entières dans les arbres*（一九七六）の全編や『子供たち』*Les enfants*（一九八五）のいくつかのシーンでも追求されている。エリック・ロメールが「マルグリット・デュラスはゴダールよりもリヴェットに近い」[4]と言ったのは、それを踏まえてのことだろう。

音と映像の分離を宣言した『ガンジスの女』では、サウンドトラックのみ登場するスタジオ録音の二人の女の声が、画面上と同時録音で展開する海辺とホテルをさまよう過去に囚われた五人の芝居と重なることはないが、カメラはさまよう人物をそれぞれ追うため、場面の連続性は希薄になっている。そして『インディア・ソング』で音と映像の関係は逆転し、音に映像を従属させることになった。そしてこの作品のサウンドに廃墟を移動する映像を伴った『ヴェネツィア時代の彼女の名前』（一九七六）が生まれたのである。しかしそれはＭＴＶのように、ただ音に合う画をつけるというものではない。実際に本当に合致する画面というものはなく、その画が観客一人ひとりにとって、フレーム外にある真の画面を想像させるための装置だからだ。この映画から現実の背景音よりもスタジオでコントロールされた音声とそれに伴う音楽が重要な役割を果たすようになったのも、画と音の関係の逆転のためであったろう。『トラック』（一九七七）や『バクスター、ヴェラ・バクスター』（一九七七）で室内にいる人物が語り始めると、背景にかかる音楽が易々と移動する戸外を、あるいは海や山の風景を見せるための翼となる。そして男（ヤン・アンドレア）と海岸が映るシーンとの交替がループ的な構成になって二二分過ぎから黒画面となる『大西洋の男』（一九八一）は、テクストを読む声の自律性を誇示するがゆえに、デュラスに相応しい結論なのだろうか。そこではテクストを読みつつある声が空間との結び目を解かれた自由と引き換えに、ドキュメンタリー性が弱められている。しかし彼女の映画における音の歩みを振り返ると、やはり驚くほどさまざまな試みがなされたのである。

ゴダールに製作援助されてマルセル・アヌーンが撮った『カール・エマニュエル・ユングの真正な裁判』*Authentique proces de Carl Emmanuel Jung*（一九六六）は、ナチスの強制収容所長だった男の裁判を演じる劇が展開する画面と、資料を朗読する棒読みの声によるサウンドトラックがズレながら伴うという「想像上の裁判」についての映画で、メディアが「真実性」を提供する映像と音のイメージの機能について、観客自身が考察するためのズレをあえて作り手自身が与えることができる自由を示す先駆的な作品だったと言える。同じくアヌーンの『ある見知らぬ人の想像上の受難についての真実』*La Vérité sur l'Imaginaire Passion d'un Inconnu*（一九七三）は、『八日目』*Le huitième jour*（一九六三）から『夏』*L'été*（一九六八）や『ジャンヌ、今日』*Jeanne, aujourd'hui*（二〇〇〇）まで彼が一貫して撮った、ある一人の女性の肖像映画の系列ではあるが、同時にその肖像イメージがどのように作り上げられたかの考察でもある。キリストは男女二人（ミシェル・マローとアンヌ・ヴィアゼムスキー）によって演じられ、キリストを演じる一人が台詞の途中でフレーム外に出たりカットインするともう一人が現れ、激しく交錯することで肖像イメージを曖昧にし、さらに現代のテレビショーに出演している設定でマイケル・ロンズデールがコメンテーターとして登場してフレーム外からの解説をおこない、さらにピラト提督役で劇中にも登場する。

アヌーンは、オルフェウス伝説についての『明るい夜』*La nuit claire*（一九七九）でもオルフェを男女が演じ、この伝説を演劇や音楽で取り上げる人々の作業のドキュメンタリーを取り込む形で作業を引き継いでいる。『ある映画（自画像）』*Un film (autoportrait)*（一九八五）はフローベールの「ボヴァリー夫人は私だ」という言葉についてのアヌーンとアラン・ロブ＝グリエとの対話から始まり、次いで自分の肖像と「自画像」についての文脈から、写真や八ミリフィルムで撮ったプライベート映像まで駆使しながら、自画像の多様なプロセス＝アーカイブとしての映画として作り上げる。『鳥の狂った木』*Un arbre fou d'oiseaux*（一九九六）は女優リュシアン・デシャンの生の声によるモノローグと、テープや留守電に録音された声、風や鳥の声、紙を切る音やりんごを齧る音など身の回りの生活音のコラージュ、反復する身振りとのジャンプカット編集による動的な肖像イメージの生成プロセスとしての映画である。アヌーンは商業的な映画を作ることができず、細々としたアマチュア的な映画やビデオの作家とみなされたが、実はロブ=グリエ同様に、映像と音が社会に拡散してある人物のイメージを作り上げる時代における考察手段としての映画をすでに実践していたのである。

ここまで述べてきた作家たちに比べて、初期のフィリップ・ガレルはアメリカのアンダーグラウンド・シネマに影響を受けた人として知られるが、それは特にアンディ・ウォーホルの『眠り』(一九六三)、『エンパイア』(一九六四)、『チェルシー・ガールズ』(一九六六)や、マイケル・スノウの『波長』(一九六七)や『セントラル・リージョン』のようにワンカットの長画面で捉えられた人、事物、風景を主題とした、肖像画や風景画に由来しながら絵画と異なる媒体である映像と音が持つ運動と、当時のフィルムが持つ時間の限界と接する体験を観客に与える映画であった。永遠に続くような『現像液』(一九六八)のトンネルや『処女の寝台』(一九六九)の洞窟や『内なる傷痕』(一九七二)の砂漠は、先述したドライヤー映画の白い壁、アントニオーニの『砂丘』(一九七〇)の恋人たちの彷徨い、カルメロ・ベーネの『ドン・ジョヴァンニ』(一九七〇)の辿り着かない廊下やアルタヴァスド・ペレシャンの『終わり』(一九九二)の最後のいつまでも抜けないトンネルの列車といった映画の視覚的な実験と同じく、「限られた時間の永遠」を追求していた。ガレルは続く一九七〇年代に、ジーン・セバーグやニコら女性たちの肖像画のような映画である『孤高』(一九七四)や『水晶の揺籠』(一九七六)、字幕がないためにディテールが謎めいたままのサイレント劇映画『起源の青』*Le Blue des Origines*(一九七九)、ニコのライブ演奏やガレルの父モーリスとローラン・テルジェフやビュル・オジエとジャン＝ピエール・カルフォンが話し合うシーンで作られた『天使のお通り』*Un ange passe*（一九七五）といった、多くが人物の顔のクローズアップで占められて一見ただ人々の純粋な記録という目的で作られたかのような印象を受ける作品を撮っている。切り返しを使わずに（予算がなく使えなかったのかも知れないが）画面の外に向かって聴いたり話したりする人物の長い固定画面は、ルノワールからヌーヴェルヴァーグまでのフランス映画の流れを継承するものに見えるが、そこでは沈黙の時間がより多くを占め、視覚優位的な実験映画の影響下でフレーム外を積極的に活用するわけではないガレルの、古典性への回帰をすでに予告するものではある。

同時録音による音声が入っていて最もドキュメンタリー的な『天使のお通り』は、おそらく一九八〇年代の劇映画時代への入り口だったのかも知れない。『自由、夜』（一九八三）では、ジャン（モーリス・ガレル）がムーシュ（エマニュエル・リヴァ）と別れるシーンのように、字幕やカメラに向かっての演技によって、人物が演じていることを観客に知らせる演出がある。この点でガレルは『彼女は陽光の下で長い時間を過ごした……』（一九八五）において、自身も登場して、作られつつある映画を制作し、それを演じる人々のドキュメンタリーの断片の集積としての映画という形で集大成させたが、それはゴダールの俳優たち（ヴィアゼムスキー、ジャック・ボナフエ）やカラックス映画のヒロイン（ミレーユ・ペリエ）、同時代の作家（ジャック・ドワイヨン、シャンタル・アケルマン）の顔のクローズアップを一本の黒白フィルムの、実験映画の露光の瞬きとともにフレーム内に留め置くことのできた、美しい記録となっている。

三章でもふれたが、おそらく晩年のジャン・ユスターシュの中・短編が、フランス映画においてのメディア批判という意味でゴダール映画の後継者になり得た最後の作品だったろう。『不愉快な話』（一九七七）は、ユスターシュの友人ジャン＝ノエル・ピックの話をフィクションとして三五ミリフィルムで撮影し、マイケル・ロンズデールがピックを演じ厳密なフレームの固定画面と切り返しで編集された第一部、続いてジャン＝ノエル・ピックが実際に話すのを一六ミリで撮影した第二部で構成されている。一部のフィクションは演技する俳優の身体と声のドキュメンタリー性、二部は語るピックの画面に挿入される聞き手たちという編集のフィクション性が浮上してくることで「フィクション」「ノンフィクション」というタイトルの文字情報による誘導に疑問を投げかける作品である。『アリックスの写真』[5]（一九八〇）は女性写真家アリックス・クレオ・ルボーがボリス・ユスターシュに、自分の撮った写真を机上に乗せて一枚ずつ解説する作品だが、そのコメントが次第に示している写真とズレていくというもので、フレーム外の言葉と映像との乖離という意味で先述したロブ＝グリエの『嘘をつく男』にも近い。しかし、こちらは自然さを装いながら、いつの間にか煙草が映り込んでいることで厳格に演出されたカット割りのフィクションであることを観客に伝えて、映像メディアにおける観客／視聴者を操るシステムとしての言葉と映像のコンビネーション全盛の現代を予見し警告した、あまりに早すぎる作品だった。それらは全く反響を呼ばず、この後ユスターシュは自殺している。観客や批評の無反応が彼の自殺の原因だったかどうか今となっては不明だが、米ソ体制崩壊もインターネット時代も一〇年以上後の近未来だった時代に、なぜこれほど予言的な作品を残せたのだろうか。

一方で、これまで述べてきた作品がなかったかのように、フィリップ・ガレルさえもが自然主義や芸術の狭いフレーム内に終始してしまっているかに見える現在のフランス映画と批評ほど悲惨なものはない。映像が自然と一体化しつつある中で、映画に関心のない一般人でさえ自然とは何かを定義する必要に迫られているこの時代に、その定義方法は、彼らが忘却しているものの中にすでにあるのだ。

3　湾岸戦争後のメディア批判——イラン映画とドイツにおけるゴダール、ストローブ＝ユイレの後継者たち

米ソ体制が終わった一九九一年以前に、東側体制の崩壊を直接的に予言し、描くことができた映画はなかった。いわゆる西側で制作された映画は、戦争映画やスパイ映画のように直に関係するジャンルでなかったとしても、好戦的であれ厭戦的であれまた無関心だったにせよ、その体制が永続的に続くことを前提に制作されていた。国家が製作母体であった東側ではおそらく体制崩壊を描くことはシナリオ段階でさえ関わる人々に命の危険を強いたはずであろう。そして米ソ体制後の新たな秩序を求めるパワーゲームの口火を切ったのが湾岸戦争だったが、そこで煽動のツールとして活用されたのは同時中継のメディアであるテレビだった。もちろん米ソ体制時代に主

要メディアとしての映像媒体は映画ではなくすでにテレビに交代していたため、当然のことだったが、その結果映画はメディアとしては「見捨てられた」。しかし視聴者が考えることを望まない国家や大企業が管理者であるために自己批判能力のないテレビに対して、制作者自らが反省し抵抗することは、とりわけ「見捨てられた」現代映画にのみ担われることとなったのである。権力にとって、留まることなく現在の映像たらざるを得ないテレビは、国民が戦うことを不可避であり「自然な」ものとして刻々と一方通行的に伝達することに使い勝手のよいメディアである。三章で言及した少女ナイラによるイラク兵のクウェートでの残虐行為の証言映像は、「自然な」ものとして視聴者に戦争を正当化させたのである。

この「自然さ」による観客／視聴者の操作・誘導を、他ならぬ中東地域においてすでに予見していたのが、イランのアッバス・キアロスタミの初期作品群だろう。しかし、それはおそらくパフラヴィー朝下で現れた一九六〇年代のイラン映画の一群の作家たちのうち、ロッセリーニ～アントニオーニの影響下にエブラヒム・ゴレスタンが撮った『煉瓦と鏡』*The Brick and The Mirror*（一九六五）で、タクシーに置き去りにされた赤子の世話をする羽目になった運転手カップルが部屋で過ごす一晩を、できる限りリアルタイムの連続性を保持して撮ったシーンに準備されたものだろう。次いでソフラブ・シャヒド・サレスの『単純な出来事』（一九七三）や『静かな人生』（一九七四）が完全にすべてをコントロールした演出でそのリアルタイムを受け継いだ。『静かな人生』で老夫婦が食事の準備をし、食事をすませて就寝するまでを描いたワンシーンは、カットを割りつつ澱みのないリズムで時の省略なく消灯まで辿り着く。

キアロスタミは、イラン革命後に、その完璧さにドキュメンタリーの力を導入し、「自然さ」を俎上に載せた。『ホームワーク』（一九八九）において、キアロスタミ自身の質問にさまざまな反応を見せる小学生たちに対して、切り返しの画面に映る自分や撮影監督の姿は、連続性を保ちながら音声をカットしてつなぐための口実である。それは後に劇場の客席に座っている一〇〇人の女性客の反応のクローズアップで作られた『シーリーン』（二〇〇八）で反復されたが、実はプロの俳優たちを使ってキアロスタミの自宅で撮られた映像であった。そして『ホームワーク』はある意味で前作『友だちのうちはどこ?』（一九八七）の演出法の種明かしの映画でもある。つまり質問は子供たちにとって障害物となり、それを越えるよう誘導される、ということがそのまま演出でもあると示しているからだ。そして『クローズアップ』（一九九〇）は実際にモフセン・マフマルバフ監督の名を騙って詐欺事件を起こした男にその事件を再現させるフィクションと、現実に進行する裁判のドキュメンタリーを混合し、さらに本物のマフマルバフと対面させその反応を撮影する。それは確かに操作されたものではあるが、予想できない非決定的な瞬間である。キアロスタミはシャヒド・サレスが完成したフィクションに問いかけ、ドキュメンタリーとフィクションの片方がもう一方を引き起こす事態を捉えたが、それは子供や登場人物の反応の非決定性を導くのだ。そしてこれは「ナイラ証言」の映像を予見し、この映像に誘導されてしまった人々が、フレームの外を想像できなかったことをあらかじめ批判していたのである。

同じく湾岸戦争以前からイラク戦争の時代に、ストローブ＝ユイレの影響下にあったハルトムート・ビトムスキーやハルーン・ファロッキら、ドイツ映画のフィルムクリティーク出身の作家たちは、フランス映画が継承しなかった一九七〇年代ゴダールのビデオ作品の作業を受け継ぎ、イメージに取り込まれている我々の時代の文脈からアーカイヴ映像を読み直し、さらにテクノロジーの進化によって映像イメージに操作される我々の状況を分析する作品を作ってきた。ビトムスキーは、「ある意味で未来のドキュメンタリーの務めは、疑いというものを創造することです。最も洗練されたリテラシーは、そこに見えているイメージだけでなくイメージが機能する方法を読むことができるということなんです。それがドキュメンタリー製作の未来の挑戦なんです[▽6]」と語っていた。その言葉は現在ＣＧ技術の発展において、作り手の手捌きがより見えないものとなるアニメーションや実験映画、ＣＭにおいても当てはまるものと言えるだろう。それらの歴史的限界は古びることでしか露呈され得ず、故に両者は自己言及的ではない古典的な映像と同様なのである。

　ビトムスキーやファロッキと同世代のニュージャーマン・シネマの映画作家たちは、第二次世界大戦に敗北するまでナチス・ドイツの作り上げた、ゲルマン人優位主義の美学と国家に奉仕する労働といったイメージに対抗するイメージをいかに作り上げるかに執着していた。ライナー・ヴェルナー・ファスビンダーの『出稼ぎ野郎』（一九六九）や『聖なるパン助に注意』（一九七一）や『悪魔のやから』（一九七六）や『ベルリン・アレクサンダー広場』（一九八〇）、ヴェルナー・

ヘルツォークの『小人の饗宴』（一九七一）や『アギーレ、神の怒り』（一九七二）や『カスパー・ハウザーの謎』（一九七四）、ヴェルナー・シュレーターの『マリア・マリブランの死』（一九七二）や『ウィロー・スプリングス』（一九七三）や『愚か者の日』（一九八一）、ヴィム・ヴェンダースの『都市の夏』（一九七〇）や『さすらい』（一九七六）や『ことの次第』（一九八二）、さらにハンス＝ユルゲン・ジーバーベルクやヘルベルト・アハテルンブッシュやクリストフ・シュリンゲンズィーフといった人々は、自らの映画の中のドイツのイメージを、汚く安っぽい、おぞましくグロテスクなものに変化させたり、性的にマージナルな人々、怠惰な人々や無益なもの、誇大妄想狂といったキャラクターやイメージを作り上げた。それらは今なお忘れ難い強力なイメージ群である反面、彼らの作品が急速に衰弱化していった過程を見ると、彼ら自身が作り上げたイメージを反復することのフレームに囚われてしまったとも言える。

ニュージャーマン・シネマが一〇年ほどの短命に終わったのはファスビンダーの死が原因ばかりではなく、ナチス時代のイメージに対する彼らのイメージが、またその反対のイメージを支持する人々を生んでしまうという悪循環から外に出ることができなかったからではないだろうか。現在もイメージに操られることが常態化した大多数の観客にとって、初期のファスビンダー、シュレーター、ヴェンダース、そしてダニエル・シュミットの緩慢なリズムとそれぞれの音楽の使用法、さらにシュミットの『書かれた顔』（一九九六）やシュレーターの『愛の破片』（一九九六）などのイメージを支える身体のドキュメンタリーによって導入される視線の重要性を再発見するためには、ファロッキやビトムスキーの映画が示す、視線はどのように操作されたり見えなかったりするのかについてのイメージの機能法を理解した後に再見することが必要なのだ。

ビトムスキーは『ジャーマン・イメージ』（一九八三―一九八四）でナチス・ドイツのプロパガンダ映画を取り上げるが、市民生活やコマーシャルフィルム、労働、文化映画など日常生活に関係するファウンド・フッテージのディテールから、例えば敗戦色が濃厚になった時期に開催された身障者の運動会映像に見られるような、集団的狂気を浮上させる。『第三帝国アウトバーン』（一九八八）もまた、ナチスによるアウトバーン建設のプロパガンダ・フッテージや当時の労働者たちの証言によるイメージと、敗走するナチスが自ら爆破した道路の痕跡から、第三帝国の描いた誇大妄想と現実の落差を提示する。それらがナチス・ドイツのみならず、常に我々の時代の問題であるのは、『B-52』（二〇〇一）での米軍爆撃機を賞賛するモノトーンのナレーションの一方で提示される、墜落事故による汚染危機や壮大な破壊処分場の浪費の現状が示す通りだろう。

ビトムスキーのアンソロジー・フィルムのシリーズである『映画の死』（一九八八）や『映画と風とフォトグラフィー』（一九九一）において、前者はフリッツ・ラング『死刑執行人もまた死す』（一九四三）やヒッチコック『引き裂かれたカーテン』（一九六六）など古典アクション映画の死のシーンの分析写真、後者は複数のモニターに流れるロバート・フランクの『Life Dances On...』（一九八〇）、ジャン・ルーシュ『ある夏の記録』（一九六一）やハンフリー・ジェニングス『Spare time』（一九三九）など古典ドキュメンタリー映画の映像をたどるカメラのワンショットと論じるビトムスキー自身の姿を被写体として登場させる。この『映画と風とフォトグラフィー』ではビトムスキー自身がモニター中の映像となり、時にはコメントを述べた後で巻き戻してその上にフレーム外から自らのイメージ操作へのコメントを加える。『Die UFA』（一九九二）でモニターのフレームの内から外、外から内へと示される、多くのフィルムを残して消滅した撮影所の瓦礫の中を歩く撮影隊の歩みとその瓦礫をポケットに入れる証言者の動きは、フィクションのようにつなげられている。つまりそれらの作品では作者が被写体としてだけでなく、どのように操作しているのかを示すドキュメンタリー／フィクションなのである。さらにビトムスキーは『Play back』（一九九五）で、出所不明のフィルム断片＝痕跡を調査するアムステルダムのフィルムアーカイヴの人々によるディスカッションのドキュメンタリーを撮ったが、それによって彼は現在ウェブ上に散乱している映像の運命について示唆しているようにも思える。遠からず忘れ去られるだろうYouTube上のおびただしい映像が、アーカイヴの人々やイェレヴァン・ジャニキアン＝アンジェラ・リッチ・ルッキのようなフッテージ映像作家の人々によって救い上げられる契機が来るのだろうか。

ストローブ＝ユイレの『和解せず』（一九六五）へのオマージュとして『二つの戦争の間』（一九七八）を撮ったハルーン・ファロッキこそは、ビトムスキーが「映画的」になるのと反対に、表層的には映画から遠ざかりながら、映画の力によって非映画的なメディア映像の批判をおこなった最良の例だろう。自分自身の手による火炎瓶作成を記録した化学メーカー批判映画『消せない火』（一九六九）以降、ファロッキは『手の表現』*Der Ausdruck der Hände*（一九九七）のようにサミュエル・フラーの『拾った女』（一九六三）やデヴィッド・ウォーク・グリフィスの『盗まれた宝石』（一九〇八）、ヒッチコックの『北北西に進路を取れ』（一九五九）など古典映画の手のフッテージを自らが操作する手と重ね合わせて分析する作品を撮り、さらに『インターフェイス』*Interface*（一九九五）では『消せない火』をはじめ『ルーマニア革命ビデオグラム』（一九九二）や『世界のイメージと戦争の刻印』（一九八八）といったフィルムによる自分の作品と、ビデオによっておこなった作業の違いを二つのスクリーンで比較しながら論じる作品を制作し、さらにその後『インターフェイス』と映像編集ソフト Final Cut Pro による作業を比較したケヴィン・B・リーの作品、つまり他者にアイディアと自分の作品を提供し、フッテージとしての映像がどのように機能するのかを検証する、開かれた作品を制作している。

一方で、彼はゴダールの『パート2』に由来する、二面スクリーンによる誘導ミサイルのカメラ映像と、生活に使用されるナビゲーションシステムの映像を通して機械の目＝AIが人間の目に取って代わる現状を批判的に提示する。それはかつて『世界のイメージと戦争の刻印』の航空写真に写っていたにもかかわらず連合国に見逃されてしまったナチスの強制収容所についてフレーム外の声で語られていたことの継続である。映像が人間＝兵士の目をどのように操るのかについての考察である「Eye/Machine」シリーズ（二〇〇一–二〇〇三）や『隔てられた戦争』（二〇〇三）や『シリアス・ゲーム』*Serious Games*（二〇一四）、二〇〇六年ドイツ・ワールドカップにおける《ママ》テレビ中継のマルチスクリーンが結局は最新の監視システムである現状を考察させる『ディープ・プレイ』*Deep Play*（二〇〇七）、CG映像やゲームのディテールから、作者性という人間が制作した徴を見出す『パラレル』*Parallel*（二〇一二）といったほとんど機械＝AIが自動的に録画した、一見フレーム外の出口がありえないと思われる映像をも使い、その選択と提示によって観客自身がもはや操られていることさえ気づいていない「自然」としての映像に対する批判的な視線を育み、その出口を見出す作品となっているのである。

一方でもっと若い世代で、すでに日本では作曲家／指揮者として知られるクリスティアン・フォン・ボリースの、フッテージのコラージュとフレーム外からのドゥルーズやボードリヤール、ランシエールの引用を使った現代中国の考察『アイフォンシネマ』*Iphonecinema*（二〇一四）や、ドバイの映像で構成された『リアルの砂漠』*Desert of the Real*（二〇一七）といった作品がこれに対していると言えよう。彼はインタビューでファロッキを「本当は映画を愛していない」[7]人だと言っているのだが、そのデジタル時代におけるボリースの「映画」が何に拠って立つものか明瞭に定義づけられていないが、しかしその試みは興味深いものである。

ビトムスキーやファロッキと同世代の実験映画作家で『見捨てられて、失われて、一人で、冷たくなって』*Verlassen, Verloren, Einsam, Kalt*（一九八六―一九九二）がストローブによって絶賛されたクラウス・ウィボニーは、ブラッケージやマイケル・スノウ、トニー・コンラッドのように音楽家＝ピアニストだが、量子物理学者でもあり、「しばしば私はほぼ抽象的な量子場のようなものの実体として映像を見る。何かが時空に飛び出して消える、それは観察者との交感の後に消えた粒子である。したがって私は映像が現実を記録するイメージであるとは考えていない。私はそれらが短い瞬間にまもなく消える特定の大気の性質を描写する「印象」であると考える」▽8と語っている。彼が一九七〇年代以来長期間かけて一六ミリまたは八ミリフィルムで撮った風景映像と自らの作曲+即興演奏による音楽によって制作した「音楽映画」は、現れては消える粒子の塊の視聴覚運動の場である。例えばレヴィ＝ストロースに捧げられている『失われた言葉の映像』*Pictures of the Lost Word*（一九七五）では、冒頭にウィボニー自身によるナレーションに続いて、彼のピアノ曲がつけられた風景映像と黒画面／白画面とネガ反転映像が交錯する構成に入って行く。川に浮かぶ無人の船を遠景と近景で捉えた画面は、フェードアウトや黒画面、ピンボケのカットや意図的かどうかも不明なサウンドの音跳びによって絶えず切断され、連続したシーンの印象を与えない。しかし音と映像の切断というフレーム外への意識を観客に持たせつつも、それらは逆に「非連続の連続性」を与えられるのである。

また傑作『ニュー・ワールド』*Eine andere welt*（一九九一―二〇〇四）では、大西洋の波の映像をオーヴァーラップで重ね、ダブル・トラックにそれぞれ別のピアノ曲を演奏してシンクロさせ、さらに一画面につき二つの音を同期させて作った冒頭部分のフレーム外空間の深さを探求する。またこの海の映像にドリュス・グリューンバインが自作の詩を朗読するローマの映像がディゾルヴされる瞬間にジャンプカット編集されるパートの静謐さが、もう一つのダブル・トラックとも言うべき対位法を奏でるのである。また一応サイエンス・フィクションという設定でウィボニーが自作自演する『２０８４』（一九八二）は、未来世界から YouTuber のようなリポートを発信する、意味不明／非決定的なつぶやきを続ける人物を固定画面で延々と撮り続けるというビデオ作品である。発信映像と時折挿入される風景映像のフレーム外からの音や、顔や視線や風景のフレームによって観客の目と耳を外に向かわせる方法は、やはりニューヨークでのウォーホル作品の影響を感じさせ、また来たるべきインターネット時代を予見する驚くべき作品である。その緩慢さはやはりドラッグ体験を共有する初期ファスビンダーらニュージャーマン・シネマの主要作家の作品に類似するが、ストーリーに従うのではなく、また朗読するのでもなく、断片化した不明瞭な情報を途切れ途切れにつぶやくウィボニー自身が演じる人物は、放送事故によるメディアの機能不全を摸倣しつつ、その文字情報中心主義を批判しているのである。

4　切断／接続で奏でる音楽＝運動

ミクロレベルでの「非連続の連続」は、後年のストローブ＝ユイレとペーター・ネストラーの画面と音声の一対一対応の編集・接続の態度の違いにも見出される。彼らの作品から、我々の生活をこれほど豊かにしてくれる背景音をノイズと見なしてしまうこと（整音への反対ではない）と、その複雑さにもかかわらずゴダールのＥＣＭサウンドへの依存が、文字情報的で閉じたものに変わってしまったことへの批判を見出すことは不自然ではないだろう。ストローブ＝ユイレの映画は、特に『早すぎる、遅すぎる』（一九八〇―一九八一）の音を聴けば実感できるように、画面との音の切断・接続の衝撃を強調するよりは、観客が今存在する音を充分に聴取し得る長さと瞬間を探して切断／接続しているように聴こえる。[▽9] それに対して、ペーター・ネストラーは例えば『パチャママ、我らの大地』*Pachamama-Unsere Erde*（一九八五）のエクアドルの山頂のわき水が山腹で川となり大河へと合流する時や、老婆が泥をこねて器を作り出す息づかいと完成後の静寂までの、些細な音の変換のプロセスで示す接続の衝撃を進んで求めているように聴こえる。水という被写体から、よりジャン・ルノワールを想起させる傑作群である『ラインの流れ』*Rheinstrom*（一九六六）や『ドナウ川上流』*Uppför Donau*（一九七〇）では川、『アオスタ渓谷のローマへの道』*Die Römerstraße im Aostatal*（一九九八）では山道を辿り、全く異なる山や川を撮っているにもかかわらず、いずれにもネストラーの映画だけが捉え得た推移と接続というべきものがあることに驚くほかはない。そこには音のフレームの外へ、一つの画面に対して接続される空間へと見る者を招く動きがある。

　そして、より若い現代映画作家たちは、ストローブ＝ユイレやネストラーの仕事から、音と映像のシンプルな切断／接続が、フレーム内に収まることのない豊かな活用を生み出すことを学んだのではないか。例えば前章で予告した堀禎一の「天竜区」シリーズのうち、『天竜区奥領家大沢　冬』（二〇一五）の美しいシーンを挙げてみよう。山の斜面に佇む人気のない稲荷神社のかつての賑わいと養蚕を語る老夫婦の声が途切れ、背景音のみとなった画面は音の響くわき水から離れて森へ、そして軒先の雨音から煙る雨の山肌のロングショットへ、さらに唐辛子や里芋、地蔵のクローズアップにはトタン屋根や石畳を打つ雨の彩り豊かな音が聴こえてくる。この間に固定画面とマイクは水音を追いながら、空間は上昇から下降、遠くから近くへと、編集はダイナミックな視聴覚音楽を奏でる。二〇一七年に惜しくも逝去する前に、堀はこのシーンについて筆者に、小津の『晩春』（一九四九）の壺から竜安寺の庭へとつながるシーンを念頭に置いたと語ってくれたが、まさにこの作品は、固定画面で撮られた風景と物の積み重ねの動きで語っていた撮影所時代の日本映画の伝統を、個人作業として体現した唯一の、そして最後の現代映画になったのである。

そしてジャン＝クロード・ルソーがロングショットと黒画面でヴェネツィアの運河を撮った『展示なし』*Senza Mostra*（二〇一一）では、何の操作もない固定画面を撮るカメラの後を通り過ぎる人々の声や鐘の音、カモメの声や汽笛が、目の前の人気のない空間に驚くほどの活気を与えている。画面と分離した音はデュラスの声のようには語らないが、マイクに向かう寄せては消える波音のように、音楽として画面より豊かなイメージを描き、しかも画面と結びついて観客の想像に働きかけるのである。デジタル時代におけるルソーの代表作『彼の部屋から』（二〇〇七）のブレッソン的な手のショットからバスタブにペンチを落とす破裂音、カフェの静けさから黒画面にストリート・オーケストラの曲の調べ、この章の冒頭で述べたような窓のショットの歌声と窓を閉めろという女性の声、そして煙草を吸う監督自身がコーヒーカップを落とすショットへの連鎖が、黒画面での音出しを含んで静から騒へ、流れる音から炸裂音へと、ここでもフレームの内から外（黒画面も含めて）への素晴しい視聴覚音楽を奏でているのである。ところで、窓という被写体は、フェルメールの絵画に影響されたルソーが第一作『窓際で手紙を読む若い女』（一九八三）以来撮り続けている対象の一つである。短編『最後の吐息』（二〇一一）は、灯のスタンドを正面にして、画面左に開いた窓の取手が動くショットと窓の正面からその前の緑の葉そよぐ木を撮ったショットの組み合わせ（七章で述べたゴダール的な九〇度の撮影角度）で作られている。取手とカーテンが風で動く一瞬、カメラに背を向けた作者が正面の緑に入ってくるというだけの作品で、そこには冒頭の窓の映像のような政治的な意味はないが、ルソーの八ミリフィルムの傑作『閉ざされた谷』（一九九五）が、前章で取り上げた日本映画のように、闇の中に可視の限界で浮かび上がる映像を探求していたことを思い起こせば、デジタル作品のこの一瞬の運動もまた可視の限界にあり、優れてメディア批判的だと言えるだろう。

それと同様に、ダニエル・ユイレ死後のジャン＝マリー・ストローブによる『ヴェネツィアについて』（二〇一四）の水辺のシーンや『水槽と国民』（二〇一五）の朗読シーンにおいて、フィルム時代の長回しとは異なり、見えるか見えないかの微妙なジャンプカット編集を使っている箇所についても、七章で挙げたユスターシュ晩年の作品からの継続が指摘できるだろう。特に『水槽と国民』では、冒頭の水槽を一〇分の長回しで撮った画面という、意図的に観客が見過ごしたり眠ったりしてしまうことを狙った仕掛けの後の朗読シーンでおこなわれている。それは過剰な映像メディア時代の観客に、「より注視せよ」と警告する作品であり、時代のフレームに閉じ込められるものではなく、フレームを越える運動で我々の視線に働きかけるのである。

▽1　アンドレ・S・ラバルトとの対話「映画は考えられないことを考えるためのものだ」『ゴダール全発言・全評論Ⅲ』奥村昭夫訳、筑摩書房、二〇〇四年、四六八頁。
▽2　「フランソワ・ミュジー　インタビュー vol.2」FLOWER WILD、二〇〇六年（http://flowerwild.net/2006/09/2006-09-06_130341.php#006）。
▽3　「マルグリット・デュラス――記憶の迷宮の中にあるもの」浅野素女訳・インタビュー『中央公論　文芸特集』一九九一年秋季号、八五頁。
▽4　Antoine de Baecque,Thierry Jousse, Serge Toubiana, "Entretien avec Eric Rohmer," *Cahiers du Cinéma*, n. 430, avril 1990, p. 30.
▽5　この作品の詳細な分析は須藤健太郎『評伝ジャン・ユスターシュ――映画は人生のように』（共和国、二〇一九年）二三八―二七九頁を参照。
▽6　筆者による「ハルトムート・ビトムスキー　インタビュー」New Century New Cinema、二〇〇五年

(http://www.ncncine.com/bitomncncine.html)。

▽7 Катерина Белоглазова,“Кристиан фон Боррис: «Я режиссер глобализации»,” Сеанс, 2016 (https://seance.ru/blog/interviews/borries/). なお、ボリースの『アイフォンシネマ』と比較できる中国作家の作品はワン・ウォの『祈騰』(二〇一〇)である。これもまたメディアのコラージュ作品で、中国インディペンデント作家による「イベント国家中国」を作り上げているメディアへの批判である。

▽8 Federico Rossin, “Poetry, Rhythm, Landscape, Decay: The Films of Klaus Wyborny,” christopher zimmerman: view from the corner, 2012 (http://cmzimmermann.blogspot.com/2012/06/interview-with-klaus-wyborny.html).

▽9 これについては以下の拙稿でも評述している。「2005 画面から音へ」New Century New Cinema、二〇〇五年(http://www.ncncine.com/2005.html)。

序章で述べたように、二〇世紀末から二一世紀初頭にかけて激変し拡散した映像イメージにおいて、今最も敵視され迫害されるものになってしまったアラブ圏の人々のイメージに、かつて決定的な力を及ぼしていたのはエジプト映画であろう。アラビア語圏唯一の映画産業国として輸出され、プログラム・ピクチャーの黄金時代を持つこの国の古典映画は、しかし一九六〇年代から七〇年代にテレビと中東戦争の影響によって、他言語圏同様に主要メディアの座を追われてしまった。古典的なドキュメンタリーにおいてハシーム・ナハスやアラブ・ロフツィら優れた映画作家を輩出しているものの、やはり大半がテレビ的な映像へと変貌してしまったエジプト映画だが、そこにもまた、他言語圏同様に現代映画への足跡を見ることができないわけではない。今の日本の批評で全く語られることのないエジプト古典映画から一九六〇年代以降の凋落の中に現代映画への兆しを追ってみることが、現在のアラブ圏に対する敵視イメージを見直す契機になり得るのではないか。

また、現在の世界において最も新しい現代映画の作家たちが登場しつつあるスペイン周辺圏やラテンアメリカには、ともに米ソ冷戦時代のパワーゲームで操られた独裁・軍事政権による映画作家を含んだ民衆への迫害・亡命・虐殺を経て、支配の道具となった映像と音に対抗し、いかに距離をとるか、解放されるかを追求する人々がいる。彼らの作品を知ることは、テレビや英米仏メジャーや映画祭のフィルター操作を経ずには接することができないこれらの国々のイメージを変えるという以上に、イメージの植民地化に反対する術を学ぶことでもあり得るだろう。

1 エジプト

暗闇の中にかすかな光のシルエットに輝くベッドの上で、シーツにくるまった中年男女らしい輪郭の絡み合いが延々と続いている。上げる嬌声や息づかいは若い新婚男女のような、だがどこか切羽詰まった何か、この時を噛みしめねばならないといった焦燥感を感じさせる。次いでピンボケに服の繊維が揺れる不明瞭な白さに女の眠い声が被せられる。やがて脱ぎ捨てられた服からベッド上の男女にカメラがパンしてくると、ハープで奏でる音楽につれて男の手が女の足をたどり、優しく毛布を顔まで引き上げる。イタリアの一九六〇年代艶笑コメディ映画を思わせる男女の会話の切り返しで、絡み合う足の指先のカットはどれも物越しに捉えられる。煙草を燻らせる男の手と顔は窓を、女の顔はレースのカーテンやベッドの枠を通して、二人の全身や部屋全体を示さない。やがて女のキスを首筋に受けながら別の考えに囚われているらしい男の顔に波音が被せられて、船上の光景にクレジットタイトルが示される。

二〇一四年に死去したサイード・マルズークの『私の妻と犬』*Zawgaty wal kalb*（一九七一）の冒頭のシーンは、一九七〇年代のエジプト映画がイタリア映画の強い影響下にあったことがうかがわれる一例だが、やがてそれが妻（スアード・ホスニー）を残して単身灯台に赴任した、物思いに沈む男（アブデル・モネイム・バナシー）の妄想かもしれないと思われるようになるまで、さして時間はかからない。灯台の職に就いた後、男は三人の同僚とただただ無為の時間を耐える終日勤務を過ごすことになり、映画は何かにつけ男の妻との妄想を登場させる。風呂で妻に背を流してもらう妄想シーンで二人はずぶ濡れで、下着が落ちる足元のカットで終了だが、同時代の日本ならともかくイスラム教徒が九割を占めるエジプトの一九七〇年代と考えると驚くようなシーンではある。このシーンで二人の全身はフレームに収められず、衝立てや湯煙越しなのでなお見えにくく撮られている。さらに彼が一人の場合にもう一人の女も現れて、こちらは夜間に灯台の周りを窓からうかがって中に入ってきたりするため、観客は妄想と現実の非決定に導かれる。映画はこの妄想話を聞いて悶々とした若い同僚（ヌール・シャリーフ）が妻の写真を盗んで休暇を取ったことを知った男が、妻の浮気への疑念から殺人妄想へと突き進み、結末がどうなるのか非決定のまま終わるラストに、当時の批評家たちは衝撃を受けた。

しかし今見直して注視すべきなのは、性表現や物語の非決定性よりも、台詞を話す人物の手前に事物や人を置いて視線を妨げるという、八章で取り上げた同じ一九七〇—一九八〇年代の日本映画と類似する特徴が、このマルズークの映画にも見られる点である。その理由からマルズークは日本でも公開された『王家の谷』（一九六九）のシャディ・アブデルサラムや『ナイルのほとりの物語』（一九七〇）のフセイン・カマールより重要な作家である。彼はさらにより年長の世代である『アレクサンドリア、今も昔も』（一九九〇）のユーセフ・シャヒーンや『太陽の男たち』（一九七一）のタウフィーク・サーレフらエジプト映画全盛時代にデビューし、イスラエルとの中東戦争時代、つまりガマール・アブドゥル＝ナセル大統領による映画産業の国有化（＝プロパガンダ使用）に直面した世代とは異なり、その後主要メディアの地位がテレビとなった時代の映画作家である。その意味でマルズークはナセル時代に政治協力を強要されたとして亡命した女優ファティーン・ハママの帰国後初主演作品で、当時夫からの離婚のみを認めていた法律の廃止に貢献した『解決が欲しい』*Oridu Hallan*（一九七五）や、集団レイプ事件から犯人の死刑までを追った実録映画『レイピスト』*Almoghtasebon*（一九八九）といった作品も撮っていて、それらはプロパガンダ的な作品と見なされるかも知れない。

しかし一方、『私の妻と犬』に続いてスアード・ホスニーとヌール・シャリーフ主演でアントニオーニの『欲望』（一九六六）と『砂丘』（一九七〇）からの引用が見られる『怖れ』*El Khof*（一九七二）やサダト政権によって大幅にカットされたという『罪』*Al-Muznibun*（一九七五）や『恐怖の日』*Ayam El Ro'ab*（一九八八）といった代表的な作品では、冒頭に述べたような視線を妨げる事物を手前に置いた縦構図、全体を再現しない空間や迷路のような場所、特に後に挙げた二本の作品では大勢の人物が登場し、同時多発的な会話やフレーム外のノイズが聴こえるというロバート・アルトマンの様な試みまでが見られるのである。シャヒーンの第一作『正直者のパパ』*Baba Amin*（一九五〇）が、オーソン・ウェルズとジャン・ルノワールのパンフォーカスやハリウッド・ミュージカルの影響下にあり、あるいはサーレフの第一作『愚か者通り』*Dar almahabil*（一九五五）がルノワールの『トニ』（一九三五）の影響を隠さず、古典映画的な空間構築を目指していたのに対して、マルズークの画面が、おそらく意図せずともそれらへの批判を含んでいたのは確かである。その重要さを知るためには、エジプト映画史と古典映画作家たちの作品まで遡行する必要があるだろう。

王政とは言え実質的にイギリスの支配力が強かった一九三四年に、ミスル銀行の頭取タラアト・ハルブは表現主義時代のドイツ・ウーファをモデルにミスル・スタジオを設立し、その代わりにエジプト・リアリズムの第一作と言われるチャップリン的な無声コメディ『バルスーム氏は仕事を探す』（一九二三）で有名なモハメド・バイユーミを排除し、ドイツ人監督フリッツ・クランプを招いて歌姫ウルム・クルスーム主演の『ウィダード』*Wedad*（一九三六）を制作する。後にハリウッドでラオール・ウォルシュの『恐怖の背景』（一九四三）にも出演したハッサン・エザット主演『ラシーン』*Lachine*（一九三八）といった歴史大作を制作し、民衆が王を倒すラストがクーデターを煽動するとして和解シーンに差し替えられたように、ハルブが「映画は現代的な教育であり、人々の盲目を導くためにそれを使うことは不可欠だという信念の力で働いている」▽1と述べた時、その念頭にフリッツ・ラングの『ニーベルンゲン』（一九二四）や『メトロポリス』（一九二七）と反英感情とナチス・ドイツの隆盛があったのではないかと容易に想像できる。実際ミスル・スタジオは技術スタッフや俳優を研修としてヨーロッパに送り、指導者としてドイツ人技術者を招いており、それは一九五〇―一九六〇年代のエジプトにおけるフィルム・ノワールやスリラーの黒白撮影の充実につながっていると思われる。それを確かめるなら、例えばカマル・シーク*1の『ある女のために』*Min ajal emraa*（一九五九）やアテフ・サーレム*2の『秘密の浜辺』*Shatie el asrar*（一九五八）やハサン・アル＝イマーム*3の『不実な天使』*Al-Malak Al-Zalem*（一九五四）などを見ればいい。

またミスル・スタジオは、エンジニアになるためにドイツで学ぶと父親に偽り、一九二九年から三三年までウーファとミュンヘンの映画学校で学び帰国したニアズィ・ムスタファという若者を入社させる。このムスタファは編集者として『ラシーン』を手がけ、日本でも上映された『喜劇 万事快調』（一九三七）で監督デビュー、以後ダリダのデビュー作『グラス&シガレット』*Sigarah wa kas*（一九五五）などエジプトの映画監督として最多の一〇七本を撮る古典映画の巨匠となる。彼はまた、デビュー直前の一九三六年にミスル銀行の宣伝映画の撮影中に一人の青年と出会い、そのシネフィルぶりを気に入って編集部に雇い入れる。その青年はやがて古典映画時代のエジプトを代表するもう一人の映画作家となるサラーハ・アブーセーフである。アブーセーフは、ムスタファと対照的に文学作品の原作映画や社会派的作品を手掛けるアカデミックな巨匠となった。ムスタファはその本数からうかがい知れるように、活劇やミュージカルから艶笑コメディまであらゆるジャンルを踏破する、マキノ雅弘というより中川信夫的なB級の人、アブーセーフは後にノーベル賞作家となるナギーブ・マフフーズ脚本の文芸映画も多く、ジョーゼフ・L・マンキーウィッツを連想させるA級の人と言っていい対照的な作風であり、撮影所の衰退とナセルによる国有化時代以降の作品をけして蔑ろにはできないものの、代表作を選ぶとすると双方とも一九四〇―一九六〇年代初めの作品となろう。

ムスタファは妻でもある女優コカを二丁拳銃のヒロインにした活劇『ブラック・ナイト』*Al-Faris Al-Aswad*（一九五四）や、中平康の『アラブの嵐』（一九六一）にも出演した女優シャディアが出ている華麗な歌謡ラブコメディ『忍耐は美徳』*El sabril Jamil*（一九五一）、スクリューボール・コメディ『イヴの娘たち』*Banat Hawa*（一九五四）、またアブーセーフは『女の若さ』*Shabab emraa*（一九五六）や『苦難の道』*Al-Tarik al-Masdud*（一九五七）、『私は自由』*Ana Horra*（一九五九）のような因習的な社会や人間関係に抵抗するヒロインを描く映画を数多く手がけ、エジプト女性のイメージを強力なものにしてきたのだが、それは取りも直さずハリウッド古典映画的な文体に学ぶところから来たものである。ムスタファの『秘密の王女』*Sirr Al-Amira*（一九四九）で、フリッツ・ラング映画のマブゼ博士風の催眠術師がコカ扮する王女を操るために空砲の銃を撃たせて殺人を犯したと思わせるシーンや、『ジプシーの王女』*Wahibat malikat alghajr*（一九五一）で恋する男を部屋の外の追手から救うために鞭の音を立てて拷問のフリをしつつキスをするシーンは、ドイツというよりハリウッド時代のラングやエルンスト・ルビッチの映画を思い出させる。またアブーセーフの『これが愛だ』*Haza Howa al-Hob*（一九五八）の保守的で疑り深い婚約者の男に追い出された娘の処置に困った母親に家政婦が諭すように語りかける長いワンカット、『バカンスの犯罪者』*Mugrem fi Agaza*（一九五八）の犯罪者更生プランで弁護士宅に囲われる男が家政婦を口説く光景を見た欲求不満の弁護士妻が嫉妬に怒って乱入してくる二カットの長いシーンは、マンキーウィッツや全盛時のウィリアム・ワイラーを想起させる（だから撮影所時代の型に囚われているとも言えるが）。

前述のサーレフ『愚か者通り』のシナリオを読んだアブーセーフが、最初のエジプト・ネオレアリスモ映画と言われたカメル・テレミサニの『闇市』*Al-suq al-Soda*（一九四五）と同じく興行的に失敗をすると忠告したり▽2、ムスタファが『カイロ中央駅』（一九五八）の監督にシャヒーンを推薦し国際的な注目を浴びるきっかけになったことなどから▽3、あくまで証言ではあるが、彼らが後続のシャヒーンやサーレフに対して否定的であったわけではないと推察できるかも知れない。しかし特にアブーセーフと年下のシャヒーンやサーレフの世代が「第三世界主義リアリズム」の名で括られた時、主題は同じであっても大きな差異は明らかであり、それは語る主体の分裂である。

ジル・ドゥルーズは第三世界の映画作家について、統一された民衆の権力奪取を一瞬だけ信じることができたが、「それは古典的な発想」であり、「無数の民衆が存在し、それらが統一されないままであり、問題が変化するためには、統一されてはならない。〔……〕圧倒的な統一性を再構築して民衆に敵対するような合併や統合が挫折したことを確認しながら、現代の政治的映画は、この断片化、この分裂の上に構築された」[▽4]と述べている。確かにシャヒーンは一九五二年のエジプト革命から第二次中東戦争の勝利でナセル主義・アラブ連合の夢を信じたが、ゴダールの『イメージの本』（二〇一八）にも引用された、一九五八年にアルジェリア戦争のジャンヌ・ダルク的な女性兵士を描いた『ジャミラ』*Jamila Bouhired*（一九五八）がその契機となり、ナセルによる映画の国有化＝プロパガンダ作品『サラディン』*Al Nasser Salah El Din*（一九六三）の制作の後に、レバノンへと向かい政権とは一時距離をおく。そこで異様にコントロールされたカラフルなミュージカル『指輪売り』*Biya el-Khawatim*（一九六五）を撮った後、シャヒーンは一九六七年、第三次中東戦争のナセル敗北時期を描いた『鷹』*Al-asfour*（一九七四）の撮影中に心筋梗塞を起こす。そして彼自身がこの経験を撮った『エジプトの物語』（一九八二）についてドゥルーズは「多くの糸をたどり、作者の心臓発作にまでたどりつくが、この発作は、一種の「なぜ私は」という問いにおいて、内的な法廷かつ判決と受け取られる」[▽5]と述べている。

この作品では、心臓バイパス手術中の映画監督の夢の中で自分と家族が登場して自らの人生を裁くフェデリコ・フェリーニ『8½』（一九六三）風の法廷が描かれているが、シャヒーンは自分自身を幼年、青年、中年以後の三人の登場人物に分裂させている。しかしその分裂はおそらく、シャヒーンが「政治に関してはタウフィーク・サーレフから学んだ」▽6と言っていたように、サーレフの『太陽の男たち』に先駆的なものを見出すことができるのではないか。

　ガッサン・カナファーニーの原作小説で名高い『太陽の男たち』はシリアで制作され、パレスチナ人労働者三人と運転手がヨルダン〜クウェート〜イラクの国境を越えて密入国しようとするストーリーだが、それぞれの過去と家族の物語（戦争、抵抗運動、父親の逃亡）と運転手が戦争で負傷し性的不能になった経緯は、対話部分であってもまるで一人の人物のモノローグか朗唱であるかのように（フレーム外からの声も含めて）連続している。そして密入国は失敗し労働者たちは死んでしまうのだが、ルイス・ブニュエルの『忘れられた人々』（一九五〇）のゴミ捨て場に捨てられた少年を連想させる彼らの遺体は、かつてサーレフが信じたナセル主義・アラブ連合の終わりを示すように見える。そしてサーレフはイラクでサダム・フセインのプロパガンダ映画『長い日々』*Al-Ayam Altawila*（一九八〇）の制作を強要される。暗闇の中で渡河するシーンの緊張感などB級戦争映画として悪くない作品だが、結局それが遺作となってしまう。しかしエジプトを代表する優れた理論家＝映画作家の一人が、今や内戦で破壊され廃墟化したイメージで占められているシリアやイラクで撮っていたことを理解するためには、エジプト史と映画史を共に追わなければならないだろう。

　一方、シャヒーンの『エジプトの物語』の主人公である監督（ヌール・シャリーフ）は手術が成功し、子供時代と和解して生きることを引き受ける。しかし、その語りの明快さを維持するため映画の冒頭で最初の心臓発作を起こすシーンに、撮影メイキングのカチンコを入れる手から動きが振り付けられているように、この映画のニューズリールとフィクションの混在は観客をいささかも混乱させない古典性の中に充足している。さらに『エジプト物語』の続編でシャヒーン自身が映画監督ヤヒアを演じ、その同僚役をサーレフが演じている『アレクサンドリア、今も昔も』(一九九〇)は、新作の撮影と組合ストライキの間で分裂する自分を描くという、よりドキュメンタリーに近い作品だが、やはりその魅力は依然として初期作品以来のウェルズ的なフレーム内の奥行きを使った演出と移動撮影の振り付け、つまり古典性にあるのだ。例えば映画内映画として出てくる歴史劇ミュージカルのシーンは、ハリボテの建物にバットマンのような蝙蝠衣装やサングラスにシンセサイザーの音楽で「異化」されながらも、フレーム外の音の活用がないため、却ってテレビのバラエティショーに近くなってしまう。つまり同時代のイラン映画におけるアッバス・キアロスタミのようには古典性を脱することができなかったサーレフやシャヒーンの世代を踏まえて、マルズークの観客の視線を妨げる試みがあったと推察するのだが、エジプト本国でそれをメディア批判の視点から捉えた批評は見受けられない。

2　スペインとその周辺

ルイス・ブニュエルはいつもフィクションのフレーム内にいながら、目の前にある映像と音は境界線のどちら側なのかで観客を惑わせてきた。例えば『昼顔』（一九六七）で娼館の勤めから帰宅したセブリーヌ（カトリーヌ・ドヌーヴ）がシャワーを浴びているシーンで、カメラは浴室の曇りガラスの向こうの人影を捉えながら鏡台へ移動する途中でいきなりジャンプカットされて逆方向の動きにつながれ、浴室から出るバスローブの彼女を捉える。そして男の相手をした際に着た下着を暖炉の火で燃やしていると外の音に気づきフレームアウトするのだが、次のカットで誰もいない空のベッドを捉え、カメラが後退移動しながらパンすると走り込むセブリーヌを迎え入れる。見直すとシャワーの時間が省かれただけだと確認できるが、『去年マリエンバートで』（一九六一）の撮影監督サッシャ・ヴィエルニーの緩急をつけた移動撮影もあって、ジャンプカットや事物から始まる画面への転換で追っていた人物を見失うと、観客はもうそれが現実なのかセブリーヌの妄想なのかわからなくなる。

あるいは『皆殺しの天使』（一九六二）の冒頭で屋敷に入ってくる上流階級の人々が通り過ぎるのを待って家政婦たちが出かけようとすると、同じ人々が屋敷に入ってくるシーンが何の説明もなしに反復される。そして何もなかったかのように家政婦たちは家を出る。何の説明もない反復は観客を戸惑わせると同時に前にあったシーンを忘れさせ、しかもブニュエルは何気ない動きや移動の途中でつなぐ編集を多用するため（時には前述のシャワーシーンのように逆方向の移動をつなぐこともある）、何が起こったのか確かめることもできず置き去りにされてしまうこともある。『ブルジョワジーの秘かな愉しみ』（一九七二）の冒頭で訪問の日を間違えた人々をステファーヌ・オードラン演じるセネシャル夫人が出迎えるシーンで、フェルナンド・レイ扮する大使が話しているる全景のショットは、カメラに向かってくるフローレンス（ビュル・オジエ）がアップになるところで背を向けて遠ざかり、家政婦がセネシャル夫人に渡された花束を引き取ろうとフレームインしてくるのを追うパンショットをいきなり割り込ませると、夫人の隣にいるフローレンスがそれを制する。観客は一瞬何があったのかと思うが、そこに留まる時間もなく過ぎ去ってしまうため、確かめることはできない。

ブニュエルの映画の重要性は、一般的に彼の映画について言われているシュルレアリスム的な事物や奇妙な登場人物ではなく、こうした些細な動きとつなぎにある。例えば『砂漠のシモン』（一九六五）で動く棺桶を引っぱる紐が見えたとしたらそれは単なるミスだと断言していたように、[▽7]ブニュエルの映画はその操作の手を自ら明らかにすることはない古典映画である。しかし一九六〇年代に円熟期を迎えて新しく登場した映画作家たちに、その現代性のバトンを渡した人物の一人なのだ。例えばベルナルド・ベルトルッチの『暗殺のオペラ』（一九七〇）、『ラストタンゴ・イン・パリ』（一九七二）の移動撮影は、先述のように不随意な動きこそドライヤーの影響だが、移動から移動への途切れない接続は同時期のブニュエルなしでは考えられまい。またストローブ＝ユイレの『オトン』（一九七〇）とグラウベル・ローシャの『狂乱の大地』（一九六七）にとって、小国の政治腐敗を扱ったブニュエルの『熱狂はエル・パオに達す』（一九五九）というモデルがあることはローシャやストローブ＝ユイレ自身の証言からも裏付けられる。▽8 一方でブニュエルの映画でフレーム内に登場する奇妙な事物や人物それ自体は、現在ではもはやメディアが消費する見世物でしかなく、映像の「反復」についても、一つのニュースを世界中のモニターで一日中繰り返して既成事実化するためのツールと成り下がってしまっている。

一方、映画としての反復は、一九六〇年代にはベルイマンの『仮面／ペルソナ』（一九六六）、レネやロブ＝グリエ以来流行だったが、しかし近年はマノエル・ド・オリヴェイラが『フランシスカ』（一九八一）と『昼顔』のオマージュである『夜顔』（二〇〇六）で使用しただけであり、他では七章で述べたように、一九八〇年代のジャン＝リュック・ゴダールによる『カルメンという名の女』（一九八三）や『ゴダールのリア王』（一九八七）の反復インサートが、「これは繰り返しですよ」とフィクションの手法としての一形式を観客に意識させ、反復という手法自体を機能不全・解体へと向かわせる批判だったのみである。そもそもこれまで記述してきた手法とは無関係なブニュエルのメキシコ産B級コメディの傑作『賭博師の娘』（一九五一）を見ると、初期の『アンダルシアの犬』（一九二八）、『黄金時代』（一九三〇）を除けば、メキシコでもフランスでも撮影所というシステムが必要不可欠だったことも考えると、それらはやはりある時代のドキュメントとして見ることを余儀なくされるのである。

ところでフランコ独裁制から逃れていたブニュエルを『ビリディアナ』（一九六一）でスペインに一時連れ戻したプロデューサーの一人でもあるペレ・ポルタベーリャは、自身もフランコ時代に反体制を貫き、公開禁止作品の地下上映会を開いて逮捕され、あわや死刑という時に救われた経験があり、完璧な作家ではなくむしろ受難の時代の数少ない抵抗の映像記録としてのフィクション／ドキュメンタリー作家として貴重なカタロニアの映画作家である。ジェス・フランコの『吸血のデアボリカ』（一九六九）のメイキング黒白映像で作られた『Cuadecuc, vampir』（一九七〇）や、その撮影で知り合ったクリストファー・リーが人気のない街中をさまよいエドガー・アラン・ポー『大鴉』を朗唱する映像に、当時のアンダーグラウンド映画の人々がカメラに向かって状況を語る映像が交錯する『Umbracle』（一九七〇）、投獄され釈放された生存者たちが討議するディスカッション映画『夕食』*El Sopar*（一九七四）といったポルタベーリャ作品の息詰まる緊張と静謐さは、近作の短編『引越し』*Mudanza*（二〇〇八）同様にドライヤー『吸血鬼』（一九三二）のカメラワークの影響下にあるが、何より独裁制下の低予算フィルムに何が可能だったのかを直裁に伝えてくれるものだ。特に『Umbracle』の終盤で鶏の屠場にカーペンターズの《遥かなる影》が流される中、生きたまま吊られ、ノドを突かれ、毛をむしられ、蒸し焼きにされていく鶏を淡々と見送る映像は、反体制派と沈黙して生きる人々の運命を示す、独裁政権下の低予算映画に可能だった「処刑」と「装われた明るさ」の隠喩として秀逸であろう。

また、作家本人は小津の影響を主張していたパウリーノ・ビオタの『接触』*El contactos*（一九七〇）や『すべての籠』*Jaula de Todos*（一九七四）、『体から体へ』*Cuerpo a cuerpo*（一九八二）は、前二本がフレーム外の空間や声を使っている数少ないフランコ時代のスペイン映画であり、同時代のコマーシャルな映画とは異なるリズムを持っていた。それにビクトル・エリセの『ミツバチのささやき』（一九七三）の幼年期のリズムが、コントロールされた大人とは別のリズムを探求し、それが『マルメロの陽光』（一九九二）のドキュメンタリーとフィクションの「不完全な」混在に発展したと言えよう。その意味で『マルメロの陽光』はホセ・ルイス・ゲリン、メルセデス・アルバレス、[*4]初期のマルク・レチャ、ホナス・トルエバ、[*5]ホセ・マリア・デ・オルベ[*6]といったより若い作家たちの道標となった映画であろう。一方でカタロニアのアルベルト・セラは五章で述べたように、『騎士の名誉』（二〇〇六）の伝説から『主はその力をあらわせり』（二〇一一）の現代まで、ウォーホルやカルメロ・ベーネといった先人たちの描いてきた寝転がっている人々を被写体とする固定画面を引き継ぎ、そのフレーム外の音や空間のミクロレベルを探求している。

さらにスペインとポルトガルの国境、ガリシア地方のニューウェーブと呼ばれる若い作家たちには『バイキングランド』*Vaikingland*（二〇一一）のショルショ・シロ、[*7]『国境の人々』*Arraianos*（二〇一二）のエロイ・エンシソ、[*8]『コスタ・ダ・モルテ』*Costa da Morte*（二〇一三）のロイス・パティーニョ、[*9]『皆がキャプテンだ』*Todos vós sodes capitáns*（二〇一〇）のオリヴェル・ラシェ[*10]といった人々がいる。個人的にはこのリストに国境のポルトガル側で撮っている『丘陵地帯』（二〇〇九)、『レイテ・クレームの味』(二〇一二)、『TERRA』(二〇一八)の鈴木仁篤《ひろあつ》=ロサーナ・トレスのコンビを加えたいが、それはいずれも風景をどう撮るのか、フレーム外の音を同期させるのかさせないのか、人物はそのフレームの内または外でどうしているのかについて意識的な映画作家たちだからだ。ショルショ・シロの短編『13 POZAS』(二〇〇九)は外湾の激しい波と、音の影響を全く受けない静止画像のような内湾の風景が共存することができる。『コスタ・ダ・モルテ』もまたほぼロングショットのみで撮られた作品だが、そこで語られている人々の会話はフィクションか否かがまるで非決定的である。『国境の人々』のカメラ前で歌い朗読し演じる人々と日々の労働の間に挿入される風景のみの画面と音のリズムは、人物のいる画面と同等の存在となって迫ってくる。そして『レイテ・クレームの味』の老姉妹とともにある家の空間では、彼らがフレームアウトした後の、外からの声や窓の雨音も等価の視聴覚要素として扱われている。

このように、ある種のスペイン映画あるいはスペイン語圏の映画には、独裁制時代のコントロールされたリズムへの従属を拒否する方法を引き継ぎ、コマーシャリズムの名の下の画一性=メディアによるリズムの洗脳に対する抵抗の方法を見出すことができる。同じリズムやテンポに合わせなければ孤立し排除されてしまうファシズムは、世界のあらゆる場所のマジョリティの集団にもマイノリティの集団にも存在し、目と耳から身体を操られる契機となってしまう。かつてさまざまなリズムが共存していたはずの国際映画祭サーキットでさえ今ではテレビによって画一化され、それはインディペンデント映画にまで感染し、かつてはローカルなリズムを持っていた若い作家たちまでもがグローバルなファシズムのリズムに組み込まれてしまう。そしてそのことに運営側もレビューアーも無自覚なのである。全員が操り人形化しているのだ。しかし、それでもなお異なるリズムを同時に提示し、あるいは共存させ、見聴きさせることができるのは、現在のところ映画だけなのである。

3 ブラジル、チリ、アルゼンチンのインディペンデント映画

またブラジル、チリ、アルゼンチンといった南米の国々も、そう遠くない過去に受けた軍事独裁政権のメディア支配に対する抵抗の方法が、グローバルなメディア・ファシズム＝画一化と観客の操り人形化への抵抗へとトランスポートされているのを見ることができよう。まずブラジルについてはすでにグラウベル・ローシャについて述べたが、同じシネマ・ノーヴォではストローブにも認められた、リアルタイムでのシーン組み立てが見られる『死せる女』*A Felicida*（一九六五）や『イパネマの娘』*A Garota da Ipanema*（一九六七）のレオン・ヒルツマン[*11]、よりアントニオーニ的な作風を見せる『挑戦』*O Desafio*（一九六五）のパウロ・セザール・サラセニ[*12]の作品を忘れてはいけない。

しかし、近年のブラジル映画における「上演の映画」は二人の映画作家によって代表できるだろう。ジュリオ・ブレッサーニとエドゥアルド・コウチーニョである。ブレッサーニはグラウベ

ル・ローシャ以降の自主映画＝トラッシュ・フィルムからやって来て、『カオスの徴』*O Signo do Caos*（二〇〇三）で知られるホジェリオ・スガンゼルラ[*13]と映画制作会社ベルエアー・フィルムを結成するが軍事政権によってロンドンへの亡命を余儀なくされ、戻った後に『タブー』*Tabu*（一九八二）、『教義：アントニオ・ヴィエイラの物語』*Sermões - A História de Antônio Vieira*（一九八九）、『聖ヒエロニムス』*São Jerônimo*（一九九九）、『トリノでのニーチェ』*Dias de Nietzsche em Turim*（二〇〇一）、『クレオパトラ』*Cleópatra*（二〇〇七）といったブレヒト的／実験映画的／詩的な「伝記映画」で知られるようになる。その他にもカエタノ・ヴェローゾ、ジルベルト・ジル、シコ・ブアルキ、ガル・コスタらブラジルを代表するミュージシャンたちが大挙出演している『O Mandarim』（一九九五）は、一六ミリで撮られたプリミティヴな固定画面で、演じる歌手たちを同時録音したドキュメンタリーとして貴重なものだ。もう一方のコウチーニョはシネマ・ノーヴォの一人であるドキュメンタリー映画作家だが、こちらもドキュメンタリーとフィクションの境界を越える作業をおこなううち、日本でも上映された『エジフィシオ・マスター』（二〇〇二）、『プレイング』*Jogo de Cena*（二〇〇七）、『歌』*As Canções*（二〇一一）といった、インタビューと「インタビューを演じる」俳優たちのフィクションを混合し、編集によってその境界を曖昧にする作品や、チェーホフを上演する劇団によるリハーサルの再構成である『モスクワ』*Moscou*（二〇〇九）など、こちらもメディアのインタビューに欠如したものとフィクションの関係を見せることで臨界的作業をおこなっていたが、二〇一四年に自身の息子によって殺害されるという悲劇に見舞われてしまった。しかしポスト・シネマ・ノーヴォの女優マリア・グラディスのパフォーマンス映像作品である、パウラ・ガイタン[*14]『Vida』（二〇〇八）などを見ると、こうした身体を通してフィクションとドキュメンタリーの関係を問う試みはまだ続けられていくのだろうか。

チリについては、やはりラウル・ルイスから出発すべきだろう。世界各地で一〇〇本以上の作品を残したというのに生前日本ではほとんど紹介されなかったルイスだが、アジェンデ社会主義政権下の文化組織で働いていた彼がピノチェト軍事クーデターで母国チリから亡命する以前の映画を見ると、フランス亡命後の作品しか知らなければ、ワンシーン＝ワンショットを多用する作風に驚かされることだろう。『三匹の寂しい虎』*Tres tristes tigres*（一九六八）の、酔っぱらったセールスマンとストリッパーの姉と上司が街をさまよう姿を広角レンズで追う手法は、間違いなくネオレアリスモやブラジルのシネマ・ノーヴォに触発された時代の映画作家である。また亡命直後にフランスで撮った『亡命者の対話』*Dialogue d'exilés*（一九七五）は亡命者コミュニティの人々の実態を映画化したことで却って左翼レジスタンス組織から脅迫されたというが、この映画はほぼワンシーン＝ワンショットで撮られ、まるでアンゲロプロスやヤンチョーの映画を思わせる作風である。また亡命直前に撮った『白い小鳩』*Palomita Blanca*（一九七三）で女子高生たちの恋愛を描く長回し撮影は、相米慎二の初期作品の先取りのように感じさえする。亡命後にマルグリット・デュラスから「パリで生き残りたいなら二〇〇〇人のインテリに好まれる映画を撮れ」と助言を受けて、ルイスは『中断された召命』（一九七八）とサッシャ・ヴィエルニー撮影の『盗まれた絵の仮説』（一九七八）の時に、ヌーヴォー・ロマンの先駆であるピエール・クロソウスキー原作を口実に、おそらくフランスの知識層に最も好まれていた映画作家であるアラン・レネの『去年マリエンバートで』のスタイルを剽窃し、フレーム外の語る声や凝固する活人画的人物というロブ＝グリエのスタイルを使ったのである。[9] また、ルイスはフランスを代表する文学作品であるマルセル・プルーストの「失われたときを求めて」終章の翻案である『見出された時』（一九九九）を、チリからの亡命者である自身とアルゼンチンの撮影監督リカルド・アロノヴィッチ、ポルトガルの作曲家ジョルジュ・アリアガダの音楽で作っている。それはかつて欧米の文学や映画によっていわば知的植民地化され、米ソ代理戦争の地として翻弄されたチリという国の映画作家が、祖国で起こったことを観客に思い出させる手法であり、多くの亡命作家がメジャー会社に搾取される単なる下請け作家に堕してしまうことに抵抗する方法であった。

そして『水夫の三クラウン』（一九八三）のフランスで作られたバルパライソの光景、ポルトガルで撮った『海賊の村』（一九八三）の幽霊、オランダで撮った『鯨の上で』*Het dak van de Walvis*（一九八二）のパタゴニア原住民は、かつてヌーヴェルヴァーグが借りたアメリカB級映画の方法以上に低予算で実現された。ストローブ＝ユイレの『オトン』に勇気づけられて作ったという時代劇『ユートピア』*Utopia*（一九七八）、クリス・マルケル『ラ・ジュテ』（一九六二）の写真映画の手法を借りて猟奇殺人を語る『犬の喧嘩』*Colloque de chiens*（一九七七）、影と指の動きで作った『中国の影絵』*Ombres chinoises*（一九八二）、風景とフレーム外の語り手の声で作られた

『庭の喧嘩』*Querelle de jardins*（一九八二）といった作品は、フランスのＩＮＡ（国立視聴覚研究所）が設立初期に実験的な映画を製作していた幸運の産物であるが、それらは皮肉なことに、現在のメディアが忘れてしまったフレーム外の音や語りと映像のコンビネーションの可能性を実現していたのである。『偉大な出来事と普通の選挙』*De grands événements et des gens ordinaires*（一九七九）は、パリ一二区の選挙ルポルタージュ映画だが、フレーム外の語りが徐々に、それを伝える映像メディアの批判へと向かってゆく。『Miotte by Ruiz』（二〇〇二）は、モデルのない抽象絵画はいつ完成するのかという、メディアが示さない撮影することの不可能性についてのドキュメンタリーである。

ルイスは二〇〇二年にチリ文化省の依頼を受けてドキュメンタリーのシリーズ「Cofralandes」を撮るが、それは亡命者であった自分がチリに帰国するにあたって、外国人ジャーナリストの視線として母国を見つめる作品である。それは語り手の声が導く主観的／反省的／ノスタルジックでありながらも、例えば後の『田舎の日々』*Dias do Campo*（二〇〇四）のように、幽霊が語り手として登場するというフィクションを導入することで、現在を奇妙なものとして見るという距離を提案していた。一方でポルトガルで撮った『夢の中での愛の闘い』（二〇〇〇）は、ロブ＝グリエが『エデン、その後』（一九七一）で参照したセリー音楽の構造を発展させた話法で、同じ俳優たちが一四のストーリーと時空間を往復し、一つの身振りが複数のストーリーに関係する。それは観客が映画を何度も解体・分析して見る時代を想定しての壮大な作品となっている。ルイスは生前、現在の映像作品の画面は一〇ある機能のうち二つほどしか使っていないと語っていたが、俳優オーディションのリアリティショーという設定で始まる今日的なワークショップ作品『白い頁の目眩』*Vertige de la page blanche*（二〇〇三）も含めて、その一〇〇本以上の映画は今もなお分析が必要なメディア批判的作品群である。ルイスが晩年に帰国していたチリの若いインディペンデント映画作家たちにとってのラウル・ルイスは、『三匹の寂しい虎』の地点からではなく、「Cofralandes」シリーズから出発しているに違いない。

ホセ・ルイス・セプルベダとカロリーナ・アドリアゾラ[*15]の『Mitomana』（二〇〇九）は、ロバート・クレイマーやグラウベル・ローシャの荒々しさと繊細さを引き継ぎ、手持ちの揺れるフレームワークに危うく捉えられながら、フィクションの登場人物である女優二人が、時折ヘヴィーメタルのギターサウンドがかき鳴らされる中で、現実の政治集会や街頭で人々にアジテーションをおこない子供と旅を続ける。テオ・クールト[*16]の『夕暮れ』*Ocaso*（二〇一〇）は落ちぶれた旧家の執事の振舞いがミニマムな台詞と不可視寸前の濃い影の中で描かれる。撮影のマウロ・エルセ[*17]はエロイ・エンシソとも組んでいるが、少々アピチャートポン・ウィーラセータクン風の航海映画である監督作『Dead Slow Ahead』（二〇一五）が興味深い。またホセ・ルイス・トレス・レイバ[*18]は『ノープレイス・イン・ノーウェア』*Ningún Lugar en Ninguna Parte*（二〇〇四）や『動かない時』*El tiempo que se queda*（二〇〇七）などの凝視的フレームのドキュメンタリーで知られるが、『風は帰る時を知る』*El viento sabe que vuelvo a casa*（二〇一六）は『一〇〇人の子供たちは列車を待っている』(一九八八)の監督イグナシオ・アグエーロの撮影メイキング・ドキュメンタリーの形をとったアッバス・キアロスタミへのオマージュであり、フィクションの人物が現実の人々と交わる作品である。どれもフィクションの人物から出発して、ある限界へと近づこうとするドキュメンタリーであると言ってもいいだろう。

ルイスが一九六四年に映画を学んだ隣国アルゼンチンでは、当時『三度のアンナ』*Tres veces Ana*(一九六一)のデヴィッド・コーン、[*19]『老いた若者たち』*Los jóvenes viejos*(一九六二)のロドルフォ・クーンらアントニオーニの影響下にデビューした映画作家たちが主流だったようだが、最も重要で今日的な作家は、五〇年以上の時を経たデジタル時代の二〇一三年にやっと日本でも上映することができた『敬われるべき全ての人々』(一九六三)のマヌエル・アンティンや、『闘鶏師の恋』(一九六七)のレオナルド・ファビオといった人々だろう。アンティンがフリオ・コルタサルとのコラボレーションで彼の小説を映画化した『奇数の暗号』*La cifra impar*(一九六二)や『キルケ』(一九六二)の時間消去の技法は、後のベルトルッチ『暗殺のオペラ』の先駆けと言える。またファビオの『ある孤児の日記』(一九六五)や『店員』*El dipendente*(一九六九)は、アルゼンチン映画においてブレッソンやブニュエルの影響が見受けられる貴重な例となった。『ある孤児の日記』の少年院描写には『抵抗』(一九五六)の、『店員』の店員には『エル』(一九五三)の狂気の記憶が色濃く残っている。

そしてフランスでブレッソンの助手を務めたウーゴ・サンチャゴはホルヘ・ルイス・ボルヘス

の脚本でアルゼンチン・ノワールの代表作『侵入』（一九六九）を撮ってデビュー、まもなく軍事政権の弾圧でフランスに亡命してしまったが、この作品は後の世代に影響を与えることになる。さらにある劇団の舞台裏のやりとりにはじまり、上演リハーサルからパーティーまでを「上演の映画」に仕立てたこの時代最大の野心作であるアルベルト・フィスチェルマンの『プレイヤーズvs堕ちた天使たち』*players vs angeles caidos*（一九六九）[*21]や米帝国主義に操られるゲリラ闘争を揶揄したブレヒト的闘争映画で、実際に監督も命を狙われたフリオ・ルドエニャ[*22]の『進歩への同盟』*Alianza para el progreso*（一九七一）、ブレヒト的なカメラへの殴打とアニメーションから始まる、同録と長回しで撮られた組合抗争映画であるライムンド・グレイゼル[*23]の『裏切り者たち』*Los Traidores*（一九七三）といった、現在もメディア批判として見直されるべき作品が作られている。

しかし歴史的には、一九六六年以来の軍事政権時代で、特に最も弾圧の犠牲者を出した一九七六年のホルヘ・ラファエル・ビデラ軍事独裁政権から一九八二年のレオポルド・ガルティエリ政権のマルビナス（フォークランド）戦争敗北での民政移行までの時代で、グレイゼル、パブロ・スジール[*24]、エンリケ・ファアレス[*25]、ホルヘ・セドロン[*26]ら映画作家たちが殺害され、日本でも作品が上映されているエドガルド・コザリンスキやフェルナンド・E・ソラナス、リヴェットやベルトルッチの脚本家となるエドワルド・デ・グレゴリオら多くの人々が亡命し、作品が公開禁止や没収となったのである。

民政移管後にラウル・アルフォンシン大統領によって国立映画庁長官に任命されたマヌエル・アンティンは、軍事政権下の現状をマイケル・カーチスの『カサブランカ』（一九四二）の引用で示した『招待状』*La invitación*（一九八二）で映画作家を引退する。一方、かつて『プレイヤーズvs堕ちた天使たち』のスタッフであり、亡命の地メキシコから帰国したラファエル・フィリペッリは、後にアンティンに依頼されて国立映画大学の教授として現在のアルゼンチン映画のニューウェーブとなる人々を育てることになるのだが、彼自身の映画こそ戦後＝民政移管後のアルゼンチン現代映画の指針を示すものであったろう。『不在』*El Ausente*（一九八七）では殺害された活動家の映画を作ろうとする女性映画作家が、自分のカメラではなくいきなり正面に向かって語りかけ、「真実」は映像メディアの中で再構成されるものだとする前提を示す。それは軍事政権下のメディアコントロールを経験した世代ならではの配慮である。その上でフィリペッリは、殺し屋の到着を待ちながら料理を作る活動家の姿をワンシーン＝ワンアクトのリアルタイムで再構成して見せる。ブエノスアイレスの夜をさまよう夫婦を描き、明らかにロッセリーニ＝アントニオーニの作品をモデルにした『夜の音楽』（二〇〇七）の冒頭とラストシーンのアパルトマンでの夫婦の対話は、フレームの内と外のスペースを人物が出入りしながら、劇中でシューベルトやメシアンの曲をかけてリアルタイムの時間をカット割りで再構成することを観客に強く意識させる。あるいは『四つの注釈』（二〇〇四）におけるヘラルド・ガンディーニ作曲のオペラ上演のリハーサル空間と本番の映像と音が混合され、分離し、ベアトリス・サルロら注釈者たちのさまよう舞台裏の空間にも反響する。それはデュラスの『インディア・ソング』（一九七五）や『ゴダールの探偵』（一九八五）へのオマージュを超えて、フッテージを扱うコラージュ＝フィクションのフレーム外の音響空間の自由さにみちた驚くべきドキュメンタリーである。フィリペッリの低予算映画の方法は、マティアス・ピニェイロの『みんな嘘つき』（二〇〇九）、『ビオラ』（二〇一二）、『フランスの王女』（二〇一四）のフレーム切れも厭わないその外空間の自由さやブニュエル的反復の再発見、マリアーノ・シニャスの[27]『途方もない物語』*Historias extraordinarias*（二〇〇六）、一四時間半の長編『花』[28]*La flor*（二〇一八）の全体を見せないフレームと外からの語りの活用、アレホ・モギランスキーの『カストロ』*Castro*（二〇〇九）の謎を求めて人物が街全体を走り回り劇場化するアクション／バレエといった若い世代を代表する作品に継承されている。

イネス・デ・オリヴェイラ・セサール[29]、ルクレシア・マルテル、リサンドロ・アロンソ、ガストン・ソルニツキ[30]、エルナン・ロセッリ[31]と、他にも才能ある映画作家たちを数え上げることができるアルゼンチン映画で、グスタボ・フォンタンを選ぶとすれば、それは彼が次のように語っているからだ。

ピンボケの画面や何が写っているかわからない画面でいったい何ができるのかを研究しました。そこで私たちは何を見せて何を見せないのかを考えました。その何が写っているのかわからないということから可能性が広がったのです。それを見た人が、いったいどのようにとらえるのか、という意味でです。〔……〕映像と音が一致しないことから緊張感が生まれて、見えているもの以上の広がりができるのです。音がフレーム外から聞こえてくることによって、見えているもの以外の物も見えるようになり、空間も広がっていくのです。映像とは、私にとって、そして観客にとっても、見えている物に留まるものではありません。観客として座席にいる状態で、見て聞こえてくるものに何を感じるのかというのは、その人それぞれの可能性によると思っています。▽10

『底の見えない川』（二〇〇八）のどうやら森の中を動いているらしい焦点がボケて判別のつかない映像や、『顔』（二〇一三）の手持ちカメラで撮られた黒白の八ミリや一六ミリの粗い粒子で誰ともわからない人物の手足とフレーム外の話す声と川の音、『ラ・カサ／家』（二〇一二）の明らかにフィクションの思い出として撮られている人称性のない人々の行き来する身体と、その家を破壊する音に微妙に重なる波音のような音は、しかし定められたフレームを見て外からの音を聴く観客を捉える。放蕩する母親とそれを見つめる息子を描く『母』（二〇〇九）で、ワイングラスを片手に外を見つめる母（グロリア・スティンゴ）がフレームアウトする画面に、クローズアップで撮られた息子のフレームアウトが続き、黒画面から母親の上半身画面で犬の泣き声が大きく聴こえてきて、裸足の足元のみの画面で突如彼女が倒れ、湯の沸騰する音が聴こえてくる。フレームインする息子（フェデリコ・フォンタン）が彼女をベッドに運ぶと、母の息子にむけた独白に洗い場の水が漂う映像がつながれる。

一連の画面にあるのは、全体を見渡すことのない空間で、フレーム内外においても、視聴覚的にもしばしば途切れる時間と運動である。そこでは人物であろうと事物であろうと、もはや何も映っていなくてもよいという爽快な自由さがある。映像メディアはおろか、実験映画さえもこうした時間や運動を劇と結びつけることができなかったのは、大きな動きからフィルムなりデジタルビデオなりの映像素材の存在を露呈するような、判別不可能な極小の動きへと移行することができなかったからだ。グスタボ・フォンタンは現代においてこうした画面と音の自由さを映画で示すことができた唯一の作家である。彼の「凍った湖」三部作である『何もない庭の太陽』*Sol en un patio vacio*（二〇一七）、『雨』*Lluvias*（二〇一七）、『池』*El Estanque*（二〇一七）はその作業の続行を示しているだろう。

▽1　映画サイトelcinema.comによるミスル・スラジオの紹介文より（https://elcinema.com/person/1052809/）。

▽2　ハディ・ザカクによるタウフィーク・サーレフへのインタビュー「アラブ映画が現実にコミットする時」Bidayat Magazine, 2017（https://www.bidayatmag.com/node/836）。

▽3 非署名記事だが「シャヒーンは『カイロ中央駅』を巨匠から受け取った」Elyom New, 2015（http://www.elyomnew.com/news/nostalgia/2015/08/13/31458）［二〇一九年一〇月現在確認不可］。

▽4 ジル・ドゥルーズ『シネマ2＊時間イメージ』宇野邦一・江澤健一郎・岡村民夫・石原陽一郎・大原理志訳、法政大学出版局、二〇〇六年、三〇五―三〇六頁。

▽5 同前。

▽6 サヒール・ヘルマによるタウフィーク・サーレフへのインタビュー。al-Ahram, 2011（http://www.ahram.org.eg/archive/Investigations/News/86839.aspx）［二〇一九年一〇月現在確認不可］。

▽7 トマス・ペレス・トレント、ホセ・デ・コリーナ『Interview ルイス・ブニュエル 公開禁止令』岩崎清訳、フィルムアート社、一九九〇年、二八三―二八四頁。

▽8 ローシャについてはLuis Buñuel-Glauber Rocha, "ecos de uma conversação," *Cinéma 68*, nº 123, 1968（http://www.contracampo.com.br/20/bunuelrocha.htm）. なお、カエターノ・ヴェローゾは「『狂乱の大地』はグラウベルの視点から見た『熱狂はエル・パオに達す』のリメイクだ」と指摘している。以下を参照。VERDADE TROPICAL（CAETANO VELOSO）＊ ~ Musicaria Brasil, 2019（https://musicariabrasil.blogspot.com/2019/03/verdade-tropical-caetano-veloso.html）. ストローブについてはJean-Marie Straub Daniele Huillet, "Cinemateca Portguesa-Museu do Cinema,"［1998］（http://www.torinofilmfest.org/film/75/la-fievre-monte-a-el-pao.html）.「ジャン＝マリーは『熱狂はエル・パオに達す』を見なかったら『オトン』は撮らなかったと言っていた」（ダニエル・ユイレ）。

▽9 Antonella Estevez, "Entrevista a Cristián Sánchez,"（http://www.cinechile.cl/entrevista-65）.

▽10 日本での特集上映の際におこなわれた筆者によるインタビュー「グスタボ・フォンタンとの対話」New

Century New Cinema、二〇一七年（http://www.ncncine.com/gfinterview.pdf）。

＊1　カマル・シーク（一九一九–二〇〇四）　法律を学んだ後に俳優を志して撮影所に入り、ニアズィ・ムスタファの助手となり、『十三番の家』*El manzel rakam tletash*（一九五二）で監督デビュー。以後スリラーやスパイ映画で活躍した。『ある女のために』はオマー・シャリフ主演でビリー・ワイルダー監督『深夜の告白』（一九四四）のエジプト版。

＊2　アテフ・サーレム（一九二七–二〇〇二）　一九五三年に監督デビュー、『彼らが私を犯罪者にした』*Gaaluni mujriman*（一九五四）、『女の秘密』*Serr Emraa*（一九六〇）ほか、犯罪映画やメロドラマ、コメディなど多岐にわたるジャンルで活躍した。

＊3　ハサン・アル＝イマーム（一九一九–一九八八）　一九一九年に監督デビュー、日本でも上映された『ズーズーにご用心』（一九七二）などのヒット作で知られ、多ジャンルで九〇本以上の作品がある。

＊4　メルセデス・アルバレス（一九六六–）　ホセ・ルイス・ゲリン『工事中』（二〇〇一）の編集を経て、監督作品『空の変化』*El cielo gira*（二〇〇四）、『未来の市場』*Mercado de futuros*（二〇一一）を撮る。

＊5　ホナス・トルエバ（一九八一–）　父は映画監督のフェルナンド・トルエバ。監督作品に『迷える若者たち』*Los Ilusos*（二〇一三）、『再会』*La reconquista*（二〇一六）などがある。最新作は二〇一九年一一月のラテンビート映画祭で上映された『八月のエバ』。

＊6　ホセ・マリア・デ・オルベ（一九五八–）　監督作品に『まっすぐな線』（二〇〇六）、『Aita』（二〇一〇）などがある。

＊7　ショルショ・シロ（一九七三–）　ガリシアの船員が一九九三年から一年に渡って記録したビデオを使

ったフッテージ作品『バイキンググランド』がガリシア映画史上ベストワンに選ばれた。

＊8 エロイ・エンシソ（一九七五—）ガリシアとポルトガルの国境で撮影した短編作品で知られる。『国境の人々』は長編デビュー作。

＊9 ロイス・パティーニョ（一九八三—）地元ガリシアの遠景だけで撮られた短編シリーズで知られる。『コスタ・ダ・モルテ』は題名の土地で撮られたやはり遠景のみの長編第一作。

＊10 オリヴェル・ラシェ（一九八二—）ガリシア移民でパリ生まれ。バルセロナのポンペウ・ファブラ大学で学び、『皆がキャプテンだ』は長編第一作。第二作は本人言うところの「西部劇」である『Mimosas』（二〇一六）。最新作は二〇一九年東京国際映画祭およびラテンビート映画祭で上映の『ファイヤー・ウィル・カム』。

＊11 レオン・ヒルツマン（一九三七—一九八七）一九六〇年代初めに短編ドキュメンタリーを数本手がけて注目され、一九六五年のフェルナンダ・モンテネグロ主演『死せる女』はブラジル・シネマ・ノーヴォの代表作の一本。他に日本でも映画祭で上映された『ブラック・タイ』（一九八一）がある。

＊12 パウロ・セザール・サラセニ（一九三三—二〇〇二）ローマの映画実験センターで学び、一九六五年の『挑戦』で長編デビュー。他に一九七〇年の『暗殺者の家』*A Casa Assasinada* などがある。

＊13 ホジェリオ・スガンゼルラ（一九四六—二〇〇四）ポスト・シネマ・ノーヴォのシネマ・マルジナルの代表的な映画作家で、『赤い光の盗賊』*O Bandido da Luz Vermelha*（一九六八）が代表作。

＊14 パウラ・ガイタン（一九五四—）コロンビアのロス・アンデス大学でファインアートを学んだ後、グラウベル・ローシャと出会い『大地の時代』の美術助手として参加。ローシャと結婚し、娘のアヴァ・ホーシャは歌手。一九八九年より短編制作を始める。他に『火山の口』*Exilados do Vulcão*（二〇一三）、

『夜』*Noite*（二〇一四）がある。

＊15 ホセ・ルイス・セプルベダ（一九七一―）&カロリーナ・アドリアゾラ（一九七七―）チリ社会のマージナルな人々を描くドキュメンタリーと劇映画を制作してきた。長編は『鮟鱇』*El Pesejapo*（二〇〇七）、『議会の記録』*Cronica de un comite*（二〇一四）など。

＊16 テオ・クールト（一九八〇―）両親はチリ人だがスペイン生まれ。マドリッドで写真を学んだ後チリに戻り、さらにキューバで映画を学ぶ。短編作品を数本発表している。

＊17 マウロ・エルセ（一九七六―）バルセロナ、キューバ、パリで学んだ後、撮影監督としてもテオ・クールト、エロイ・エンシソ、オリヴェル・ラシェらの作品を手がけている。

＊18 ホセ・ルイス・トレス・レイバ（一九七五―）チリの芸術科学コミュニケーション大学卒業後、映画制作を開始、ドキュメンタリーとフィクションの両方を手がける。チリにおけるニューウェーブの代表的な映画作家の一人。

＊19 デヴィッド・コーン（一九二九―二〇〇四）アントニオーニやヌーヴェルヴァーグの影響の下、一九六〇年に『夜の囚人たち』*Prisioneros de una noche* で長編デビューした。

＊20 ロドルフォ・クーン（一九三四―一九八七）コーンと同じく、アントニオーニやヌーヴェルヴァーグの影響の下、『浮気者たち』*Los inconstantes*（一九六二）で長編デビュー。他に『小鳥のゴメス』*Pajarito Gómez*（一九六五）がある。

＊21 アルベルト・フィスチェルマン（一九三七―一九九五）建築、音楽、演劇、人類学を学んだ後、短編制作を経て『プレイヤーズvs堕ちた天使たち』で長編デビュー。他に『ゴンブロヴィッチと誘惑』*Gombrowicz o la seduccion*（一九八七）などがある。

＊22 フリオ・ルドエニャ（生年不詳） サルバドール大学で学んだ後、短編『孤独な女の物語』*historia de una soledad*（一九六七）を撮る。『進歩への同盟』は、アルゼンチンでは一九九九年まで上映されなかった。他に風刺ミュージカル『文明は大衆を作り出すが聴かせない』*La civilización está haciendo masa y no deja oir*（一九七四）がある。

＊23 ライムンド・グレイゼル（一九四一―一九七六） 批評家から出発し、一九六四年以来政治的ドキュメンタリー映画作家としてブラジル、メキシコ、キューバで制作。制作集団 **Cine de la Base** を結成。一九七六年に当時の軍事政権に誘拐され、拷問を受け殺害されたと言われている（遺体不明）。

＊24 パブロ・スジール（一九三六―一九七六） ドキュメンタリー映画作家であり一九六〇年代に制作集団 **Cine Liberación** のメンバーとして活動したが、一九七六年一〇月二九日に軍事政権によって誘拐・殺害されたと言われている（遺体不明）。

＊25 エンリケ・フアレス（一九四四―一九七六） ドキュメンタリー映画作家。ペロニスタ青年同盟のメンバーで、反政府組織モントネロスの一員でもあった。一九七六年一二月一〇日に軍事政権によって殺害された。

＊26 ホルヘ・セドロン（一九四二―一九八〇） 監督した『殺害命令』*Operación Masacre*（一九七三）は、一九五六年に当時のペロン主義者たちの殺害事件を扱った劇映画で、極秘裏に制作された。亡命後も活動を続けたが、一九八〇年六月一日にパリ空港で暗殺された。

＊27 マリアーノ・シニャス（一九七五―） ブエノスアイレス国立映画大学を卒業後、二〇〇二年に『保養地』*Balnearios* で長編デビュー。

＊28 アレホ・モギランスキー（一九七八―） ブエノスアイレス国立映画大学を卒業。ピニェイロ、シニャ

スらの編集者としても活躍している。

＊29 イネス・デ・オリヴェイラ・セサール（一九六四―）　J・F・ケネディ・アルゼンチン大学で心理学を学び、一九八二年から演劇でも活動。二〇〇四年に長編第一作『過ぎ行く時』*Comó pasan las horas* を撮る。近作は『他人の肌』*La otra piel*（二〇一八）。

＊30 ガストン・ソルニツキ（一九七九―）　ブエノスアイレス映画大学とニューヨーク大学芸術学部で学んだ後、マウリシオ・カーゲルのドキュメンタリー『ズューデン』（二〇〇八）でデビューした。近作は『青ひげ』*Kékszakállú*（二〇一六）。

＊31 エルナン・ロセッリ（一九七九―）　編集者として活動し雑誌『Naves』の創刊・編集を手がける。二〇一四年に第一作『マウロ』*Mauro* で長編デビュー。近作は『演劇の家』*Casa del teatro*（二〇一八）。

終章　トランスナショナルなメディア批判映画の現状

日本ではまるで指摘されなかったのだが、一九八八年から一九九八年に作られた『ゴダールの映画史』が製作期間中に影響を受けてきたユーゴ紛争について、ゴダールがユーゴスラヴィア映画史に言及できなかったのは、当時それが上映もソフト化もされずに隠されていたからだろう。確かに『フォーエヴァー・モーツァルト』（一九九六）の時期にエミール・クストリッツァへの言及はあったものの、所詮一九八〇年代のEU合作大作映画の域を出ていないクストリッツァの作品や、日本でも上映されているドゥシャン・マカヴェイエフは別にしても、ストローブに「ジャン・コクトーとマラルメの間にいるようだ」と言われたマチアス・クロプチッチ[*1]の初期の美しい作品『何でもない物語』*Zgodba ki je ni*（一九六七）、『紙飛行機の上』*Na papirnatih avionih*（一九六八）、『酸素』*Oxygen*（一九七〇）や、またはマルコ・ババッチ、ジヴォイン・パヴロヴィッチ、ヴォイスラフ・ラコニャック[*2]の『街』*Glad*（一九六三）、バタ・センジッチ[*3]の『炭坑労働者の人生から』*Slike iz zivota udarnika*（一九七二）、ラザール・ストヤノヴィッチの[*4]『プラスチック・ジーザス』*Plasticni Isus*（一九七一）、ジェリミール・ジルニク[*5]『最初の仕事』*Rani Radovi*（一九六九）といった、共産主義政権下にもかかわらず映像と音の自己言及性が認められ、大半がチトー政権下で公開禁止または没収された作品群にゴダールがまるで無関心だったとは思えない。

ゴダールが見たかったかどうかは別にしても、ルーマニアのリュシアン・ピンティリエ[*6]の『再構築』*Reconstituirea*（一九七〇）同様に、現在これらの作品を見直せば、チトーやチャウシェスクら独裁者がこれらの作品を許容できなかったのは、観客＝視聴者を操り人形化する映像の透明性を妨げるような現代映画だったからだとあらためて理解させてくれるからだ。クロプチッチの初期三作で登場する撮影隊のカメラに話しかける人物たち、『街』のカメラに話しかける女性や『炭坑労働者の人生から』のカメラに向かって記念写真的なポーズをとる人々、あるいは『最初の仕事』と『再構築』で頻繁に登場するカメラやカチンコの映り込みの反復が、当時の観客にとって、今見ているものが映画であり製作出資者である共産主義政権のプロパガンダではなく映画の作家がいることを意識させるものだった。それは近年の中国語圏のインディペンデント映画、イン・リャンの『慰問』（二〇〇九）や『私には言いたいことがある』（二〇一二）の影に沈む人物に近づこうとせず距離を維持するカメラ、ビー・ガンの『凱里ブルース』（二〇一五）のフレーム外空間の活用といった中国メジャー映画への抵抗の方法を見ても、相変わらず同様のことが言えるのではないか。つまり人々が同時代の現代映画へのアクセスを妨げられてきたことが、映像イメージへの無知を促進させ、疑問を持たずに操られる人々と抵抗する人々との分断、果ては出口のない弾圧と民衆の離反という古典的な悪循環のフレームに閉じ込めているのではないか。

事物や人物よりも距離や節度それ自体が被写体となる映像作品は、観客や視聴者を操り人形にすることはない代わりにメジャー作品になることもない。

イスラエルのインディペンデント映画の父と言われるダヴィッド・ペルロフの『日記』*Diary 1973–1983*（一九八三）では、作者自身の構える一六ミリカメラが被写体まで容易に近づこうとしない姿勢、遠ざかろうとする被写体を尊重する距離と編集とナレーションのリズムを持っている。この『日記』の中ではペルロフの娘が編集に関わっているクロード・ランズマンの『ショア』（一九八五）の作業中のスタジオを訪ねるシーンがある。『ショア』がナチスによるユダヤ人虐殺の証言者の言葉と、それが指し示す場所や事物の現在を記録することに徹し、その閉じたフレームによって、却って語られなかった人々の疎外感をもたらしたのに対して、▽1 ペルロフの『日記』は、あらかじめフレームの限界を自覚し、個人的な視点から記録できる時間と空間に被写体を限定する。そして人物や事物を離れてテルアビブの人気のない中庭や裏通りの道を撮り続けて、不意にそのリズムが途切れ、誰もいない空間を見つめる沈黙に至る、メディアやメジャーな劇映画が気にも留めずに削除してしまう瞬間を記録している。現在では、デジタルビデオやスマートフォンによる一人での作品が増えているにもかかわらず、むしろこうした個人的なリズムや瞬間を保持する映像は滅多になく、あらかじめテレビに買い上げられることを想定した視覚偏重のスペクタクルが幅をきかせる。序章で述べたように、生まれた時からそれらを見ながら映像的に画一的な環境で育つことになる子供たちの、近視眼的な視覚環境の中では滅多にないロングショットは、観客に広い視野をもたらすものとして学ぶことによって後天的に獲得されるべきものになった。そうした理由から、現在流布する映像を無批判に引き継いだコマーシャルな映像に対立する集団作業が成立する場所としての学校でのワークショップが、世界でも求められるものなのである。

例えば近年の日本の映画において、学校その他のワークショップは、独創的なリズムや思考を持った作品、例えば濱口竜介の『ハッピーアワー』（二〇一五）、鈴木卓爾『ポッポー町の人々』（二〇一二）、『ジョギング渡り鳥』（二〇一五）、高橋洋『旧支配者のキャロル』（二〇一一）、『霊的ボリシェヴィキ』（二〇一八）、西山洋市『INAZUMA 稲妻』（二〇〇五）、『Kasanegafuti』（二〇一一）、篠崎誠『あれから』（二〇一三）などを制作している貴重なシステムである。しかし、メディアやコマーシャルな映像の画一性から逃れ、生きる帯域としての空間とリズムを創造することが意識されなければ（そのベースとして、例えば演劇やダンスがあり得るのだろう）、ワークショップのムーヴメントもプロの現場にとっての単なる傍系的な場所として次第に消滅してしまうことになるだろう。

一方でテレビ的でコマーシャルな映像の画一的なリズムに占められた国際映画祭において、数少ない生存者である映画作家たちはどうなっていくのだろうか。例えば『ブリスフリー・ユアーズ』（二〇〇二）ではリアルタイムを活用していたアピチャートポン・ウィーラセータクンが『光りの墓』（二〇一五）では次第に人物をオブジェ化するポップアート的なミニマル画面（これもおそらく源流はアントニオーニにある）に戻っていったのに対して、その一九八〇年代のミニマリストたちの映像パターンを「プレイする」ことがトレンドのように見える。ホン・サンスとウージェーヌ・グリーンの近作にそうした傾向が認められるだろう。例えばホン・サンスの『3人のアンヌ』（二〇一二）や『夜の浜辺でひとり』（二〇一七）で見られる、いつ起こったのか現実か夢か想像上のことかもわからないシーンは、ブニュエルやアントニオーニの映画の非決定性の要素を登場人物が行動する契機として、言わばゲームのキーとして使われたものだが、そのゲーム性自体はヌーヴェルヴァーグやロブ゠グリエの映画を通過しなければ現れなかったはずである。もしかすると『エドワード・ヤンの恋愛時代』（一九九四）やウォン・カーワァイの『恋する惑星』（一九九四）の時代に、これらの作家たちはホン・サンスより先にそうした映画を撮っていた可能性はあったのだが（特にエドワード・ヤンはホークスの『リオ・ブラボー』（一九五九）の室内劇的なゲーム性に着想を得ていたはずだ）、そうならなかったのは周知の通りだ。またウージェーヌ・グリーンはブレッソン的な身振りの様式化の中で小津というよりパゾリーニの正面性をより厳格なフレームにした切り返しを執拗に反復することで、ゲームのように「形式をプレイする」コミカルさを手法から引き出す（例えば『ポルトガルの尼僧』（二〇〇九）の切り返しの会話シーンは二〇分続く）。

例えばグリーンがトゥールーズのワークショップで撮った上演の映画である『野蛮人を待ちながら』*En Attendant les Barbares*（二〇一七）は、彼の映画の核となる作品だろう。冒頭に「町の現実」と題してロケ地とスタッフや俳優との記念写真が映し出され、続いて「フィクションが表現するのは世界の現実」との字幕が出て本編に入っていき、時代劇の衣装を着た人々が「野蛮人たちに追われて」ある館を訪れる。入り口でスマートフォンやパソコンを預けて（そこで現代における上演だということが示される）中に入り、主人と妻は客たちを暗闇の世界に招く。詩人は闇の中で幽霊と語らい、そこでは二人ずつ人物が並んでいるが、クローズアップで近づき離れると向かい合っているというように、位置関係が見えなくなるという手法がとられている。そして後半は広間に移動してニコラ・トゥルニエの絵画についての省察、続いて青いフィルターをかけた映像でアーサー王伝説の円卓の騎士の一人ジョフレの物語が上演されるが、そこでフレームに捉えられたカメラ目線の人々の切り返しショットは、各々が肖像画であり、かつてマノエル・ド・オリヴェイラによってなされた、絵画のフレーム力を上演の映画に使おうとする試みに近いと言える。これはグリーンの映画としても、映画祭のみで上映されるという契約で撮られた作品であり、だからこそ彼の映画のエッセンスが凝縮されているとも言え、テレビ的自然主義が支配的になっているフランスでは例外的な存在になっている。

そしてコマーシャルとアート、言語によっても細分化されているインドでさえ、リッティク・ゴトクの『理屈、論争と物語』（一九七四）やマニ・カウルの『台風の日』*Ashad Ka Ek Din*（一九七二)、クマール・シャハニ[*7]『カヤールのサーガ』*Khayal Gatha*(一九八九)、ジョン・アブラハム[*8]『母へのレポート』*Amma Ariyan*(一九八六)などの自己言及性が垣間見える作品が制作されている。それらは本国でアートフィルムというレッテルの下で限られた観客のために上映されている古典だが、本来はCG映像と大音量の音楽で操られている一般観客のために上映されるべき映画だったはずである。もちろんネット時代の現在ではそれが可能であり、むしろ外国の広範囲の人々に見られることによってそれらは現代的な価値を見出すことができるだろう。

冒頭パーカッションとドラムスが激しく交錯しフルートを吹きまくるフリージャズがかかるタイトルに続き、真っ白なセットに黒づくめの三人組がシタールとパーカッションに合わせて異様なダンスを踊りまくる『理屈、論争と物語』は、監督自身が演じるアル中の左翼教師が、失業者の若者とバングラデシュ人の娘を伴って放浪し、サンスクリット語の教師や元知識人のポルノ小説家、反政府ゲリラらと対話を繰り広げるという、第二次大戦直後のベンガル分割と政治運動への挫折を背景に持つ知識人の最期を描くゴトク自身の「生前埋葬」的作品である。そのラストはカメラのレンズに酒をかけながら死ぬというブレヒト的な銃撃戦で、ペキンパーやローシャを通過してモンテイロに先んじるような映画を同時代のインド人が作っていたことに驚愕するしかない。またゴトクは、リヴェットの『パリはわれらのもの』(一九六一)と近い設定で、ライバル関係にある二つの劇団員の恋物語がベンガル分割で引き裂かれる『E-Minor』*Komal Gandhar*(一九六一)を撮っている。つまり彼はインド映画の娯楽とアートの二分法といった狭いカテゴリーにおいてではなく、国際的な現代映画の文脈で見られるべき作家である。そして先に挙げた人々やより古典的な『ねずみとり』（一九八一）のアドゥール・ゴーパーラクリシュナンらゴトクの後継者たちのある時期の作品は、各々がブレッソンの影響を隠していないが、それに留まらず、CGで作られたヴィジュアルと大音量のサウンドに目と耳をふさがれたメジャーな観客やメディアが描くことのない、閉ざされた時空間にいる人物の身体や、その部位をどのようにフレームに収めるかという作品であり、フレーム外のサウンドは内にある人物を解放する／あるいは突き動かす要素として現れている。

モーハン・ラーケーシュの戯曲の映像化であり、カメラに向かう人物の姿勢が明らかに「上演の映画」であるカウルの『台風の日』で、カメラに向かって作業をする女性たちの肉感性とフレーム外の軍勢の声や雨音、シャハニの『カヤールのサーガ』の朗唱と歌に伴いまた離れる移動撮影の流動性、アブラハムの『母へのレポート』のフィクションの登場人物が出会う現実の人々のドキュメンタリーとしての映像、ゴーパーラクリシュナンの『ねずみとり』の不動の姿勢をとる（あるいは寝ている）人物の沈黙の時間は、言語や階級、娯楽か芸術かという古く狭いサイロ構造に囚われた大多数の人々に向かって、そのフレームの外の存在を知らせているのである。それらの映像と音を通過した後に、観客は、例えばよりメジャーなカウルの『雲の扉』*The Cloud Door*（一九九四）の水中で娘たちの裸体を覆うヴェール、人物が画面から見切れないフレーミングにテレビ出身者の特徴が現れているケータン・メヘターの『ミルチ・マサラ』*Mirch Masala*（一九八七）の踊る女たちのヴェールと、デジタル時代の監督S・S・ラージャマウリの『バーフバリ：伝説誕生』（二〇一五）の主人公の滝登りを成就させる女の幻がまとうヴェールという相似した三つの誘惑性を見分けられるなら、テクノロジーによって時代とともに次第に誇張されパターン化されてしまった歴史に気づいて、各々のイメージから距離をとって考察できるかも知れない。

†

我々は、国家や大企業から個人までが発信する情報イメージを、無数のあらゆるサイズで見聴きする時代に生きている。その大半が信じることを要請してくる操作目的の映像に囲まれている現在、かつてマノエル・ド・オリヴェイラが言っていた「一方で人を信じさせず、他方で人を信じさせようとする」▽2イメージを提出することができるのは、今まで述べてきたように、自己言及性を持ち、自ら倫理とは何かを示すことができる作者によって作られた「現代映画」だけである。そうした作品が、例え最初にテレビその他の媒体で放映／投影されたとしても、再び人の目にふれ、注目されるために、上映がなされる最良の場所は、映画館に准じる場所の拡大投影スクリーンである（さもなければ忘れ去られるだろう）。ある人を感動させたとしても、他の人にはそうとは限らない、場合によっては人を困惑させさえする映像と音が、その秘密を解明せよと語っているように観客が受け取ったとすれば、それは「現代映画」として成功している。観客にとって、そうした映像と音の成り立ちを認識するプロセスが、それまで見聴きしたことのなかった感覚的・意識的領域を通過することで発展させられ、一つの映像と音の歴史的成立過程とその限界を知ることを常に念頭におくことができるようになるなら、その経験が視聴者を操って戦争へと駆り立てる目的で制作された過去のプロパガンダ映像から距離をとって検証することを可能にし、とりあえずの見る価値を与えて少なくとも保存することに同意できるだろう。

かつて不可避的に世界大戦に加担した古典映画の文体は、現代映画を通過した視線によって解体され「贖罪する」必要がある。そして今も製作され続ける古典的な文体の映画やドラマが急速に古びたものとなり、メディアで配信され即応を煽るための現在としての実況中継映像とCGによる加工映像が我々を包囲し反復して操ってくる今の時代に、その「フレーム外」や立ち止まるための帯域、遅延のリズムを見つけ出すための最終出口となり得ることを、現代映画に期待できないとは言えないだろう。だから自ら解体／分析を希求する現代映画は、決して一部の専門家のみに見られるべきものではなく、逆に、むしろ広く一般的に見聴きされるべきものなのである。

▽1　クロード・ランズマン『パタゴニアの野兎——ランズマン回想録』下巻、中原毅史・高橋武智訳、人文書院、二〇一六、二八三–二八四頁。なお同書一九二頁で、『ショア』の中の理髪師アブラハム・ボンバの証言シーンの撮影時、撮影監督のドミニク・シャピィの「光が足りない」との言葉に対し、ランズマンは「暗闇の中で話す言葉に観客も魅了されるはずだ」と撮影を続行したものの結局使いものにならなかったと述べているが、その選択こそが記録メディアとして映像を使うという決断だったろう。

▽2　アントワーヌ・ド・ベック、ティエリー・ジュス「『絶望の日』を巡る対話」角寿鉄異老訳『マノエル・デ・オリヴェイラと現代ポルトガル映画』エスクァイアマガジンジャパン、二〇〇三年、九八頁。なお、引用にあたり訳を一部改めた。

＊1　マチアス・クロプチッチ（一九三四–二〇〇七）一九六三年から六五年までフランスに留学し、シネマテークに通う。ゴダールの『はなればなれに』（一九六四）の現場に参加した後帰国、初期の長編三作で国際的に評価された。

＊2　マルコ・ババッチ（一九三五–二〇一四）、ジヴォイン・パヴロヴィッチ（一九三三–一九九八）、ヴォイスラフ・ラコニャック（一九三五–一九六九）ともにセルビア出身。後にババッチはドキュメンタリーと編集で、パヴロヴィッチはクストリッツァらに影響を与えたと言われる『死んで灰になる時』*Kad budem mrtav I beo*（一九六七）など、ラコニャックは『裏切り者』*Izdajnik*（一九六四）などの戦争を題材にしたアクションを撮っている。

＊3　バタ・センジッチ（一九三三–二〇〇二）ボスニア・ヘルツェゴビナ出身。カメラに向かう寸劇としてシーンを構成する作品が多く、他に『世界革命での家族の役割』*Uloga moje porodice u svejetskoj revoluciji*（一九七一）などを撮っている。

＊4　ラザール・ストヤノヴィッチ（一九四四–二〇一七）　セルビア出身で、マカヴェイエフとともにユーゴの「ブラック・ウェーブ」の代表的作家と言われた。『プラスチック・ジーザス』はチトーとヒトラー独裁の類似を示唆したとして没収され、ストヤノヴィッチは投獄された。

＊5　ジェリミール・ジルニク（一九四二–）「ブラック・ウェーブ」の代表的作家の一人。他に戦争の混乱を生きるトランスジェンダーの人々を描く『マーブル・アス』*Dupe od mramora*（一九九五）、『資本主義の老いた連中』*Stara skola kapitalizma*（二〇〇九）などを制作。近作に移民のプラットフォームとなる収容所を扱った『セルビア日誌』*Destinacija_Serbistan*（二〇一五）がある。

＊6　リュシアン・ピンティリエ（一九三三–二〇一八）　ブカレストの映画・演劇大学卒業。『日曜日の6時』（一九六五）、*Duminică la ora6*（一九六五）で長編デビュー。『再構築』はチャウシェスク政権によって公開禁止となり、一〇年間映画を撮れなかった。他の代表作は『楢の木』*Balanța*（一九九二）。現在のルーマニア・ニューウェーブの先駆とみなされている。

＊7　クマール・シャハニ（一九四〇–）　ボンベイ大学卒業後、リッティク・ゴトクの下で学び、フランスに留学、帰国後『幻想の鏡』*Maya Darpan*（一九七二）を撮る。これはインドのアートシネマである「パラレル・シネマ」の代表作の一本と言われる。

＊8　ジョン・アブラハム（一九三七–一九八七）　リッティク・ゴトクの下で学んだ後、一九七一年に長編『Vidhyarthigale Ithile Ithile』でデビュー。ノマド的にさまよう人々を主人公にした作品が多い。自身も放浪癖とアルコール中毒があり、一九八七年に事故死した。

あとがき

企画当初、本書のコンセプトは「現代映画の教科書」であった。しかし同時に、日々メディアによる映像と音が発信する文字情報に操られている我々にとって、自己批判的であり資本主義的に見れば「自傷的」とも言える現代映画だけがその操作に抗い、見聴きする人々に「疑問・解体の力」としての視聴覚の力を会得させ、メディアに対して適切な距離をとらせることができると主張することは、現時点において戦争や大量虐殺への最良の反対運動でもあり得ると考えている。

あらゆる人々が撮影し撮影され、そのデータが文字情報化され利用される近年のメディア社会では、それらの映像と音に操られる人々とそれを拒絶する人々に即時分断されて「問題」という名のフレーム（それを提供しているのがＳＮＳである）に閉じ込められ争い合うしかない。映像アーカイヴが存在するのは懐古趣味と分断を助長するためではなく、例え現在では非難されるべき制度の下で制作されたものであっても、歴史上の作品がいかに多様な個性・速度やリズムを作り上げまた記録してきたかを見聴きすることが可能で、それが現在の観客の許容度を高め、画一化の力に抗うことができるのかを示すためであろう。しかしその許容度に欠けている現在では、人々が、記号や徴候を認知するための時間や空間の感覚を見出すために、言わば囚われた「フレームの外」を見出すために、ここで述べてきた現代映画が必要なのである。

なお本書は書き下ろしではあるが、二〇〇三年以来私自身が催してきたシネクラブ「new century new cinema」での上映や講義、作家へのインタビュー、その他自身が参加したイベントにも多くを負っている。その機会を与えていただいた立教大学、同志社大学、法政大学、アテネ・フランセ文化センター、アップリンク、神戸映画資料館など、各機関の関係者の方々、そして本書のアイディアを聞き入れ、執筆機会を与えて下さった森話社の五十嵐健司氏に深く感謝申し上げたい。

二〇一九年一一月一一日

赤坂　太輔

わ

み

む・め

も

や

ゆ・よ

ら

へ

ほ

ま

な・に・ね

は

ひ

ふ

た

ち

て

と

人名索引

あ

い

う

［著者紹介］

赤坂太輔（あかさか・だいすけ）

映画批評家・映像論。立教大学講師。

1994年にポルトガル取材後、1997年、1999年にアテネ・フランセ文化センターで開いた「ポルトガル映画講座」を皮切りに、2003年よりシネクラブ＆ウェブサイトであるnew century new cinemaを立ち上げ、世界の日本未公開作品や作家の紹介上映活動をおこなう（詳細はhttp://www.ncncine.com/infoncncine1.html）。

またSight&Sound、Derives、La Furia Umana、e-lumiere、desistfilmなど世界各国のオンライン雑誌に寄稿。近年、国内誌では『中央評論』『シネ砦』『ユリイカ』『STUDIO VOICE』などに寄稿。2015年より雑誌『NOBODY』に「メディア批判としての現代映画」連載中。

著書に『ハルトムート・ビトムスキー監督特集』（アテネ・フランセ文化センター、2002）、『マノエル・デ・オリヴェイラと現代ポルトガル映画』（企画および分担執筆、EMブックス、2003）、共著に『映画を撮った35の言葉たち』（フィルムアート社、2017）、『ストローブ＝ユイレ――シネマの絶対に向けて』（森話社、2018）がある。

フレームの外へ——現代映画のメディア批判

発行日……………………………2019年11月29日・初版第1刷発行

著者………………………………赤坂太輔
発行者……………………………大石良則
発行所……………………………株式会社森話社
〒101-0064 東京都千代田区神田猿楽町1-2-3
Tel 03-3292-2636
Fax 03-3292-2638
振替 00130-2-149068
印刷………………………………株式会社シナノ
製本………………………………榎本製本株式会社

ISBN 978-4-86405-143-9 C1074